普通高等学校"十三五"省级规划教材
安徽省高水平高职教材
高等职业院校汽车类规划教材

汽车养护技术

主　审　王爱国
主　编　马　玲　张秋华　吴　林
副主编　姜之平　姜能惠
编写人员（以姓名笔画为序）
　　　　马　玲　王小龙　刘明岩　李　琤
　　　　李　敏　吴　林　吴文一　邹家鹏
　　　　张贤栋　张秋华　姜之平　姜能惠
　　　　洪　诚　郭　顺　程　煜　蔡志军

中国科学技术大学出版社

内 容 简 介

本书为安徽省高水平高职教材项目建设成果,本着"以服务为宗旨,以就业为导向"的指导方针,针对汽车养护技术在实际工作中的典型应用,汽车养护常用工量具的使用与工作安全、汽车常规养护、汽车动力系统养护、汽车底盘养护、汽车电气养护、汽车内饰养护、汽车车身养护等多个学习项目,学生每完成一个项目的学习,就相当于在企业完成一项实际工作任务。在这一过程中,学生的岗位技能可得到有针对性的培养。

本书适合高职高专院校汽车类专业在校生阅读。

图书在版编目(CIP)数据

汽车养护技术/马玲,张秋华,吴林主编. —合肥:中国科学技术大学出版社,2022.7

普通高等学校"十三五"省级规划教材

ISBN 978-7-312-05361-0

Ⅰ.汽… Ⅱ.①马…②张…③吴… Ⅲ.汽车—车辆保养—高等职业教育—教材 Ⅳ.U472

中国版本图书馆 CIP 数据核字(2022)第 024173 号

汽车养护技术
QICHE YANGHU JISHU

出版	中国科学技术大学出版社
	安徽省合肥市金寨路 96 号,230026
	http://press.ustc.edu.cn
	https://zgkxjsdxcbs.tmall.com
印刷	安徽省瑞隆印务有限公司
发行	中国科学技术大学出版社
开本	787 mm×1092 mm 1/16
印张	19.25
字数	490 千
版次	2022 年 7 月第 1 版
印次	2022 年 7 月第 1 次印刷
定价	49.00 元

前　　言

随着汽车工业的迅猛发展,高等职业院校向汽车业提供了大量技能型人才,但许多毕业生进入岗位后,职业能力较弱,不能满足企业岗位实际需求。这个问题越来越凸显,说明高等职业院校的教育教学与企业生产实际脱节的现象较为严重,这引起了广大教育工作者的高度重视。

"汽车养护技术"作为汽车检测与维修技术专业的核心课程,十分有必要从培养学生的专业能力、社会能力、方法能力、学习能力和个人能力等方面出发,以服务专业、服务后续课程、服务应用、服务市场为宗旨,进行课程及教材的改革,以适应当前汽车业对学生岗位职业能力的要求。

本书的编写理念是:服务地方经济,以就业为导向,以学生为主体,既能满足学生就业的基本需求,又能奠定学生可持续发展的基础,在理论够用、实践为主的理念指导下,以理实一体化为主旨,以工作岗位能力为主线,采用项目方式编写具体的内容。在内容编排上,一是紧跟行业发展,引入了新的工具和养护产品;二是加入了新能源汽车的养护内容贯彻理论实践一体化的教学思想,将"活动"贯穿于教学的始终,通过活动来培养学生的技能。此外,还设计了知识与能力拓展等环节,以培养学生的观察、协作和思考能力。

本书按照项目描述→项目目标→项目引入(以具体实车案例呈现)→项目相关知识(围绕案例介绍相关知识点)→项目实施(分析具体的检查内容,主要是思路和解决方法)→项目工单(进一步巩固学习内容)→项目评价→拓展知识(介绍相关的新技术和新工艺)的线索组织编写,以便更好地指导学生完成保养作业项目,重点培养学生的岗位工作能力。

本书为安徽省高水平高职教材项目建设成果,由安徽机电职业技术学院马玲、芜湖职业技术学院张秋华、六安职业技术学院吴林主编。六安职业技术学院吴林编写项目1中的任务1.1、任务1.2;安徽机电职业技术学院李玮编写项目1中的任务1.3及项目7;芜湖职业技术学院张秋华编写项目2;安徽机电职业技术学院刘明岩编写项目3;安徽机电职业技术学院马玲编写项目4;安徽机电职业技术学院姜能惠编写项目5;合肥职业技术学院姜之平编写项目6。本书由安徽机电职业技术学院王爱国主审。

  本书在编写过程中参考了大量国内外相关著作和文献资料。另外,安徽机电职业技术学院王小龙、郭顺、张贤栋、程煜、邹家膨、蔡志军、李敏、洪诚、吴文一为本书提供了部分资料,在此一并表示深深的感谢。

  由于编者水平有限,书中存在不妥之处在所难免,恳请读者批评指正。

编 者

2021 年 12 月

目　　录

前言 ·· (ⅰ)

项目 1　汽车养护常用工量具的使用与工作安全 ·················· (1)
　任务 1.1　汽车养护常用工量具的使用 ····························· (2)
　任务 1.2　安全知识 ··· (31)
　任务 1.3　新能源汽车的安全操作规程 ····························· (37)
　项目实施 ··· (47)
　项目综合评价 ··· (53)
　知识与能力拓展 ·· (54)

项目 2　汽车常规养护 ·· (56)
　任务 2.1　燃油汽车日常维护 ··· (57)
　任务 2.2　燃油汽车一级维护 ··· (63)
　任务 2.3　燃油汽车二级维护 ··· (77)
　任务 2.4　新能源汽车维护 ·· (92)
　项目实施 ··· (96)
　项目综合评价 ··· (106)
　知识与能力拓展 ·· (107)

项目 3　汽车动力系统养护 ·· (109)
　任务 3.1　曲柄连杆机构和配气机构的养护 ······················· (110)
　任务 3.2　启动系统的养护 ·· (113)
　任务 3.3　燃油供给系统的养护 ······································ (115)
　任务 3.4　进、排气系统的养护 ······································ (118)
　任务 3.5　点火系统的养护 ·· (121)
　任务 3.6　冷却系统的养护 ·· (123)
　任务 3.7　润滑系统的养护 ·· (124)
　任务 3.8　新能源汽车动力系统养护 ································ (126)
　项目实施 ··· (136)
　项目综合评价 ··· (146)
　知识与能力拓展 ·· (147)

项目 4　汽车底盘养护 (158)

- 任务 4.1　传动系统的养护 (159)
- 任务 4.2　转向系统的养护 (166)
- 任务 4.3　行驶系统的养护 (172)
- 任务 4.4　制动行驶系统的养护 (184)
- 任务 4.5　新能源汽车的底盘养护 (191)
- 项目实施 (199)
- 项目综合评价 (212)
- 知识与能力拓展 (213)

项目 5　汽车电气养护 (219)

- 任务 5.1　电源系统的养护 (220)
- 任务 5.2　灯光及仪表系统的养护 (227)
- 任务 5.3　空调系统的养护 (231)
- 任务 5.4　新能源汽车空调系统的维护 (234)
- 项目实施 (239)
- 项目综合评价 (247)
- 知识与能力拓展 (248)

项目 6　汽车内饰养护 (251)

- 任务 6.1　汽车内饰的保养 (252)
- 任务 6.2　车内异味清除 (260)
- 项目实施 (265)
- 项目综合评价 (269)
- 知识与能力拓展 (270)

项目 7　汽车车身养护 (273)

- 任务 7.1　车体的养护 (274)
- 任务 7.2　车窗养护 (281)
- 项目实施 (283)
- 项目综合评价 (297)
- 知识与能力拓展 (298)

参考文献 (300)

汽车养护常用工量具的使用与工作安全

项目描述

汽车养护需要使用各种工具和测量仪器。这些工具有特殊的使用方法和规定的操作程序,只有使用得当才能保证工作安全和准确。否则,就可能损坏工具或测量仪器,甚至损坏零件,导致工作质量降低。

项目目标

1. 专业能力要求

(1) 重视劳动保护与安全操作;
(2) 了解工量具正确的用法和功能;
(3) 了解正确使用仪表的方法;
(4) 正确地选用工量具;
(5) 正确地进行工量具的维护和管理。

2. 社会能力要求

(1) 具有较强的口头与书面表达能力、人际沟通能力;
(2) 具有团队精神和协作精神;
(3) 与客户建立良好、持久的关系;
(4) 融入到动态的工作中,并提出自己的合理见解。

3. 方法能力要求

(1) 独立检索汽车工量具和检测仪表的相关资料,包括网上检索、维修手册检索;
(2) 培养记录的习惯,将想法以书面形式记录下来;
(3) 完成就车观察或企业考察工作,通过观察、询问了解必要的相关信息;
(4) 能够制订、评价、修订计划,选取最佳工作方案;
(5) 能够对整个项目的实施进行总结。

4. 个人能力要求

(1) 具有良好的心理素质和克服困难的能力；

(2) 能进行自我批评；

(3) 具有工作责任感；

(4) 具有继续学习的能力；

(5) 注重环境保护。

5. 重点和难点

正确使用工量具。

项目引入

汽车养护作业中，工量具的正确选择和使用是汽车维修技师应必备的一项基本技能，本项目重点介绍汽车养护作业所需工具和量具的正确使用。

任务 1.1　汽车养护常用工量具的使用

汽车常用工量具的使用主要包括工量具的正确选择，使用工量具的正确方法，工量具的维护和管理。

1.1.1　相关知识

1. 了解工量具的正确用法和功能

了解工具和测量仪器的功能和正确用法。如果用于规定之外的用途，那么可能会损坏工具或测量仪器，甚至损坏零件或者导致工作质量降低。

2. 了解使用工量具的正确方法

每件工具和测量仪器都有规定的操作程序。针对不同的工作部件，确保正确使用工具，用在工具上的力要恰当，工作姿势也要正确。

3. 正确地选择工量具

根据零件形状和工作场地选择适合的工量具。

4. 工量具要摆放有序

工具和测量仪器要放在容易拿到的位置，使用后要放回原来的正确位置。

5. 严格坚持工具的维护和管理

工具应在使用后立即清洗并在需要的位置涂油。若需要修理则应立即进行，这样工具就可以始终处于完好状态。

1.1.2 工量具的正确选择

1. 根据工作类型选择工具

为拆下和更换螺栓/螺母,或拆下零件,汽车养护中优先使用套筒扳手,如果由于工作空间限制不能使用套筒扳手,那么可按图1.1所示顺序选用梅花扳手或开口扳手。

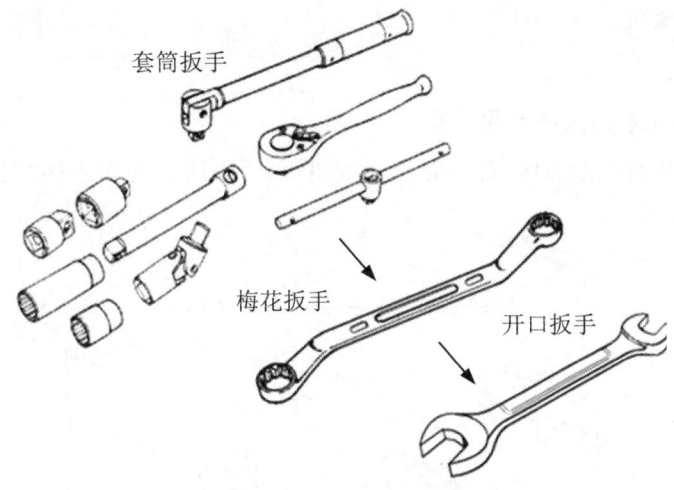

图 1.1 根据工作类型选择工具

2. 根据工作速度选择工具

套筒扳手可以根据所装的手柄以各种方式工作,它的优点在于能够以最快速度旋转螺栓/螺母,且不需要重新调整工具,如图1.2所示。

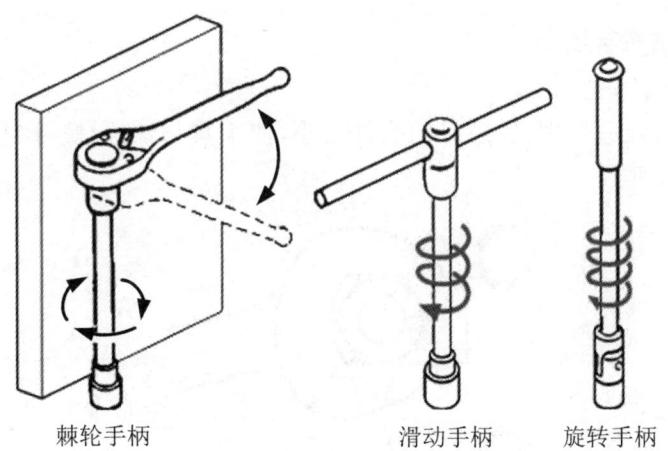

图 1.2 根据工作速度选择工具

> **提示**
> 1. 棘轮手柄:适合在狭窄空间中使用。由于棘轮的结构特点,它不可能获得很高的扭矩。
> 2. 滑动手柄:要求较大的工作空间,能提供最快的工作速度。
> 3. 旋转手柄:在调整好手柄后可以迅速工作。但此手柄很长,很难在狭窄空间内使用。

3. 根据旋转扭矩的大小选用工具

最后拧紧或开始拧松螺栓/螺母时需要大扭矩,可以通过增加手柄的长度(即加大力臂)来实现,如图1.3所示。

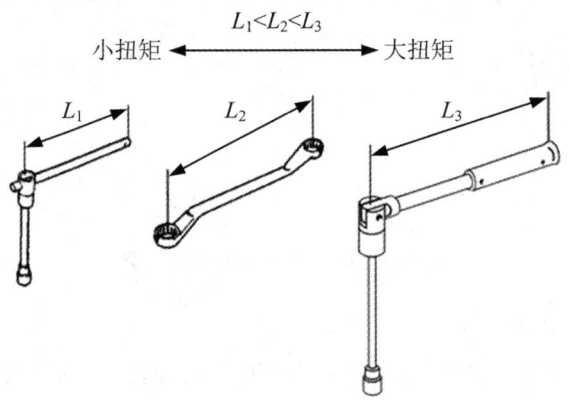

图 1.3 根据旋转扭矩的大小选用工具

4. 操作时的注意事项

(1) 工具的大小和应用

确保工具的直径适合螺栓/螺母的头部大小,使工具与螺栓/螺母完全匹配,如图1.4所示。

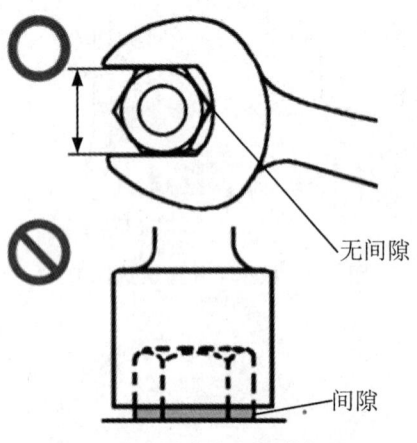

图 1.4 工具大小和零件相匹配

（2）用力的原则

转动工具，因空间限制而无法拉动工具时，可用手掌推它，如图 1.5 所示。

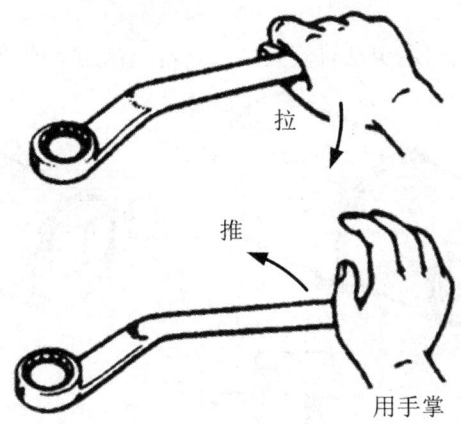

图 1.5　用力的原则

（3）松开的原则

对拧得很紧的螺栓/螺母，可以通过施加冲击力来轻松松开，但是不能使用锤子或管子（用以加长手柄）来增加扭矩，如图 1.6 所示。

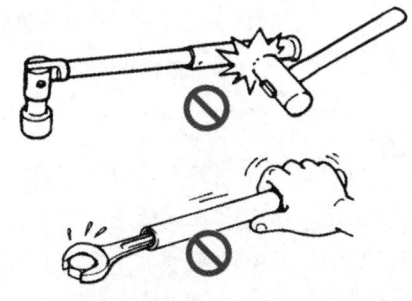

图 1.6　松开的原则

（4）使用扭力扳手

最后的拧紧仍用扭力扳手完成，以便将其拧紧至标准值，如图 1.7 所示。

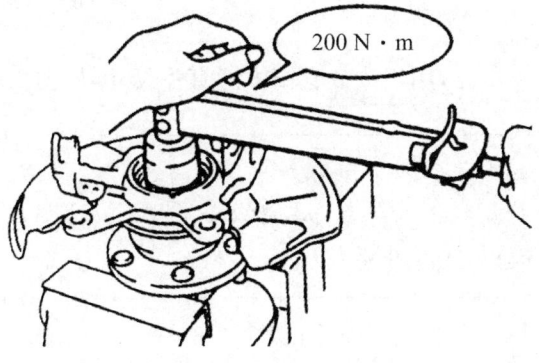

图 1.7　最后的拧紧

1.1.3 常用工具的正确使用

1. 套筒

套筒扳手是拆卸螺栓最方便、灵活且安全的工具,它不易损坏螺母的棱角,如图 1.8 所示。

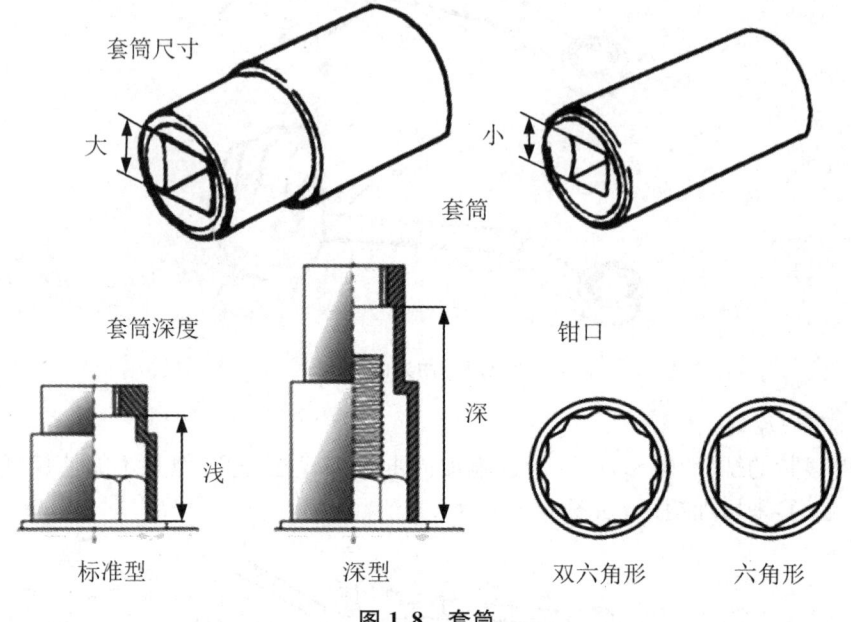

图 1.8 套筒

> **提示**
> 1. 套筒尺寸。有大和小两种尺寸。大的套筒可以获得更大的扭矩。
> 2. 套筒深度。有标准型和深型两种类型,后者比前者深 2～3 倍。较深的套筒适用于螺栓突出的螺帽。
> 3. 钳口。分为双六角形和六角形两种。六角部分与螺栓/螺母的表面有较大的接触面,因此不容易损坏螺栓/螺母的表面。

2. 套筒接合器

套筒接合器是一个连接器,用于改变套筒方形套头尺寸,如图 1.9 所示。

> **提示**
> 超大力矩会将负载施加在套筒本身或小螺栓上。力矩应根据规定的拧紧极限施加(使用合适的小尺寸工具)。

3. 万向节

万向节套筒的方形套头部分可以前后或左右移动,手柄和套筒扳手之间的角度可以自由变化,使其成为在有限空间内工作的有效工具,如图 1.10 所示。

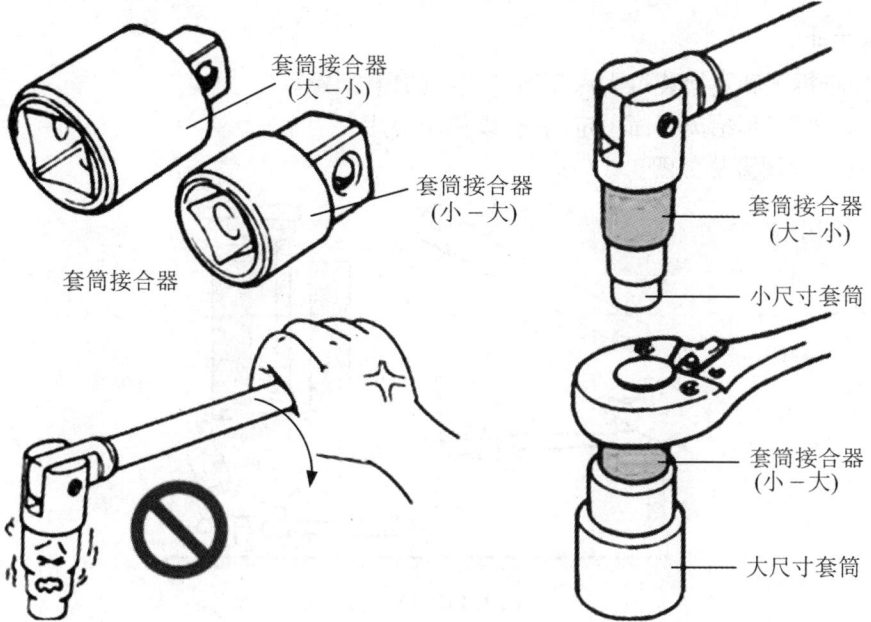

图 1.9 套筒接合器

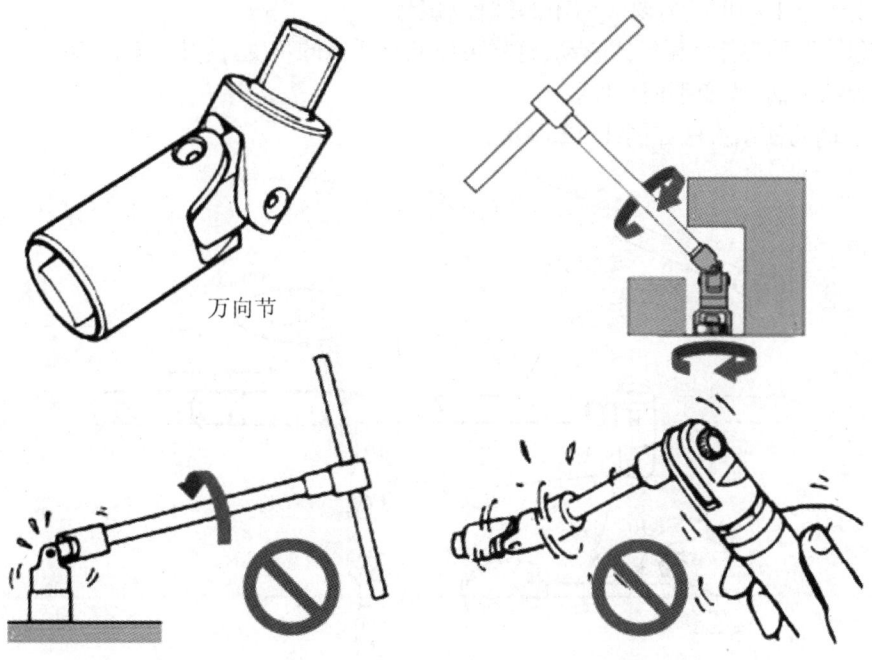

图 1.10 万向节

> **提示**
> 1. 施加扭矩时,不应使手柄倾斜角度过大。
> 2. 勿用于风动工具。球节因不能吸收旋转摆动而脱开时,易造成工具、零件或车辆损坏。

4. 加长杆

（1）用于拆下和更换装得太深且不易接触的螺栓/螺母。

（2）用于将工具抬离平面一定高度，以便于使用。

加长杆的使用方法如图 1.11 所示。

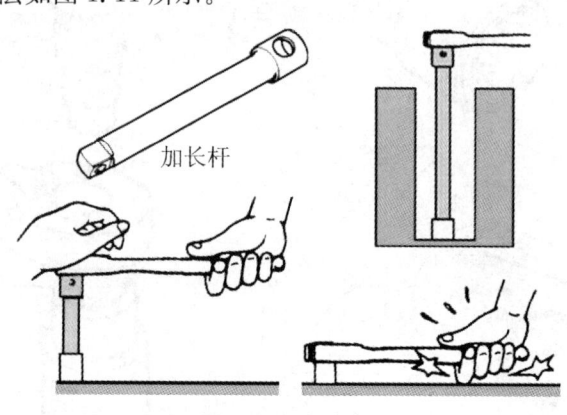

图 1.11　加长杆

5. 旋转手柄

（1）用于拆下和更换需要大力矩的螺栓/螺母。

（2）套筒扳手头部可做铰式移动，这样可以调整手柄的角度，使其与套筒扳手相互配合。

（3）滑动手柄，改变手柄长度。

旋转手柄的使用方法如图 1.12 所示。

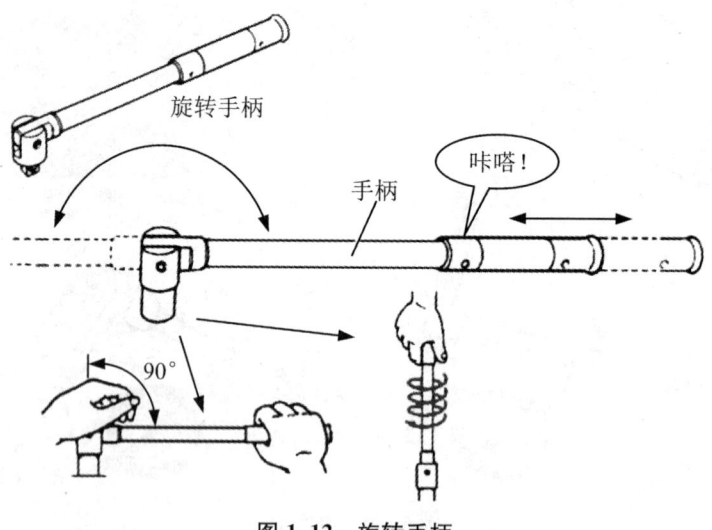

图 1.12　旋转手柄

> **提示**
>
> 滑移手柄直至其碰到使用前的锁紧位置。如果不在锁紧位置上，那么手柄在工作时可以滑进滑出，这样会改变操作人员的工作姿势，并有可能造成人身伤害。

6. 滑动手柄

通过滑动套筒的套头部分,手柄可以实现两种用法(见图1.13):

(1) L形,提高扭矩。

(2) T形,增加速度。

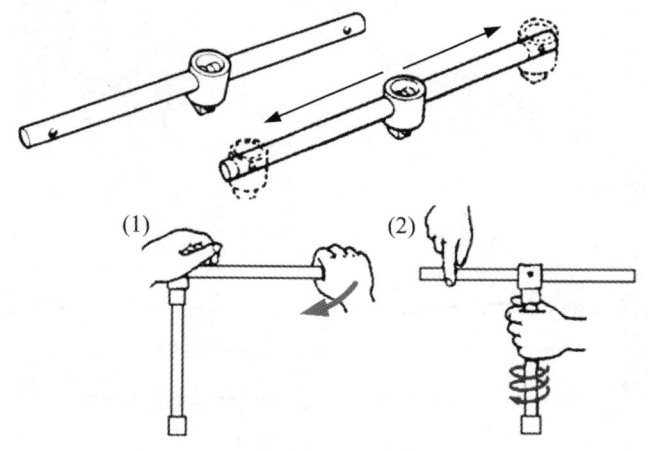

图1.13 滑动手柄

7. 棘轮套筒扳手

(1) 将手柄顺时针旋转可以拧紧螺栓/螺母,逆时针旋转可以松开它们。

(2) 螺栓/螺帽可以不需要使用套筒扳手而单方向转动。

(3) 棘轮套筒扳手可以以较小的回转角锁住螺栓/螺母,并在有限的空间中工作,如图1.14所示。

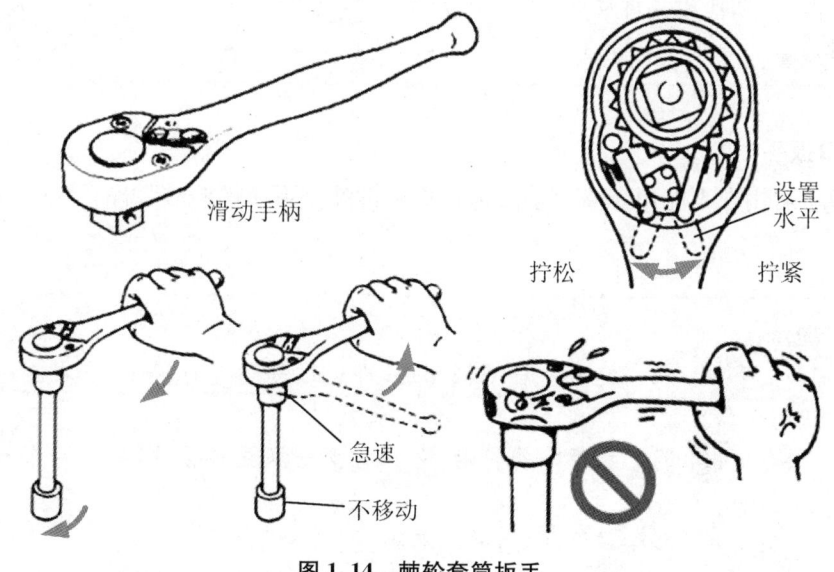

图1.14 棘轮套筒扳手

> **提示**
>
> 使用时不要施加过大扭矩,以免损坏棘爪的结构。

8. 梅花扳手

梅花扳手用在补充拧紧或类似操作中,可以对螺栓/螺母施加大扭矩,如图1.15所示。

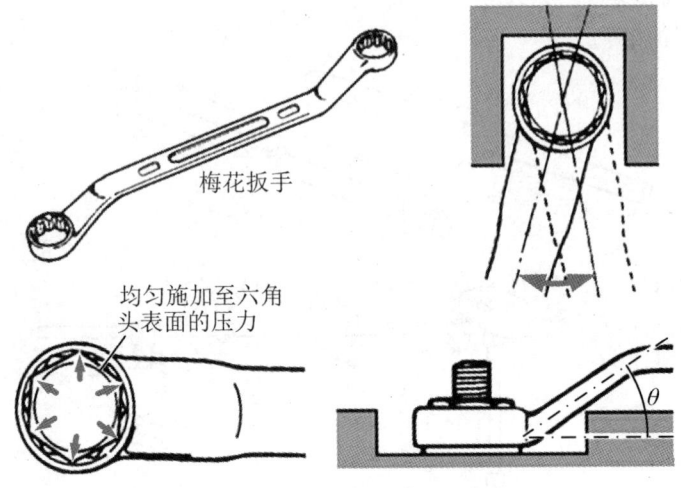

图 1.15 梅花扳手

> **提示**
> 1. 因为扳手钳口是双六角形的,所以可以方便地装配螺栓/螺母。
> 2. 螺栓/螺母的六角形表面被包住,因此没有损坏螺栓角的风险,并可施加大扭矩。
> 3. 因为轴是有角度的,所以可用于在凹进空间中或平面上旋转螺栓/螺母。

9. 开口扳手

开口扳手可用在不能用套筒扳手或梅花扳手拆除或更换螺栓/螺母的情况下,如图1.16所示。

> **提示**
> 1. 扳手钳口以一定角度与手柄相连,即通过转动开口扳手,可在有限空间中进行旋转。
> 2. 可防止相对的零件跟着转动,如在拧松一根燃油管时,可用两个开口扳手去拧松一个螺母。
> 3. 扳手不能提供较大扭矩,因此不能用于最终拧紧。
> 4. 不能在扳手手柄上接套管,这会产生超大扭矩,损坏螺栓或开口扳手。

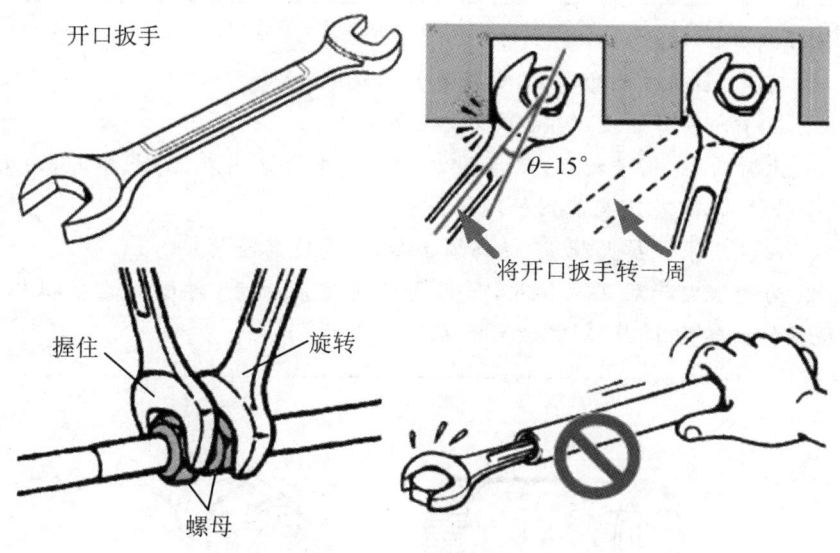

图 1.16　开口扳手

10. 可调扳手

可调扳手适用于尺寸不规则的螺栓/螺母或压紧 SST（专用维修工具）。通过旋转调节螺丝可以改变孔径。一个可调扳手可代替多个开口扳手，此工具不适于施加大扭矩，如图 1.17 所示。

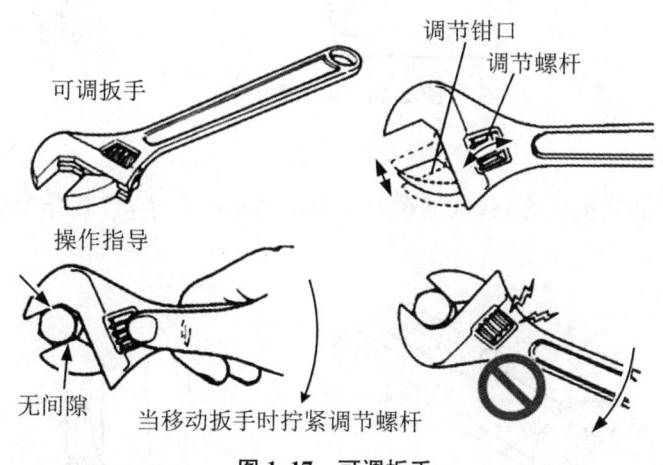

图 1.17　可调扳手

> **提示**
> 使调节钳口的受力方向与扳手的旋转方向保持一致。反之，压力将作用在调节螺丝上，导致其损坏。

11. 火花塞扳手

火花塞扳手专门用于拆卸和更换火花塞，如图 1.18 所示。

提示
1. 有大、小两种尺寸,要与火花塞尺寸相配合。
2. 扳手内装有一块磁铁,用以吸住火花塞。
3. 上紧时,先用手旋入,然后用火花塞扳手上紧火花塞;旋松时,用火花塞扳手拧松后,火花塞应能用手顺畅拧出。
4. 磁铁用来保护火花塞,但仍须小心,不要使其坠落。
5. 为确保火花塞正确插入,先用手确定安装位置,再逐渐施加扭矩(参考:规定的扭转为 180~200 kg·cm)。

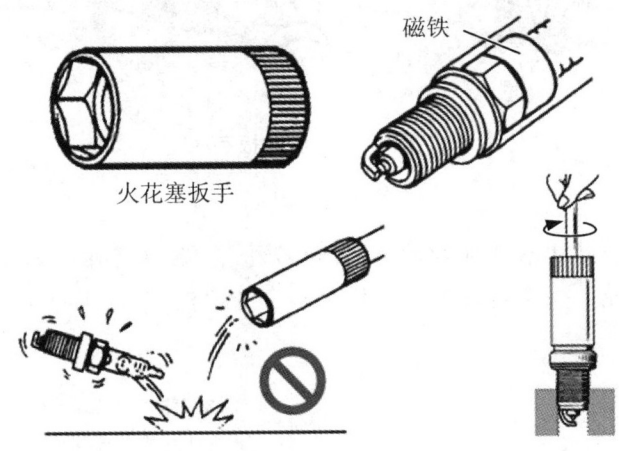

图 1.18 火花塞扳手

12. 螺丝刀

螺丝刀用于拆卸和更换螺钉,依据螺丝刀尖部的具体形状,将其分为正、负两种型号,如图 1.19 所示。

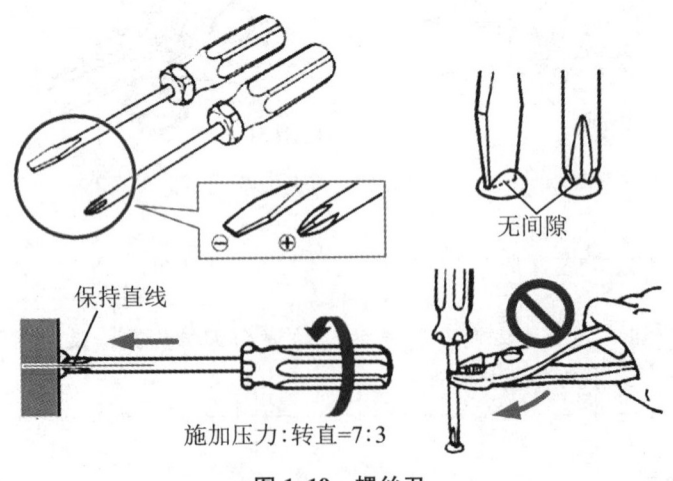

图 1.19 螺丝刀

> **提示**
> 1. 使用尺寸合适的螺丝刀,且尖部形状与螺钉的凹槽相匹配。
> 2. 保持螺丝刀与螺钉尾端呈直线,边用力边转动。
> 3. 切勿用鲤鱼钳或其他工具过度施加扭矩,以免刮削螺钉的凹槽或损坏螺丝刀的尖头。

13. 尖嘴钳

尖嘴钳的使用方法如图1.20所示。

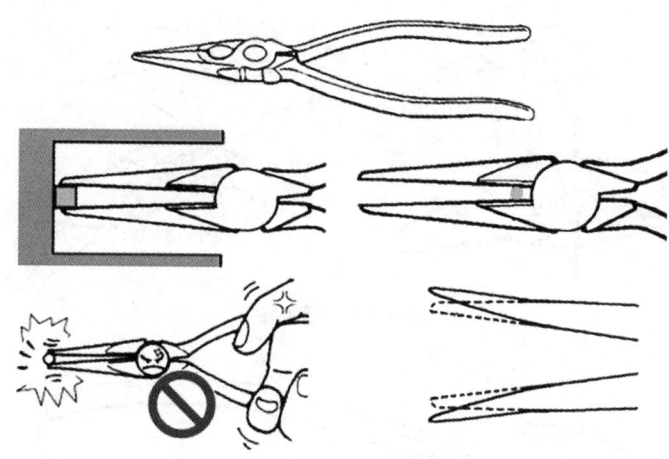

图1.20 尖嘴钳

（1）用于狭小空间里的操作或夹紧小零件。
（2）钳子长且细,适合在密封空间里使用。
（3）具有一个朝向颈部的刀片,可以切割细导线或剥离电线上的绝缘层。

> **提示**
> 切勿对钳子头部施加过大的压力。钳子头部可以成U形打开,此时不能用来做精密工作。

14. 鲤鱼钳

鲤鱼钳的使用方法如图1.21所示。
（1）夹东西。
（2）通过改变支点上孔的位置可以调节钳口的打开程度。
（3）可用钳口夹紧或拉动零部件。
（4）可在颈部切断细导线。

> **提示**
> 在用钳子夹紧前,须用防护布或其他防护用具遮盖易损坏件。

15. 剪钳

剪钳的使用方法如图 1.22 所示。

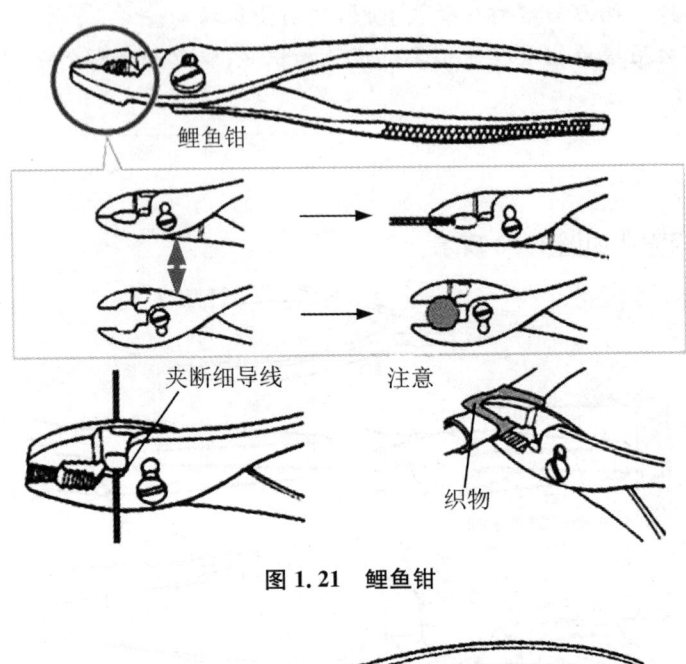

图 1.21　鲤鱼钳

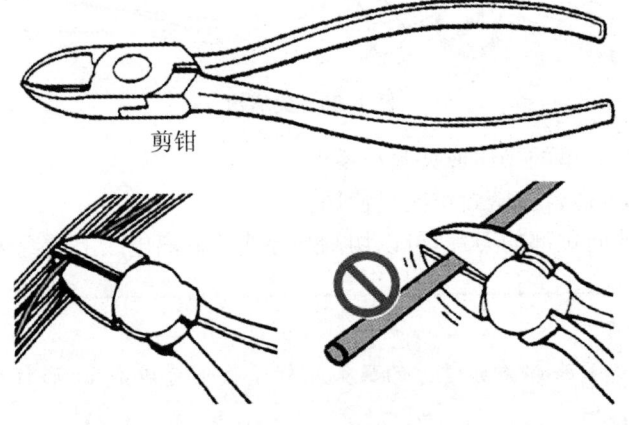

图 1.22　剪钳

(1) 切割细导线。
(2) 由于刀片尖部为圆形，可用来切割细线，或者将所需的线从线束中切下。

> **提示**
> 不能用来切割硬线或粗线，以免损坏刀片。

16. 锤子

图 1.23 所示为三种类型锤子的外形和使用方法。
(1) 球头销锤子。有钢制头部（锻造）。
(2) 塑料锤或橡皮锤。有塑料或橡皮头部，以免敲击时撞坏物件。

（3）检修用锤。带有细长柄的小锤子，根据其敲击时的声音和振动情况来判断螺栓/螺母的松紧度。也可通过敲击来拆卸和更换零件。

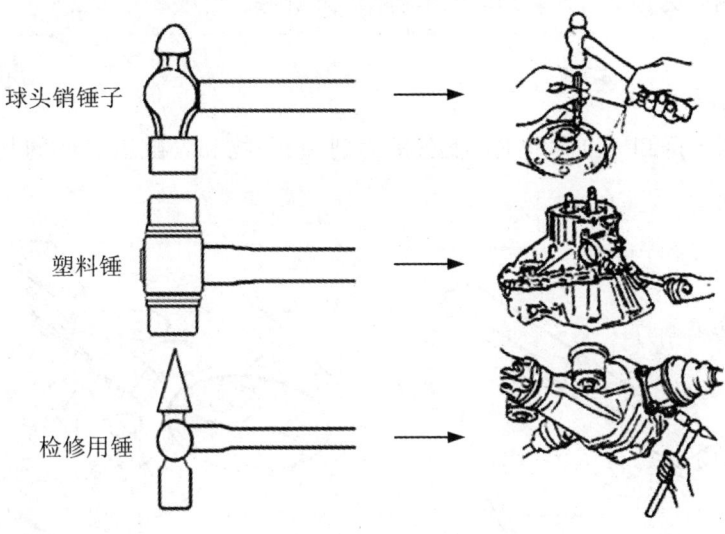

图1.23 锤子

> **提示**
> 1. 通过直接敲击来打进去，如拆卸和更换销子。
> 2. 通过直接敲击来拆卸，如分开盖和壳体。
> 3. 轻轻地敲击螺栓，如检查螺栓的松紧度。

17. 黄铜棒

黄铜棒的使用方法如图1.24所示。

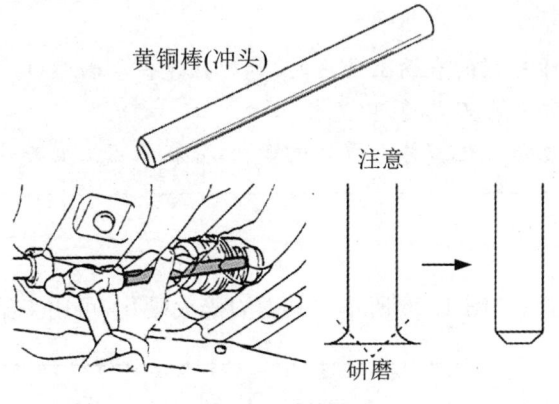

图1.24 黄铜棒

（1）它是防止锤子损坏的支撑工具。
（2）用黄铜制成，不会损坏零件（因为它会在零件变形前变形）。

> **提示**
> 黄铜棒尖头变形时,可以使用磨床进行研磨。

18. 垫片刮刀

垫片刮刀用于拆卸气缸盖垫片、液态密封剂、胶黏物和气缸盖表面的其他东西。如图1.25所示。

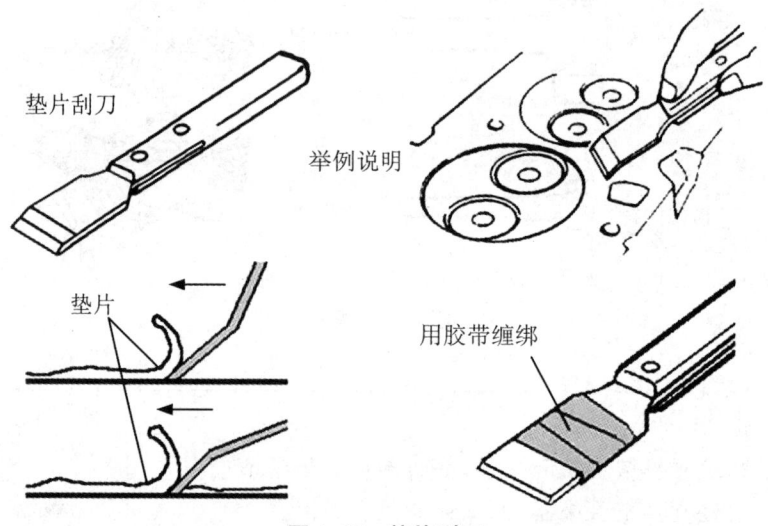

图 1.25 垫片刮刀

> **提示**
> 1. 刮的效果取决于刀片方向:刀刃切入垫片,刮的效果会更好,但是容易刮到表面;刀刃未很好地切入垫片,则难以获得整齐的效果,但是被刮的表面不会被损坏。
> 2. 当在易于破损的表面上使用时,刮刀应包裹塑料带(除刀片外)。
> 3. 切勿把手放在刀片前,以免伤人。
> 4. 切勿在磨床上把刀片磨得太过锋利,宜在油石上磨刀片。

19. 中心冲头

中心冲头的使用方法如图1.26所示。其刀刃淬火硬化,可用来给零件做标记。

> **提示**
> 1. 做标记时切勿用力过大。
> 2. 刀刃用油石保养。

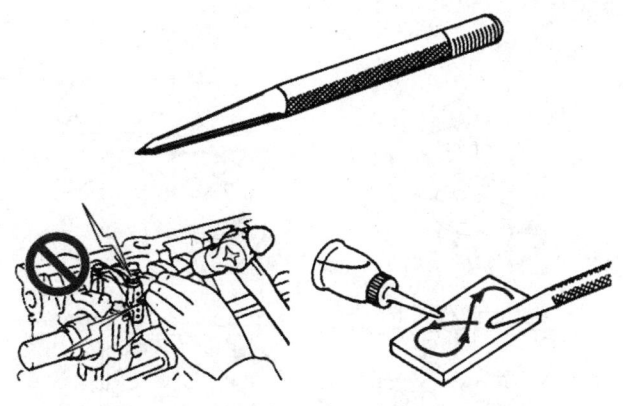

图1.26 中心冲头

20. 销冲头

用于拆卸和更换销子,以及调节销子,如图1.27所示。

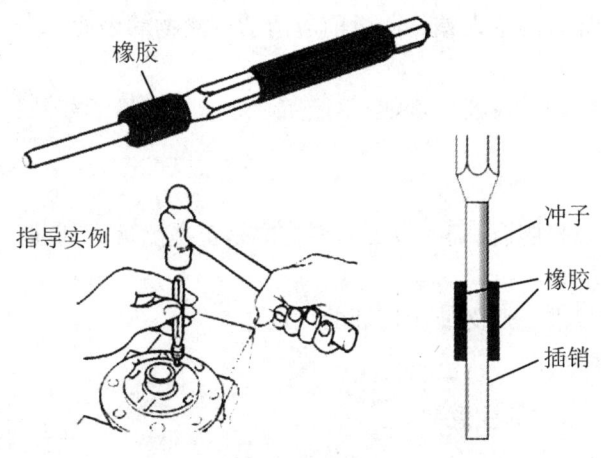

图1.27 销冲头

> **提示**
> 1. 冲头尖端已淬火硬化。
> 2. 冲头尖端的尺寸与销子相配合。
> 3. 装一个橡胶缓冲垫,确保在敲击时零件不会损坏。
> 4. 对销子垂直用力。
> 5. 也可以将橡胶缓冲垫覆盖在冲头和销上,边用力边固定销。

1.1.4 常用测量仪器的使用

使用测量仪器诊断车辆状态,主要是检查零件尺寸和调整状态是否符合标准值,检查车辆或发动机零件是否正常发挥作用。

1. 测量前的检查要点

图 1.28 所示为测量前的检查要点。

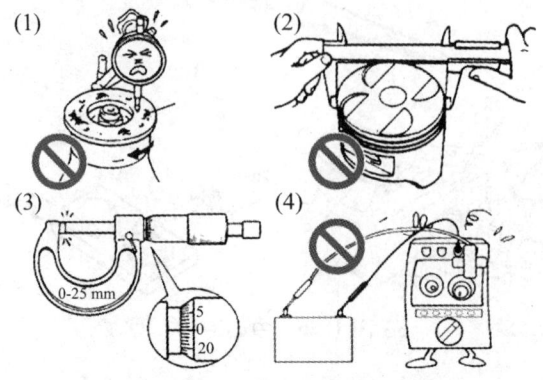

图 1.28 测量前的检查要点

(1) 清洁被测部件和测量仪器

废物或机油可能导致测量误差。测量前应清洁待测物的表面。

(2) 选择适合的测量仪器

按照要求精度选择测量仪器。例如,不能用游标卡尺测量活塞外径,因为其测量精度不符合要求。

(3) 零校准

检查"0"刻度是否对准其正确的位置。零校准是正确测量的基础。

(4) 测量仪器的维修

定期进行维修和校准。切勿使用损坏的仪器。

2. 测量时的注意要点

图 1.29 所示为测量时的注意要点。

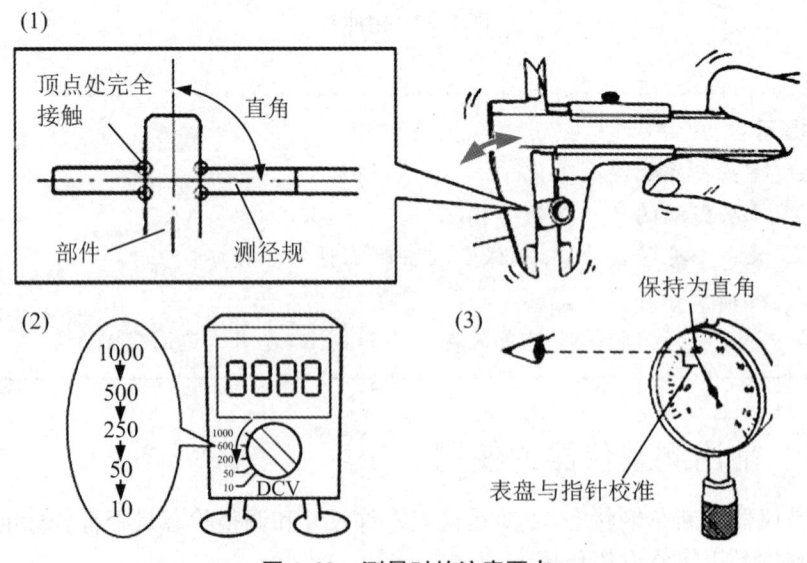

图 1.29 测量时的注意要点

(1) 测量仪器与被测零件间成直角。朝向被测零件移动测量仪器的同时,压紧测量仪器,使测量仪器与零件成直角。

(2) 使用适当的量程。当测量电压或电流时,从高量程开始逐渐下调。从量程合适的表盘上读出测量值。

(3) 读取测量值时,确保人的视线与表盘、指针间成直角。

3. 测量仪器的使用安全须知

图 1.30 所示为测量仪器的安全使用要点。

(1) 切勿坠落或敲击仪器,简单地说就是切勿撞击。这些测量仪器都是精密仪器,撞击可能会损坏结构和/或内部零件。

(2) 避免在高温下或高湿度下使用或存放。测量误差可能在高温和/或高湿度下发生。如高温可致测量仪器变形。

(3) 测量仪器使用后应即时清洁,并按原状放回。测量仪器只有在清除油污和废物后才可存放。所有使用的测量仪器必须按其原状归位,带有专用箱的仪器必须放回箱内。测量仪器必须放在规定的地方。若长时间存放测量仪器,则须在必要的部位涂刷防锈油,并且取下电池。

图 1.30 测量仪器的安全使用要点

4. 扭矩扳手

扭矩扳手用来拧紧螺栓/螺母,使其达到规定的扭矩。扭矩扳手的类型如图 1.31 所示。

(1) 预置型。通过旋转套筒预设所要求的扭矩。当螺栓在此条件下拧紧时,会听到咔嗒声,这表明它已达到规定的扭矩。

(2) 板簧型。

① 标准式:扭矩扳手通过弯曲梁板,借助作用到旋转手柄上的力进行操作,此梁板由钢板弹簧构成。作用力的大小可通过指针和刻度读出,以便取得规定的扭矩。

② 小扭矩式:最大值约为 0.98 N·m,用于测量预负荷。

> **提示**
> 1. 用其他扳手在扭矩扳手拧紧前预先拧紧,这样工作效率高。如果从一开始就用扭矩扳手拧紧,则工作效率较低。
> 2. 预先拧紧:在最终拧紧前,暂时拧紧螺栓/螺母。

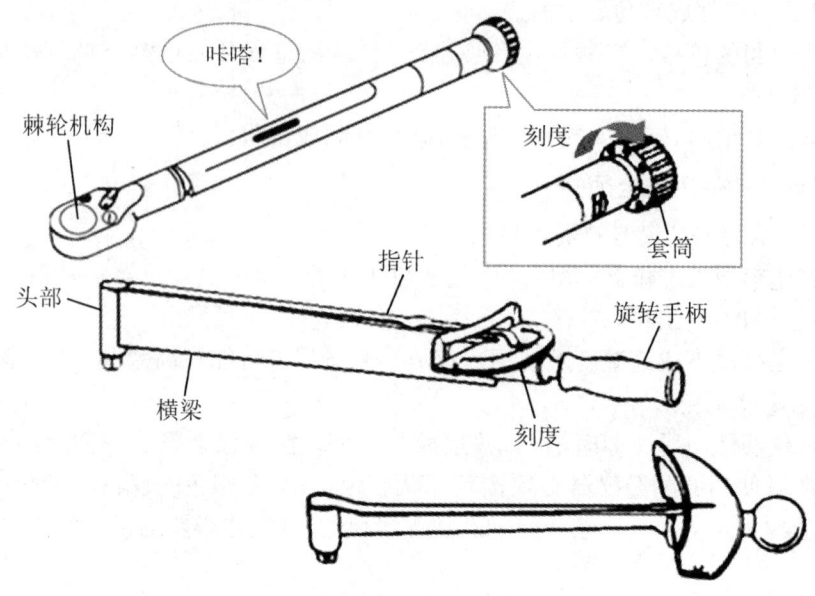

图 1.31　扭矩扳手的类型

扭矩扳手的操作注意事项如图 1.32 所示。

(1) 拧紧几个螺栓时,在每个螺栓上均匀施加扭力,并重复 2 次或 3 次。

(2) 专用维修工具与扭矩扳手一起使用时,应按照修理手册中的使用说明计算扭矩。

(3) 板簧型扭矩扳手的操作注意事项:

① 使用扭矩扳手上量程刻度的 50%～70%,以便施加均匀的力。

② 不要用力太大,使手柄接触到杆。若压力不能作用在销上,则不能获得精确的扭矩测量值。

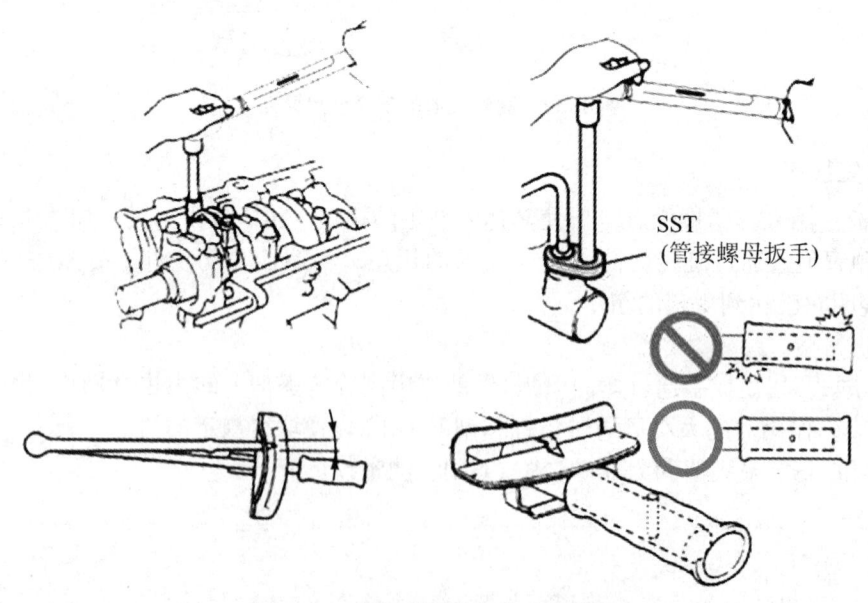

图 1.32　扭矩扳手的操作注意事项

5. 游标卡尺

游标卡尺可用于测量长度、外径、内径和深度。量程有 0～150 mm、0～200 mm、0～

300 mm等,测量精度为0.05 mm。游标卡尺的结构如图1.33所示。

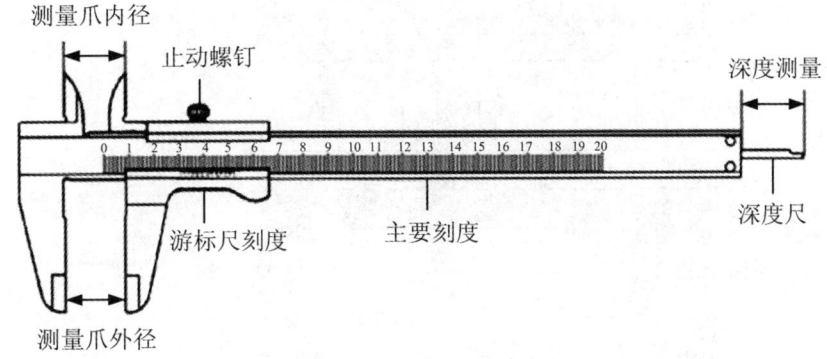

图1.33 游标卡尺的结构

游标卡尺的操作方法(见图1.34):
(1) 在测量前完全合上量爪,并检查卡尺间是否有足够的间隙并透光。
(2) 在测量时,轻轻地移动卡尺,使零件刚好放在量爪间。
(3) 一旦放好零件,就用止动螺钉固定游标尺,以便更加方便地读取测量值。

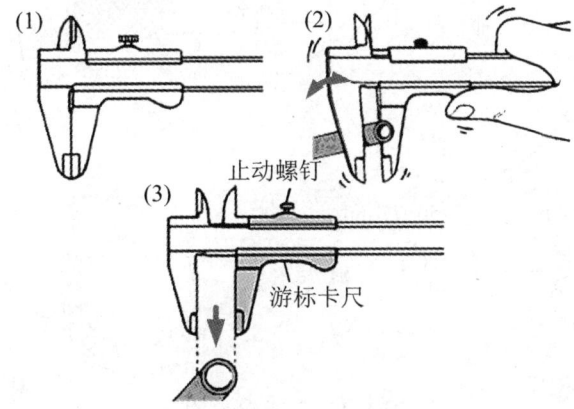

图1.34 游标卡尺的操作方法

游标卡尺测量值的读取方法(见图1.35):
(1) 读取达到1.0 mm的值。读取主测量刻度的数值,其位于游标"0"的左边。图1.35中的A点为45 mm。
(2) 读取低于1.0 mm、高于0.05 mm的数值。读取游标上的刻度与主测量刻度相对齐的点的数值。图1.35中的B点为0.25 mm。
(3) 计算测量值:$A+B=45+0.25=45.25$ (mm)。

6. 测微计

图1.36所示为测微计的结构。通过计算测微计手柄方向上轴的均衡旋转来测量零件的外径/厚度。

测微计的量程有0～25 mm、25～50 mm、50～75 mm、75～100 mm。测量精度为0.01 mm。

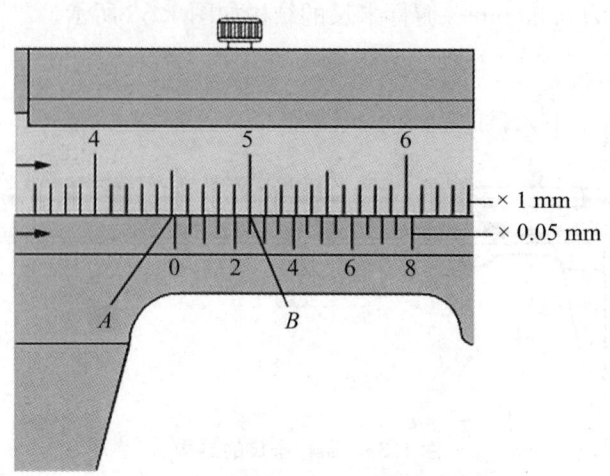

图 1.35 读取游标卡尺测量值(示例)

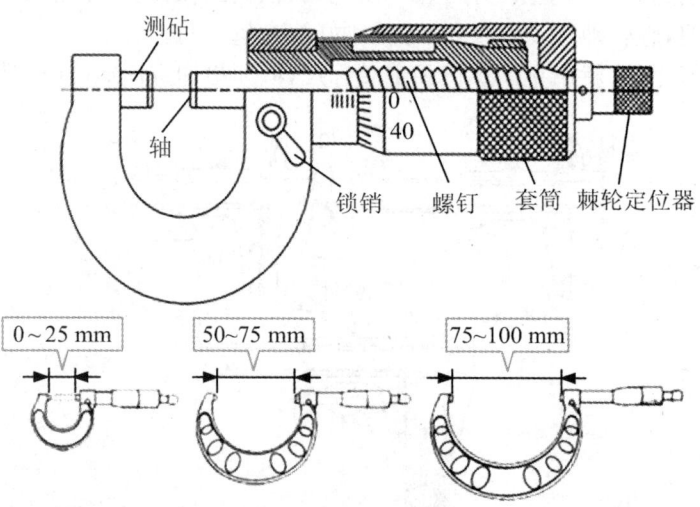

图 1.36 测微计结构

测微计的操作方法:
(1)零校准。使用测微计前,检查并确保"0"刻度已对准。
(2)检查。图 1.37 所示为 50~75 mm 的测微计,在其开口内放置一个标准的 50 mm 校正器,并让棘轮定位器自由转动 2~3 圈。然后,检查套管上的基准线与套筒的"0"刻度线是否对齐。
(3)调整。若误差低于 0.02 mm,则使锁销啮合以便固定轴,然后使用调节扳手,移动和调整套管。若误差大于 0.02 mm,则使锁销啮合以便固定轴,通过调节扳手来松开棘轮定位器。然后,将套筒的"0"刻度线与套管的基准线对齐。
(4)测量:
① 测砧抵住被测物,旋转套筒,直到轴轻轻地接触被测物。
② 当轴轻轻地接触被测物时,转动棘轮定位器几次并读出测量值。
③ 棘轮定位器使轴施加的压力均匀,当此压力超过规定值时,它便会空转。

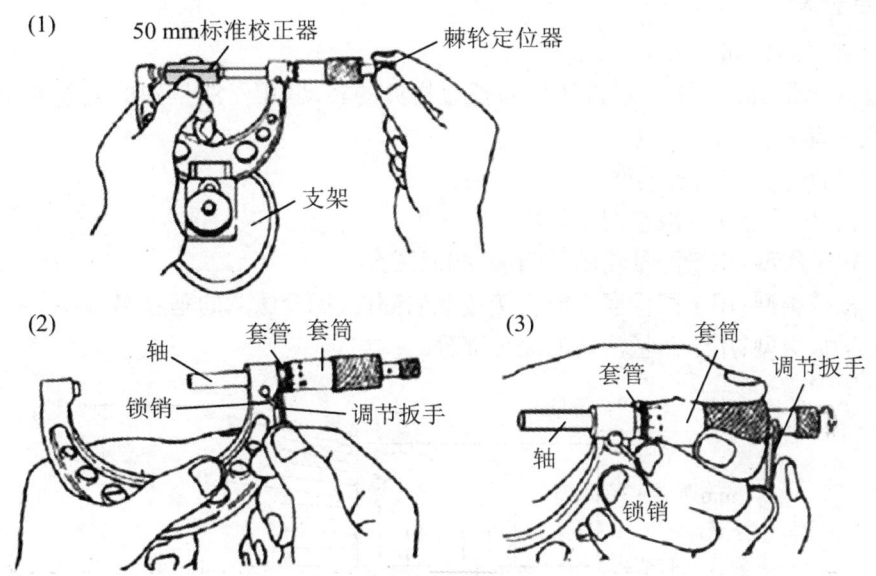

图 1.37 测微计操作方法

测微计的操作注意事项(见图 1.38)：
(1) 在测量小零件时,应把测微计固定在支架上。
(2) 通过移动测微计,寻找可测得正确直径的位置。

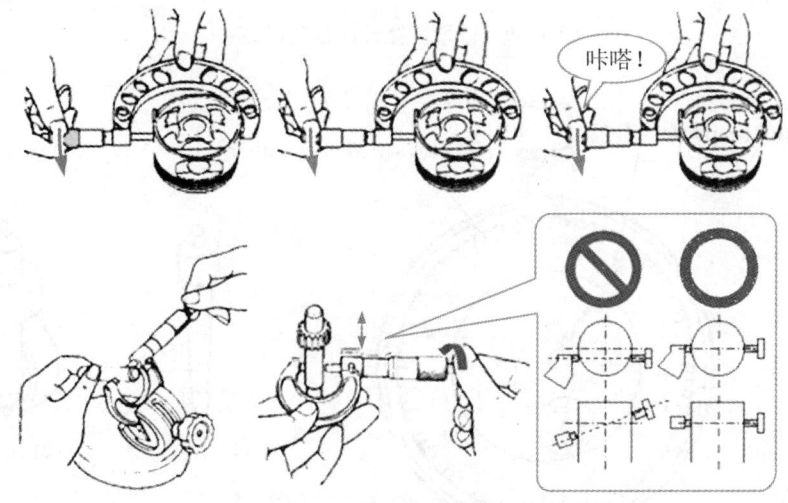

图 1.38 测微计的操作注意事项

测微计测量值的读取方法(见图 1.39)：
(1) 读出达到 0.5 mm 的值。读出在套管刻度上可以看见的最大值。图 1.39 中的 A 点为 55.5 mm。
(2) 读取 0.5 mm 以下、0.01 mm 以上的值。读取套筒上的刻度与套管上的刻度对齐点的数值。图 1.39 中的 B 点为 0.45 mm。
(3) 计算测量值：$A+B=55.5+0.45=55.95$ (mm)。

7. 百分表

百分表的结构如图 1.40 所示。

悬挂式测量头的上下移动被转变为长短指针的转动,用于测量轴的偏差或弯曲以及法兰的表面振动等。

悬挂式测量头有以下类型:

(1) 长型:适合在有限空间中使用。
(2) 辊子类型:用于测量轮胎的凸面/凹面图案。
(3) 杠杆类型:用于测量摆不能直接接触的部件(配套法兰的垂直偏离)。
(4) 平板类型:用于测量活塞的突出部分。

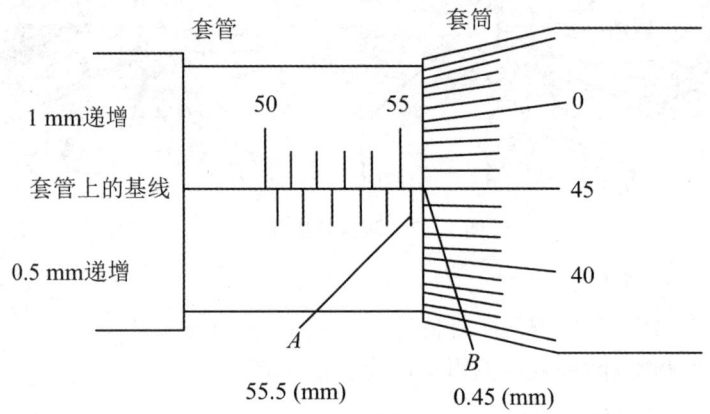

图 1.39 读取测微计测量值(示例)

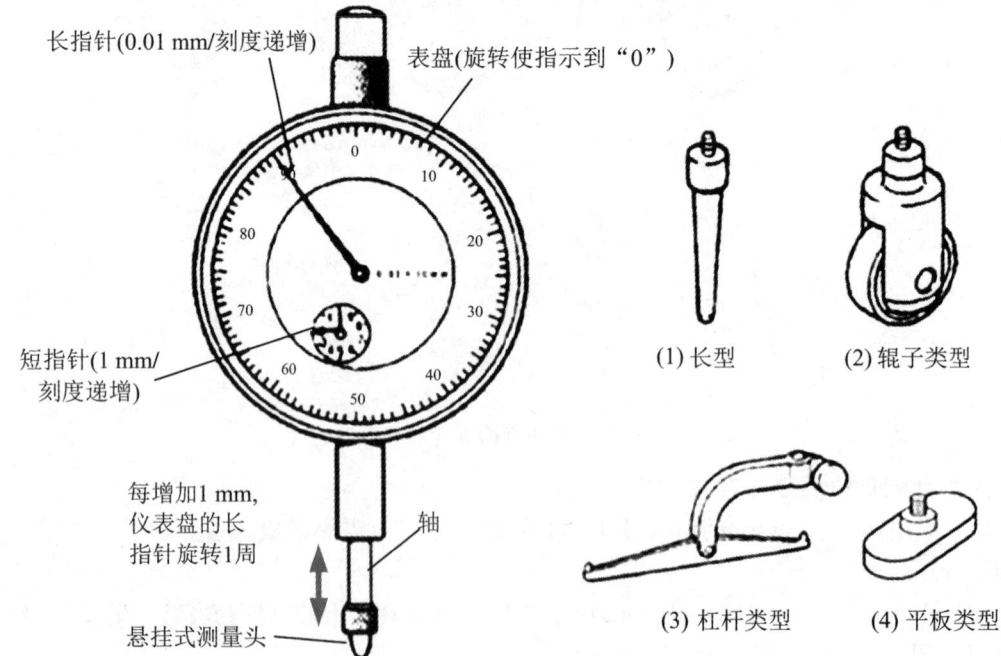

图 1.40 百分表结构

百分表的操作方法如图 1.41 所示。

(1) 测量：

① 将百分表固定在磁性支架上使用。调整百分表和被测物体的位置，并设置指针，使其位于移动量程的中心位置。

② 转动被测物体并读出指针偏离值。

(2) 读取测量值：表盘显示指针在表盘 7 个刻度内左、右移动。偏差范围为 0.07 mm。

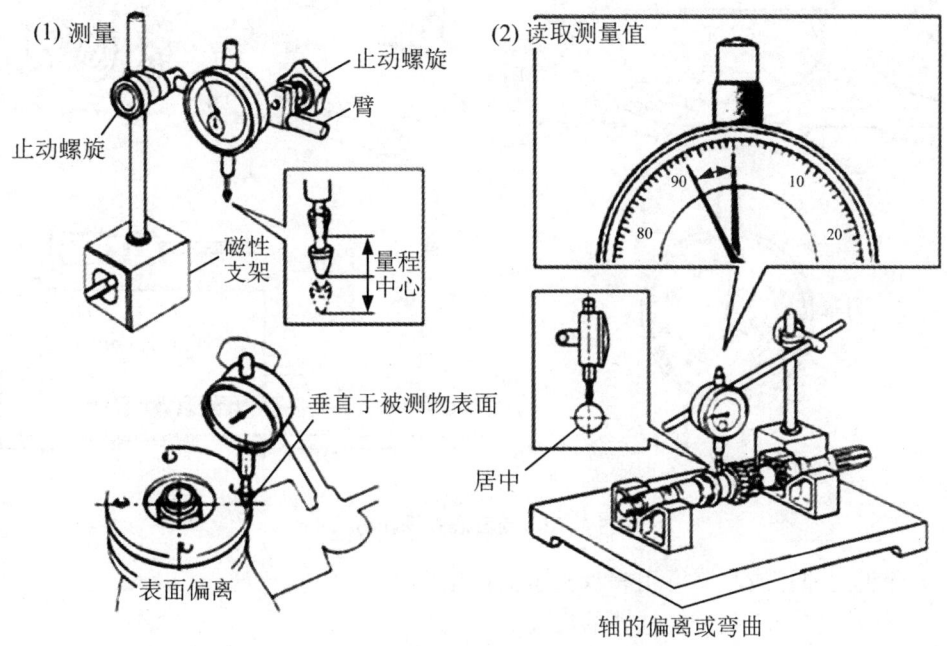

图 1.41　百分表的操作方法

8. 量缸表

量缸表用于测量缸径（见图 1.42），其测量精度为 0.01 mm。

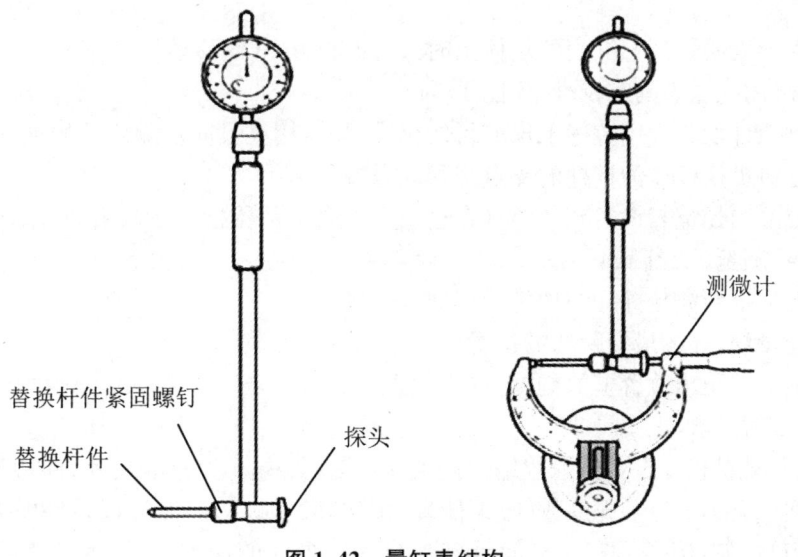

图 1.42　量缸表结构

量缸表的操作方法如图 1.43 所示。

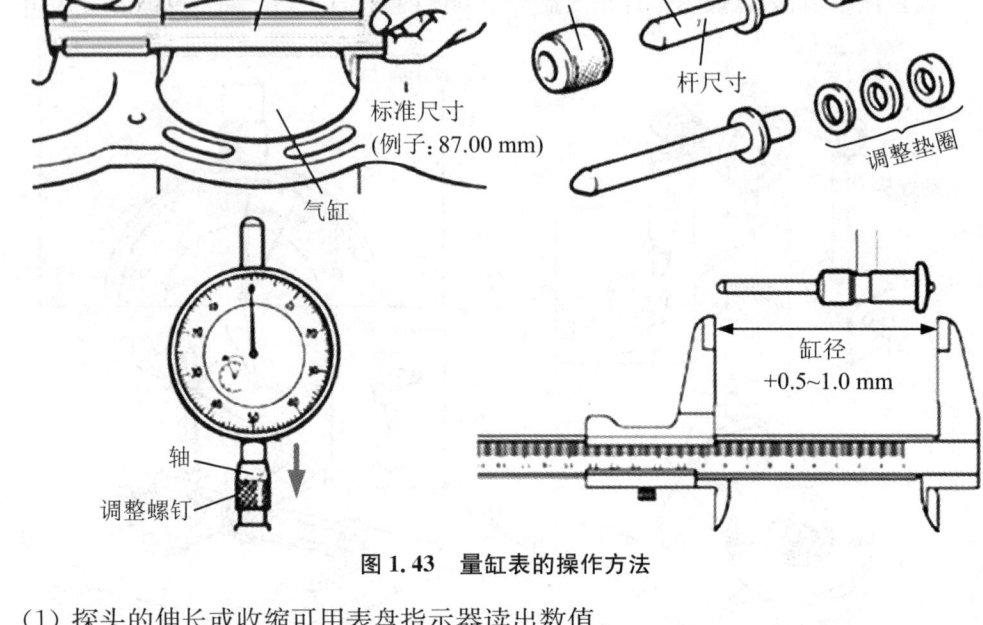

图 1.43 量缸表的操作方法

（1）探头的伸长或收缩可用表盘指示器读出数值。

（2）测微计也用于测量气缸孔的尺寸。

（3）量缸表设定：

① 使用游标卡尺测量缸径，获得标准尺寸。

② 设定一个更换杆和一个调整垫圈，使量规比缸径大 0.5～1.0 mm（在更换杆上标有尺寸，以 5 mm 为单元递增），使用这些长度作为选择合适杆件的参考。然后，使用调整垫圈进行微调。

③ 当百分表安装到量缸表的规体上时，轴约有 1 mm 的移动量。

（4）气缸内径量表的零校准（见图 1.44）：

① 将测微计设置为用游标卡尺取得的标准尺寸，用夹具固定测微计的轴。

② 通过将更换杆作为杠杆的支点来移动量规。

③ 将气缸内径量表设定到"0"点（在这一点度盘指示器指针在探头的收缩侧回转）。

（5）缸径测量（见图 1.45）：

① 慢慢地推导向板并仔细地把量规插入缸径。

② 移动量规，寻找最短距离的位置。

③ 读出最短距离位置上的刻度。

（6）测量值读取（见图 1.46）：

读取延长侧的值 $x+y$，读取收缩侧的值 $x-z$。其中 x 为标准尺寸（测微计的值），y 为量规读数（延长侧），z 为量规读数（收缩侧）。例如，$87.00(x)-0.05(z)=86.95$（mm）。缸径是一个精确的圆，但是活塞止推面受到来自气缸顶面的压力，且活塞均曝露在高温高压下。因此，缸径可能会变成椭圆形或部分变成锥形。

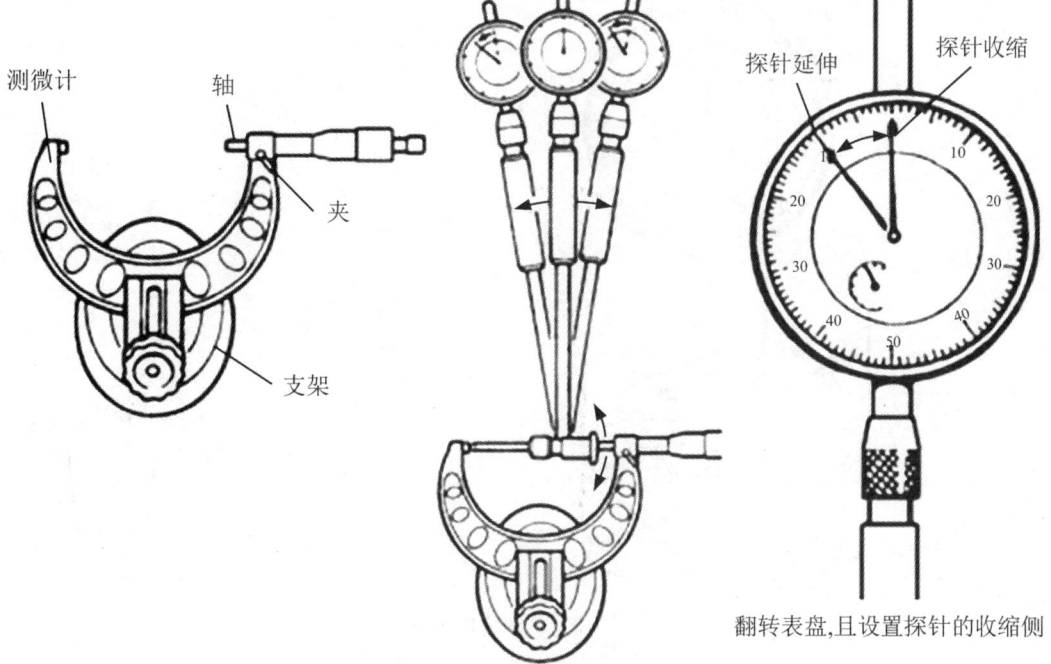

图 1.44　气缸内径量表的零校准

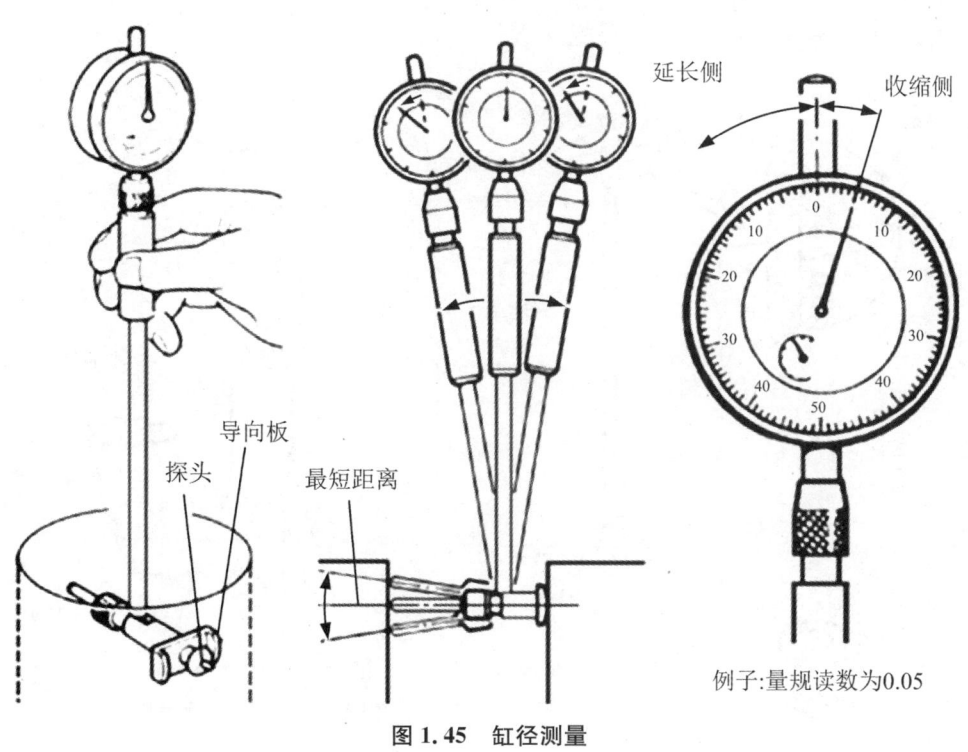

图 1.45　缸径测量

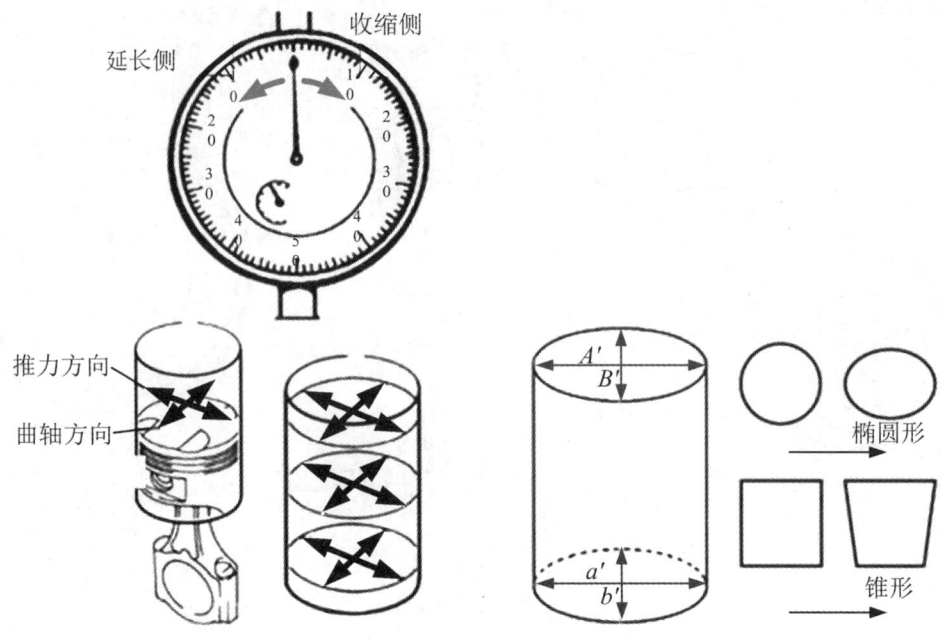

图 1.46 测量值的读取

1.1.5 其他工具

千斤顶和马凳如图 1.47 所示。

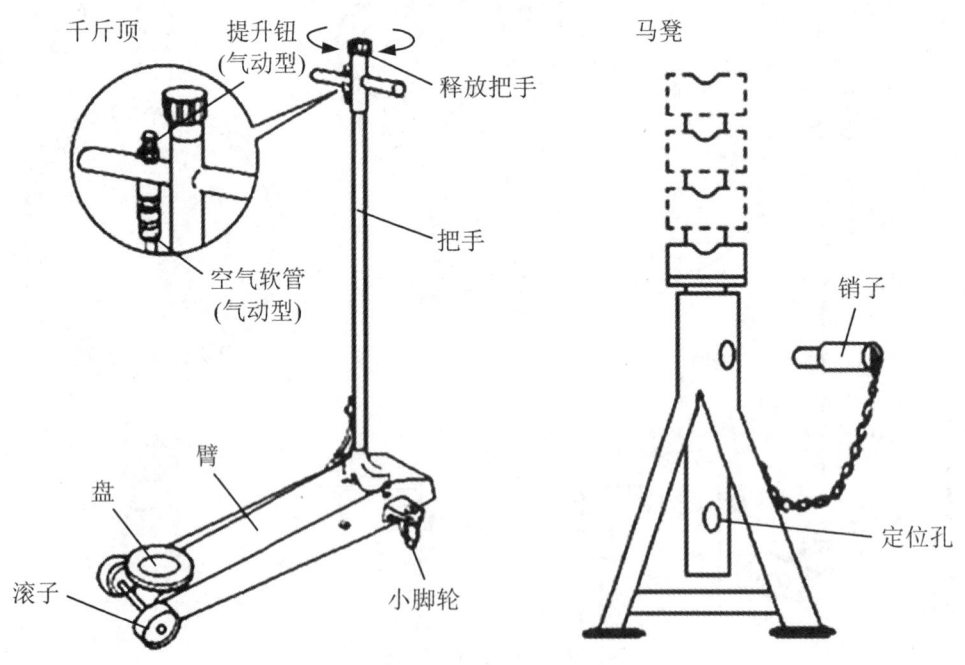

图 1.47 千斤顶和马凳

千斤顶使用液压提升车辆的一端,操作手柄会增加油压并使臂提升。某些型号的千斤顶使用空气压力来增加油压。各种型号的千斤顶,其提升力不尽相同(以吨计)。

马凳用千斤顶举升车辆。通过改变销的位置来调整高度。操作方法如图1.48所示。

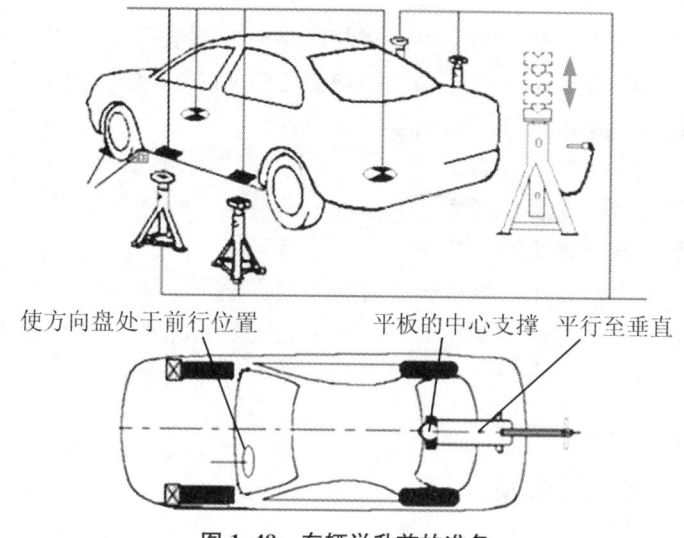

图1.48 车辆举升前的准备

1. 准备

(1)举升前,要检查修理手册中介绍的车辆举升点和马凳的支架支承点。
(2)确保马凳调到相同高度,将其放在车辆附近。
(3)将车轮挡块放在左前轮胎和右前轮胎的前面(如果从后面举升车辆)。

2. 举升

千斤顶的举升方法如图1.49所示。

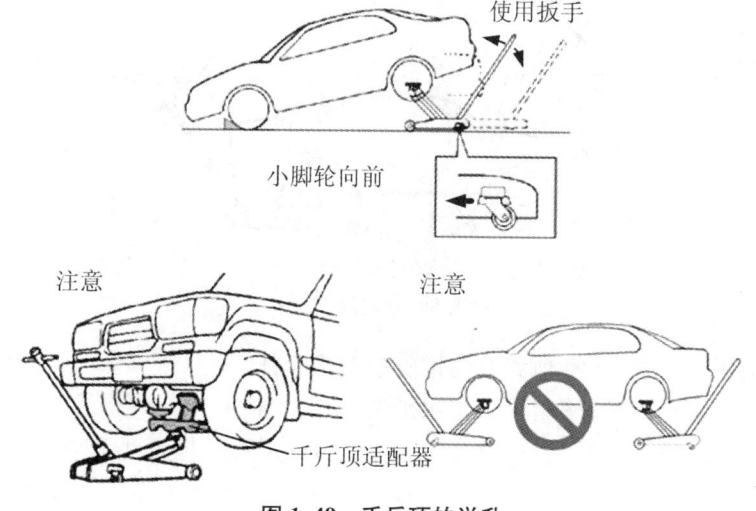

图1.49 千斤顶的举升

(1)将释放把手拧紧。
(2)把千斤顶放在规定位置再提升车辆,注意它面对的方向。

提示

1. 通常从尾部顶起车辆。但是顶起顺序会因车型而异。
2. 千斤顶适配器用于带有偏置差动齿轮的4WD车辆。
3. 切勿将千斤顶放在扭矩梁车桥上举升。
4. 须一直在平整的地面上修车,车辆中的所有物品应取出。
5. 在举升时一定要使用支承架。装好马凳后才可进入车下。
6. 切勿一次使用多个千斤顶。
7. 切勿举升超过千斤顶最大允许荷载的车辆。
8. 带有空气悬架的车辆因其结构关系需要特别处理。请参考维修手册。

3. 带有马凳的支架

马凳的使用方法如图1.50所示。

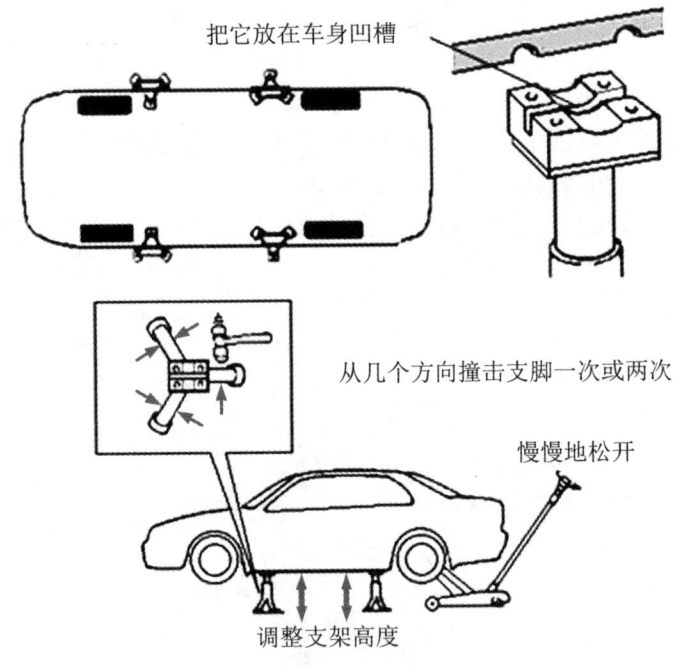

图1.50 马凳的使用

(1) 支架按说明放置,并将马凳上的橡胶槽对准车体。

(2) 重新检查架子高度,使车辆处于水平位置。

(3) 慢慢地松开释放把手,当荷载压在马凳上时,用锤子慢慢地敲击支架,以检查它们是否都已触地。

(4) 检查后拆除千斤顶。

提示

在举升或拆除马凳时切勿进入车下。

4. 用千斤顶降下

用千斤顶降下的方法如图 1.51 所示。

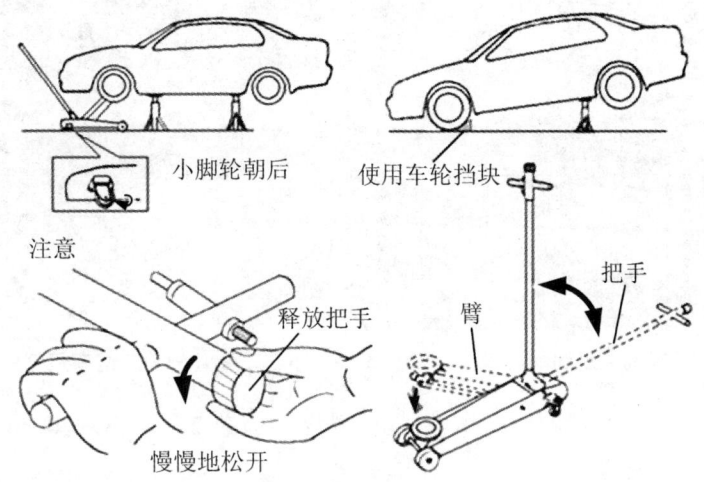

图 1.51 用千斤顶降下

（1）把修车千斤顶放在规定位置，举升车辆，注意其方向。
（2）拆下马凳。
（3）慢慢松开释放把手，并轻轻放下手柄。
（4）在轮胎完全落地时，使用车轮挡块。

> **提示**
> 1．通常从车辆前部用千斤顶降下车辆。但是降下顺序会因车型而异。
> 2．在升降车辆前须进行安全检查，并告知其他人即将开始作业。在降下车辆前须检查车下有没有东西。
> 3．慢慢放开释放把手，并轻轻放下手柄。
> 4．在不使用释放把手时，须降下臂并升起柄。

任务 1.2 安 全 知 识

汽车养护作业中，场地必须具有足够的作业面积、空间、照明，必须配备满足作业要求的设备，从业人员必须按照安全生产操作规程的要求，严格按照操作规程作业，以确保安全生产，防止火灾、污染、伤亡等事故的发生。

1.2.1 维护与保养操作的安全保障

1. 维护与保养作业场地的建设要求

（1）操作场地要符合车辆特约维修站建站标准，有足够的使用面积和空间高度，如图

1.52、图 1.53 所示。

图 1.52　车间有足够的高度

图 1.53　车间有足够的使用面积

（2）操作场地配备必要的照明设施，照明亮度要达到 500 Lux 以上，确保晚间作业时的照明要求，如图 1.54 所示。

（3）操作场地要有必备的防火设施，如图 1.55 所示。

图 1.54　操作场地的照明

图 1.55　防火设施

（4）操作场地应具备必要的通风和汽车尾气排放设施，如图 1.56 所示。

（5）操作场地应安装必要的车辆举升设备，如图 1.57、图 1.58 所示。

图 1.56　必备的尾气排放设施

图 1.57　两柱式举升机

（6）四柱式举升机一般配合四轮定位仪使用，如图1.59所示。

图1.58　剪式举升机

图1.59　四柱式举升机

（7）操作场地应配备恒压气源，为风动工具、轮胎充气和零件清洁提供便利，如图1.60所示。

（8）操作场地布局合理，区位分工明显，标准清晰，规章制度齐全，安全责任落实到位，如图1.61所示。

图1.60　恒压气源

图1.61　规章制度的建设

2. 维护与保养作业的安全防护

消防安全和用电安全是维护与保养作业顺利进行的基础，员工应掌握必要的消防知识和防触电知识，这是安全作业的基本保障。

（1）防火安全知识。为了防止火灾和事故，应遵照如下预防措施（见图1.62）：

① 吸满汽油或机油的碎布可能引发自燃，应储存在金属容器内。

② 在机油存储地或可燃的零件清洗剂附近不要使用明火。

③ 千万不要在处于充电状态的电池附近使用明火或产生火花，因为它们可以点燃爆炸性气体。

④ 仅在必要时才将燃油或清洗溶剂携带到车间，携带时应使用能够密封的特制容器。

⑤ 不要将可燃性废机油和汽油倾倒入阴沟里，因为它们可能会导致污水管系统发生火灾。应将这些材料倒入一个排出罐或者合适的容器内。

⑥ 在燃油泄露的车辆没有修好之前，不要启动车辆的发动机。修理燃油供给系统时，

如需拆卸喷油器,应当从蓄电池上断开负极电缆,以防止发动机被意外启动。

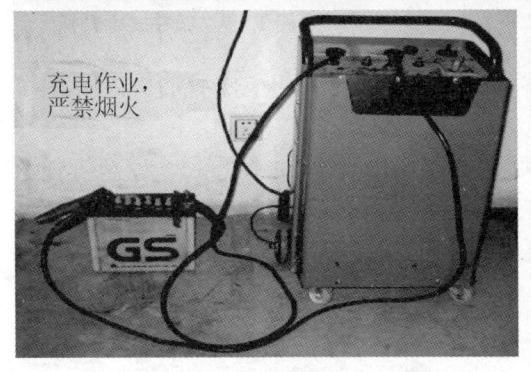

图1.62 安全操作的注意事项

(2)防触电安全知识。不正确地使用电气设备可能导致短路和火灾。因此,应学会正确使用电气设备并认真遵守以下防护措施:

① 一旦发现电气设备有任何异常,则应立即关掉开关,并联系管理员/领班(见图1.63)。

② 如果电路发生短路或意外火灾,那么在灭火前应先关掉开关。

③ 向管理员/领班报告不正确的布线和安装错误的电气设备。

④ 不要靠近断裂或摇晃的电线。

⑤ 为防止电击,千万不要用湿手接触任何电气设备。

⑥ 千万不要触摸标有"发生故障"的开关。

图1.63 供电开关的过流保护和接地保护

⑦ 拔插头时,不要拉电线,而应当拔插头。

⑧ 不要让电缆通过潮湿或浸有油的地方,以及通过炽热的物体表面,不要将电缆置于尖角附近。

⑨ 在开关、配电盘或马达等物附近不要使用易燃物,因为它们容易产生火花。

1.2.2 维护与保养的操作规范

1. 着装要求

操作人员的基本素质是汽车特约维修企业正常运行的基本保障;员工的着装不仅仅为了安全、操作便利,也是企业文化的体现;良好的工作环境既是从业人员基本素质的体现,也是企业形象的最佳表现形式。操作人员着装要符合企业统一着装标准,务必穿着干净的工作服(见图1.64),必要时穿戴安全鞋及绝缘手套。

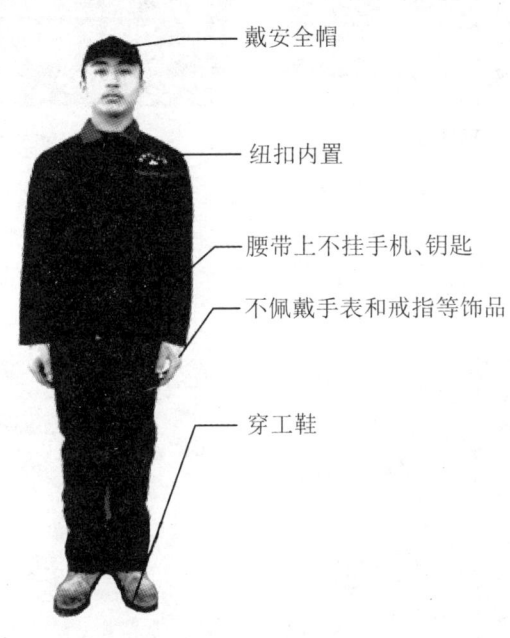

图 1.64 作业人员着装要求

维修作业中要创建科学有序的工作环境。专业工具的摆放如图1.65所示,废料的分类存放如图1.66所示。

图 1.65 专业工具的摆放

图 1.66 废料的分类存放

2. 车辆维护与保养作业的操作规范

规范的作业操作规程是企业安全生产的保障,也是企业文化建设中不可缺少的一部分,它既体现了企业的管理水平,也是展现企业良好形象的有效途径。

（1）清理车辆的油污如图1.67所示，清理作业地面如图1.68所示。

图1.67　清理车辆的油污

图1.68　清理作业地面

（2）车辆防护。作业前，翼子板要铺设磁性翼子板防护套，以保护表面油漆，如图1.69所示。

（3）作业准备工作。准备通用工具、专用工具。准备更换用工作油液、润滑油液和更换用零件，如图1.70所示。

图1.69　翼子板防护套的铺设

图1.70　准备更换用工作油液、润滑油液和零件

（4）安全操作的注意事项：
① 两名或两名以上操作人员一起作业时，务必相互检查安全状况。
② 发动机运转状态下，作业场所要保持通风良好。
③ 维修高温、高压、旋转和振动的零件时，应选用合适的安全设备，特别注意不要伤到他人和自己。
④ 全面检查拆下的零件，再次装配前，一定要将零件清洗干净。
⑤ 将拆下的零件放入单独的盒子里，以免与新零件混淆或弄脏新零件。
⑥ 不可重复使用的零件，如衬垫、O形圈和开口销等，应按要求进行更换。

（5）操作要点：
① 在充分了解正确的维修程序并报修故障之后，对故障进行诊断。
② 在拆卸零件前，检查零部件总成的整体状况，以确认是否有变形或损坏。
③ 对复杂的总成要做好记录，必要时做上装配标记。

（6）操作标准：
① 保证工具不落地。

② 保证配件不落地。
③ 保证废料不落地。
④ 保证油液不落地。

任务 1.3　新能源汽车的安全操作规程

1.3.1　新能源汽车高电压的潜在风险

新能源汽车是指采用非常规的车用燃料作为动力来源（或使用常规的车用燃料、采用新型车载动力装置），综合车辆的动力控制和驱动方面的先进技术，形成的技术原理先进并具有新技术、新结构的汽车。

新能源汽车包括四大类型：纯电动汽车（BEV，包括太阳能汽车）、混合动力电动汽车（HEV）、燃料电池电动汽车（FCEV）、其他新能源（如超级电容器、飞轮等高效储能器）汽车等。

1. 电对人体的危害

（1）人体电阻

人体电阻主要是皮肤电阻，人体表皮角质层的电阻很大，在干燥情况下可达 $6~k\Omega \sim 10~k\Omega$，甚至更高，但是在潮湿情况下可降到 $1~k\Omega$。在理论研究中，可以把人体看作是一个大电阻（$1~k\Omega$），在对人体施加一个电压时，便会产生相应的电流，不同大小的电流强度和作用时间会对人体造成不同程度的伤害。

如图 1.71 所示，人体电阻较高且接地电阻也较高时，流经人体的电流较低；人体电阻较低且接地电阻也较低时，流经人体的电流较高（非常危险）。

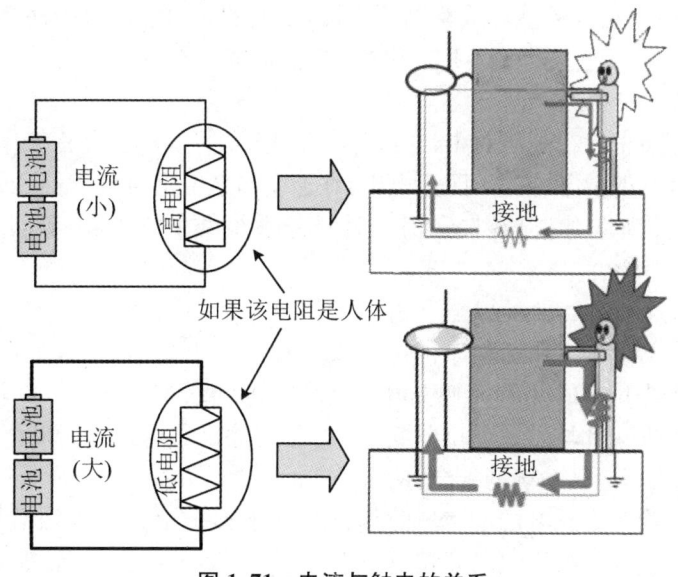

图 1.71　电流与触电的关系

当电流强度大于 50 mA、作用时间超过 10 ms 时,会造成人体心室颤动、呼吸困难,危及触电人员安全。若人体电阻值为 800~1200 Ω,根据欧姆定律,40~60 V 的电压就可能导致这样的伤害。

(2) 触电关系预测

如图 1.72 所示,发生间接接触前,在高压电池与车身之间安装一条地线就可以使电位均衡,还可以防止触电。

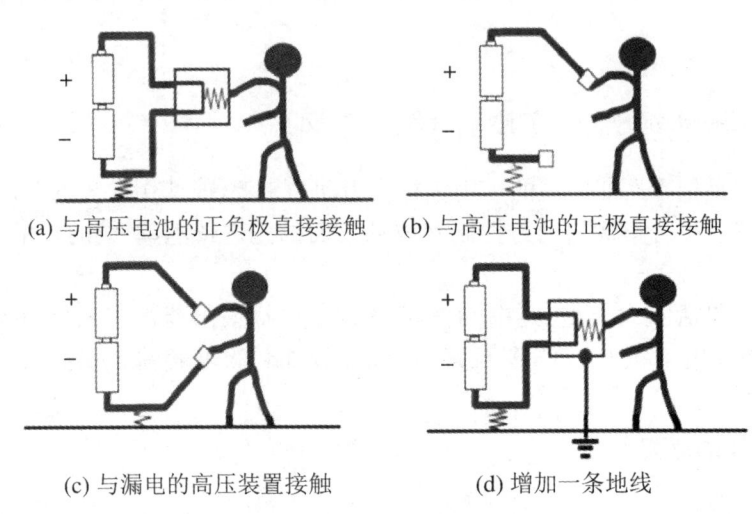

图 1.72 触电关系预测

使用纯电动汽车、混合动力电动汽车等高压车辆时,除了触电处,短路对人也有很大的危害,容易导致人体灼伤、失明等。

2. 电动汽车的高压安全防护措施

(1) 漏电保护器

电动汽车采用漏电保护器是非常必要的,一旦有正母线或负母线与车身相连,保护器就会报警,这就避免了电机壳体漏电成为高压正极,车上的人因触摸负极而造成电击伤。这样的设计还可避免空调系统高压、DC/DC 系统高压的泄漏。

(2) 高压互锁

电动汽车逆变器密封在高压盒中,非工作人员不能拆开,但也会有工作人员疏忽打开和非工作人员强行拆开的情况。为了防止电击,在逆变器盒盖上设计有高压互锁开关,只要逆变器盒体打开,开关动作,控制器收到信号后断开系统的主继电器,就可以避免意外电击出现。

(3) 绝缘电阻检测

电动汽车较高的供电电压对整车的电气安全提出了更高的要求,尤其是对高压系统的绝缘性能提出了更为苛刻的要求。绝缘电阻是表征电动汽车电气安全好坏的重要参数,相关电动汽车安全标准对此均做了明确规定,目的是消除高压电对车辆和驾乘人员人身的潜在威胁,保障电动汽车电气系统的安全。

因考虑到电动汽车高压电的潜在风险,故在车上需要安装绝缘电阻监控系统,依据标准 GB/T 18384.3—2001,在监测到绝缘电阻小于 1000 Ω/V 时,电路自动断开。

(4)等电势保护

为了防止电势差造成的触电危险,使用导线将高压组件的外壳或者可导电的外盖等部件与车身支架相连接,以达到等电势的效果,如图1.73所示。欧盟规定,高压组件外壳至车身任意一点之间的电阻不大于0.1 Ω。

图1.73　导线与车身连接

3. 使用电动汽车时应注意的高压风险及防护

相比常规汽油车和柴油车,电动汽车有高达几百伏的电气系统,这超过了安全电压范围,如果进行了不合理的使用或维护,那么将可能带来人员伤亡等高压安全问题。典型的电动汽车高压电气系统结构如图1.74所示,可将其分为两大部分:一是电动汽车自身的高压系统,主要为电动汽车提供驱动动力、电动助力转向和车载空调动力等,具体包括高压电池、电池管理系统和电机等;二是电动汽车充电时的高压电气系统,主要功能是从电网获取电能,并储存在动力电池中。

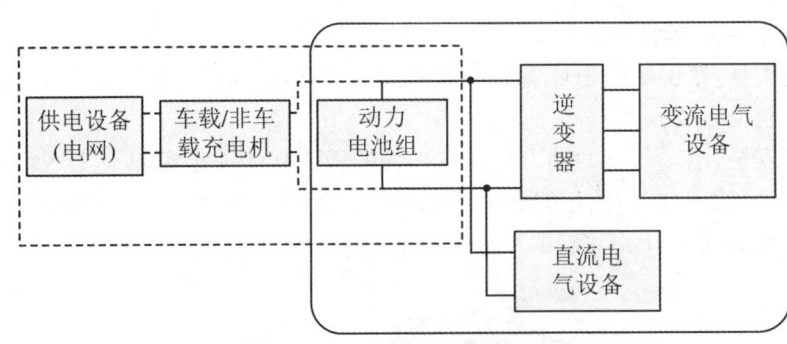

图1.74　电动汽车的高压系统

(1)电动汽车充电的高压风险及安全防护

及时检查或更换接插件,检查充电线两端插头是否有接触不良的现象,接触不良会导致插头发热,一旦发热时间过长就可能会导致短路现象,进而损害充电器、高压电池,或造成高压伤人。

在晴天充电时,将充电枪头插入充电插座即可(见图1.75),但需要注意,在对蓄电池充电时,应放置警示标志,把车钥匙从点火开关上取下来并保管好。在雨天和潮湿天气给电动汽车充电时需要注意下列事项:

图1.75　电动汽车的充电注意事项

① 充电枪头内有积水时,禁止使用。

② 使用雨伞遮挡,移动充电枪头充电过程中枪口朝下,避免充电枪头、车载充电插座沾水。

③ 充电完成后,禁止将充电枪随处放置,应插回充电桩。

(2) 驾驶电动汽车应防止高压部位受撞击

电动汽车的电池通常安装在汽车底部(见图1.76),撞击后更容易发生起火事故。因此,行车时需特别注意,应尽量避免发生撞击。

电动汽车设置了很多放电机制,如果车辆意外发生碰撞,那么会在2~5 s内把所有的电放出。以腾势汽车为例,它设置了一个碰撞断电机制,有PW信号和通电信号,两路同时执行切断动作,可以立即把高压电断开。

图1.76 电动汽车的高压电池位置

(3) 电动汽车涉水时的高压风险

作为交通工具,车辆的使用环境非常复杂,电动汽车遇到积水路段和车辆遇水之后整车性能和安全性至关重要。

为了保障安全,电动汽车的动力总成与线缆的输入接头一般都具有IPX4或IPX5防护级别。如图1.77所示,电动汽车的电池组都是由封闭在金属外壳内的电池单体组成的,电池组的外壳防水标准是IPX7级,即在水中浸泡半小时也不会进水。

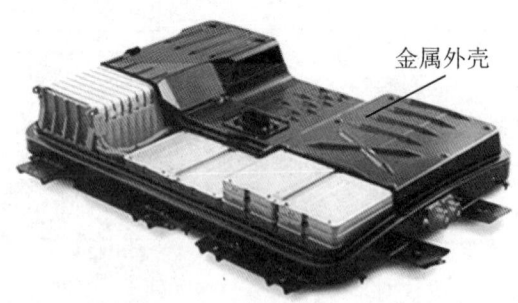

图1.77 电池组防水性能

4. 维护电动汽车避免高压风险的注意事项

(1) 高压线路的识别

在电动汽车安全要求标准GB/T 18384.3—2001中,对电动汽车的电压做了规范定义,将电动汽车的工作电压分为 A、B 两级，如表 1.1 所示。

表 1.1　电动汽车的工作电压等级划分

等级	直流工作电压/V	交流工作电压/V
A	$0<U\leqslant 60$	$0<U\leqslant 25$
B	$60<U\leqslant 1000$	$25<U\leqslant 660$

A 级电压不需要进行触电防护；任何 B 级电压电路中的带电部件都应为接触人员提供防护。

纯电动汽车和混合动力电动汽车高压电池、变频器、电机属于 B 级电压电路中的带电部件，其部件上都有如图 1.78 所示的高压警示标识。

在电动汽车上，导线的颜色表示特定的含义，鲜艳的橙色电缆用来警示有高压电风险，一些橙黄色的导线也要引起注意，因为这可能有高压风险，如图 1.79 所示。

图 1.78　高压警示标识

图 1.79　电动汽车的高压线路

（2）维护时的防护

① 戴好防高压电手套、护目镜，穿上绝缘鞋等，在高电压部件附近工作时，应确保穿着防护装置。图 1.80 所示为皮革防护装置。

② 绝缘手套使用前应进行目测和漏气检查（见图 1.81），检查绝缘橡胶手套是否损坏、是否有针孔和/或撕裂现象。

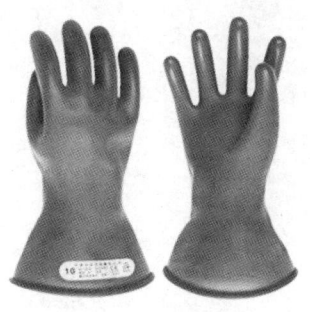

图 1.80　高压皮革防护装置

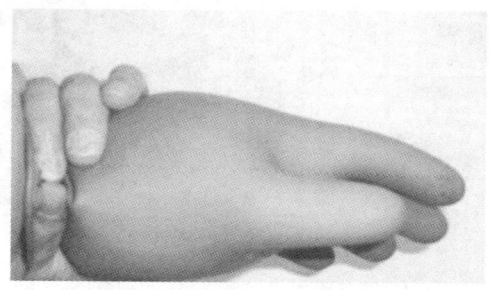

图 1.81　绝缘手套的鼓气检查

③ 在涉及高压部件的作业中穿上如图 1.82 所示的绝缘鞋，绝缘鞋使用前，应目测检查有无针孔、损坏、钉子、金属尖头和鞋底磨损现象。无法擦除地面上的水、油等污物时，应穿上绝缘靴以防发生触电（见图 1.83）。

④ 进行高压部件检修作业时，在地板上铺上如图 1.84 所示的绝缘橡胶垫。取下电池

后,用如图1.85所示的绝缘毯将整个电池盖住,以防触电。使用前,目测检查绝缘橡胶垫是否有撕裂现象。

图1.82 安全鞋

图1.83 绝缘靴

图1.84 绝缘橡胶垫

图1.85 绝缘毯

⑤用千斤顶或地沟对纯电动汽车和混合动力电动汽车进行电路检测或维修作业时,建议佩戴如图1.86所示的绝缘安全帽,以防发生触电、碰撞等事故。

图1.86 安全帽

⑥护目镜的作用是在短路时保护眼睛,在涉及高压线路作业(如电源插头的操作等)时应佩戴护目镜。

⑦必须使用电动汽车维修专用套筒(见图1.87)和专用螺丝刀(见图1.88),这样才能确保检修过程中的人身和设备安全。

⑧电动汽车燃烧时不能用水来灭火,蓄电池燃烧时,用水可能起不到灭火作用。一般采

用泡沫灭火器或干粉灭火器灭火，但是这些灭火器都灭不了锂电池的火情。在燃烧现场，应先将蓄电池与其他物品分开，让蓄电池自行燃烧完毕，因为这种电池燃烧产生的热量相当高。

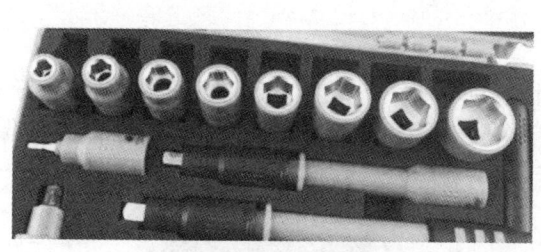

图 1.87　高压绝缘套筒

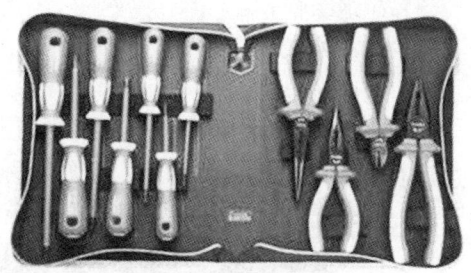

图 1.88　高压绝缘工具

1.3.2　触电急救措施

1. 触电急救措施程序

当发生触电事故时，一定要保持冷静！应按照图 1.89 所示救助程序实施救援。

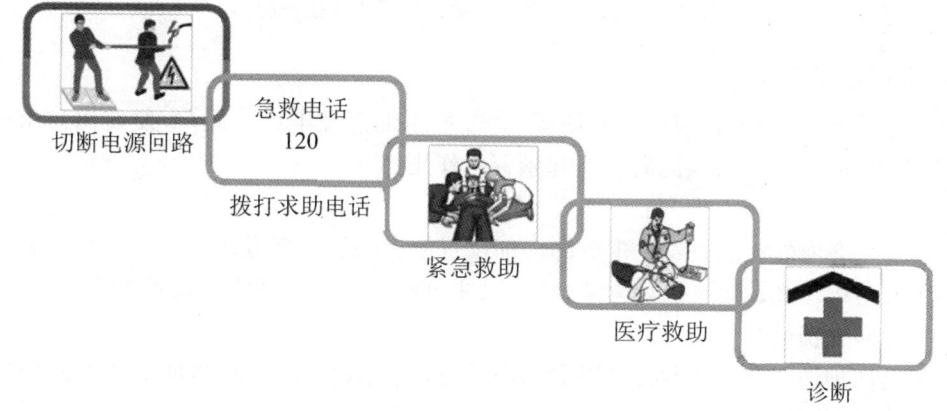

图 1.89　发生触电的急救程序

2. 切断电源的回路

若导线落在触电者身上，则可用干燥的木棒、竹竿挑开导线，如图 1.90 所示。此时应注意：

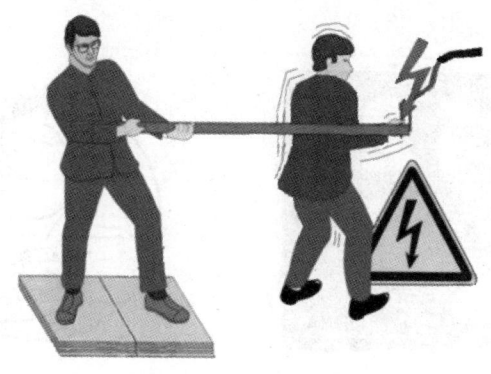

图 1.90　切断电源回路

(1)戴绝缘手套;
(2)采用干燥绝缘木杆;
(3)穿绝缘鞋;
(4)站在绝缘板上;
(5)远离触电者。

无法切断电源时,可以用绝缘的电工钳、干燥的木柄斧头或其他绝缘利器将电源切断。身边没有工具时,救援者最好戴上橡皮手套、穿橡胶鞋等,然后拉开跌开式熔断器或高压保险开关(见图1.91),千万不要用手去拉触电者,以防触电。

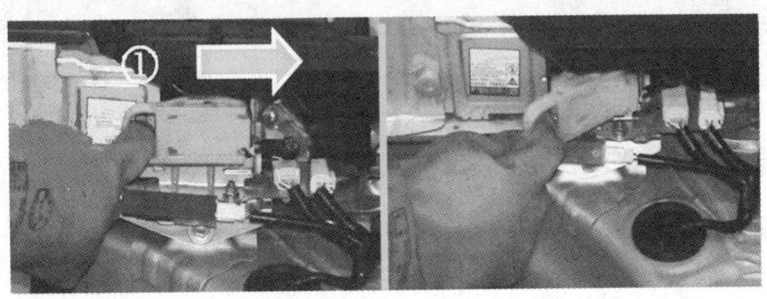

图1.91 普锐斯动力电池维修开关的拨开动作

3. 拨打救援电话

在电动汽车维修场所,应该张贴如图1.92所示的急救电话号码,方便在出现触电事故时,第一时间拨打急救电话,同时也能起到警示作用。

紧急呼救应包含以下内容:
(1)发生在何处?能将发生事故的详细位置信息(城镇、街道、门牌号等)说清楚。
(2)发生了什么?简要描述紧急情况,以便急救指挥中心评估采取何种措施。
(3)有多少伤员?
(4)是何种伤势?当有两种及以上的伤势时,应先说清最严重(可能危及生命)的伤势。
(5)等待询问!

4. 紧急救助

(1)10 s内完成判断触电者呼吸、心跳情况

首先查看伤者的腹部、胸部等处有无起伏,接着用耳朵贴近触电者的口鼻处,听伤者是否有呼吸声,最后感觉嘴和鼻孔是否有呼气的气流;再用一只手扶住伤者额头,另一只手摸颈部动脉有无脉搏跳动(见图1.93)。

 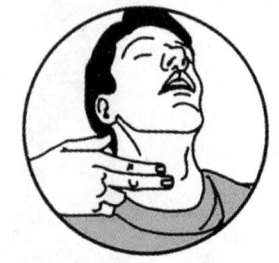

图1.92 急救电话　　　　图1.93 检查脉搏

（2）触电者失去知觉,但有轻微呼吸

让触电者就地仰卧平躺,保持气道通畅(见图1.94),把触电者的衣服及阻碍呼吸的腰带等物解开,帮助其呼吸,并在5 s内呼叫触电者或轻拍触电者肩部,以判断触电者是否丧失意识。在触电者神志不清时,不要摇动触电者的头部或呼叫触电者。

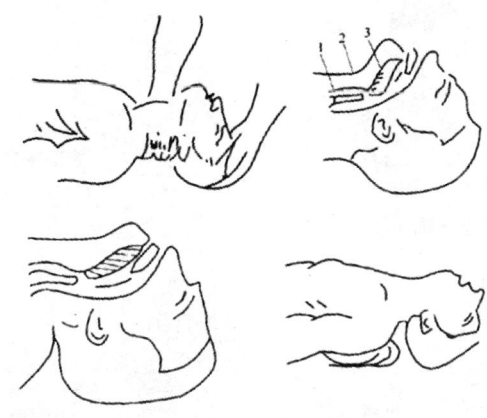

图1.94 保持气道通畅

（3）触电者有心跳,但无呼吸

用一只手捏紧触电者的鼻孔,使鼻孔紧闭;另一只手掰开触电者的嘴巴;除去口腔中的黏液、食物、义齿等杂物;若触电者牙关紧闭,无法将嘴掰开,则可采取口对鼻子吹气的方法;若触电者舌头后缩,则应把舌头拉出来,使其呼吸畅通。救护者深吸一口气,紧贴着触电者的嘴巴大口吹气,使其胸部膨胀,然后救护者换气,放开触电者的嘴、鼻,使触电者自动呼气,如此反复进行上述操作。吹气时间为2～3 s,放松时间为2～3 s,5 s左右为一个循环,重复操作,中间不可间断,直至触电者苏醒(见图1.95)。注意:对体弱者和儿童只可小口吹气,以免肺泡破裂。

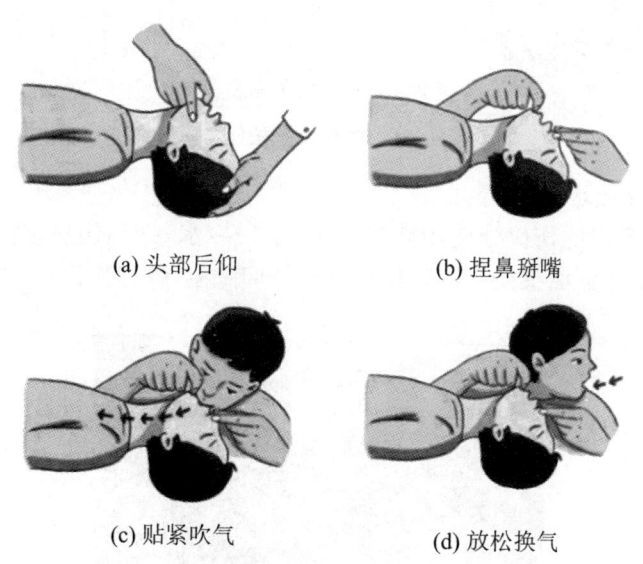

(a) 头部后仰　　　　　　　(b) 捏鼻掰嘴

(c) 贴紧吹气　　　　　　　(d) 放松换气

图1.95 人工呼吸

（4）触电者心音微弱、心跳停止或脉搏短且不规则

让触电者仰卧,并松开衣服和腰带,使触电者头部稍后仰,然后救护者需要跪在触电

者腰部两侧或跪在触电者一侧,救护者左手掌放在触电者心脏上方(胸骨处),中指对准其颈部凹陷的下端,救护者右手掌压在左手掌上,用力垂直向下挤压,成人胸外按压频率为100次/min,如图1.96所示。一般在实际救治时,每按压30次后,实施两次人工呼吸。

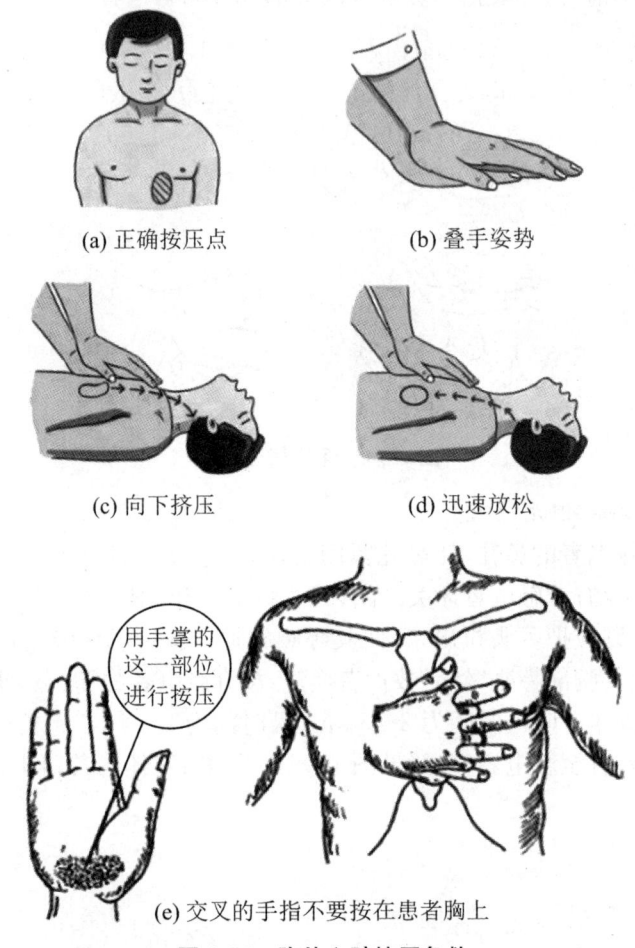

图1.96　胸外心脏按压急救

(5)皮肤烧伤的处理

在电流进入和穿出的伤口处使用微温的水(不用冷水)处理伤口,待冷却后涂少量的抗菌或烧伤药膏,以防止创面感染。同时使伤者保持仰卧位,脚和腿抬高(见图1.97)。

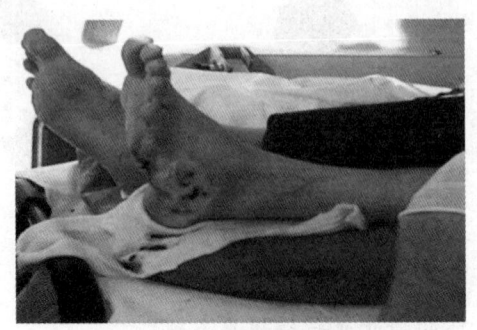

图1.97　皮肤烧伤的处理

项 目 实 施

任务工单 1.1

任务名称		汽车养护常用工量具的使用			
班级		姓名		学号	
组别		实训场地		日期	
任务载体		汽车养护作业中,工量具的正确选用和使用是汽车维修技师必备的一项基本技能,要学习并正确使用汽车养护作业所需的常用工量具。			

一、资讯

在实车上查找并填写如下信息:
生产年份_____,车牌号码_____,车型_____,行驶里程_____,汽车识别代码(VIN)_____,发动机型号和排量_____。

二、计划与决策

请根据任务要求,确定所需的检测仪器、工具,制订详细的作业计划。

1. 作业计划

2. 作业中的注意事项

3. 需要的检测仪器及工具

4. 本小组成员分工

三、实施

1. 工量具的正确选择

2. 常用工具的正确使用

3. 常用测量仪器的使用

四、检查与评估

1. 自我评价：依据本学习任务时的表现，在"评分表"中进行自我评价。

评分表

考核项目	评分标准	配分
任务方案	是否合理	10
操作过程	1. 防护五件套的安装 2. 保养里程的清零 3. 工具及设备的整理	30
任务完成情况	是否圆满完成	10
操作规范	是否标准	10
安全生产	有无安全隐患	10
现场6S	是否做到	10
团队合作	是否和谐	5
活动参与	是否主动	5
劳动纪律	是否严格遵守	5
工单填写	是否完整、规范	5
得分		

2. 在实施的过程中，是否存在一些安全隐患？请找出容易忽视的地方。

3. 指导教师对小组的工作情况进行总体点评。

五、评价反馈

请在小组实习结束后，将本小组成员的工作情况填写在下表中。

序号	姓名	组内职责	完成情况评价

六、环境保护

废料和废品处理：

任务工单 1.2

任务名称		安全知识			
班级		姓名		学号	
组别		实训场地		日期	
任务载体	汽车养护作业中,汽车维修人员必须具备一定的安全生产知识,必须按照安全生产操作规程,严格执行,确保安全生产,防止火灾、污染、伤亡等事故的发生。				

一、资讯

在实车上查找并填写如下信息:
生产年份 _____ ,车牌号码 _____ ,车型 _____ ,行驶里程 _____ ,汽车识别代码(VIN)_____ ,发动机型号和排量 _____ 。

二、计划与决策

请根据任务要求,确定所需的检测仪器、工具,制订详细的作业计划。

1. 作业计划

2. 作业中的注意事项

3. 需要的检测仪器及工具

4. 本小组成员分工

三、实施

1. 维护与保养操作的安全保障

2. 维护与保养的操作规范

3. 电动汽车的操作规范

四、检查与评估

1. 自我评价:依据本学习任务时的表现,在"评分表"中进行自我评价。

评分表

考核项目	评分标准	配分
任务方案	是否合理	10
操作过程	1. 防护五件套的安装 2. 保养里程的清零 3. 工具及设备的整理	30
任务完成情况	是否圆满完成	10
操作规范	是否标准	10
安全生产	有无安全隐患	10
现场 6S	是否做到	10
团队合作	是否和谐	5
活动参与	是否主动	5
劳动纪律	是否严格遵守	5
工单填写	是否完整、规范	5
得分		

2. 在实施的过程中,是否存在一些安全隐患?请找出容易忽视的地方。

3. 指导教师对小组的工作情况进行总体点评。

五、评价反馈

请在小组实习结束后,将本小组成员的工作情况填写在下表中。

序号	姓名	组内职责	完成情况评价

六、环境保护

废料和废品处理:

任务工单 1.3

任务名称		新能源汽车的安全操作规程			
班级		姓名		学号	
组别		实训场地		日期	
任务载体		新能源汽车应如何进行安全操作。			

一、资讯

在实车上查找并填写如下信息：
生产年份_____，车牌号码_____，车型_____，行驶里程_____，汽车识别代码（VIN）_____，发动机型号和排量_____。

二、计划与决策

请根据任务要求，确定所需的检测仪器、工具，制订详细的作业计划。

1. 作业计划

2. 作业中的注意事项

3. 需要的检测仪器及工具

4. 本小组成员分工

三、实施

1. 新能源汽车高电压的潜在风险

2. 触电急救措施

四、检查与评估

1. 自我评价：依据本学习任务时的表现，在"评分表"中进行自我评价。

评分表

考核项目	评分标准	配分
任务方案	是否合理	10
操作过程	1. 防护五件套的安装 2. 保养里程的清零 3. 工具及设备的整理	30
任务完成情况	是否圆满完成	10
操作规范	是否标准	10
安全生产	有无安全隐患	10
现场 6S	是否做到	10
团队合作	是否和谐	5
活动参与	是否主动	5
劳动纪律	是否严格遵守	5
工单填写	是否完整、规范	5
得分		

2. 在实施的过程中，是否存在一些安全隐患？请找出容易忽视的地方。

3. 指导教师对小组的工作情况进行总体点评。

五、评价反馈

请在小组实习结束后，将本小组成员的工作情况填写在下表中。

序号	姓名	组内职责	完成情况评价

六、环境保护

废料和废品处理：

项目综合评价

项目名称							
班级			姓名		学号		
组别			时间		成绩		
考核能力	考核项目	评分标准	满分值	学生自评（30%）	小组互评（30%）	教师评价（40%）	平均分小计
专业能力	相关知识	是否正确	25				
	技能实训	是否掌握	30				
社会能力	团队合作	是否和谐	5				
	劳动纪律	是否严格遵守	5				
	沟通讨论	是否积极	5				
方法能力	制订计划	是否合理	5				
	学习新技术能力	是否具备	5				
	总结能力	能否正确总结	5				
个人能力	适应能力	是否具备	5				
	创新能力	是否具备	5				
	责任心	是否很强	5				

知识与能力拓展

在汽车维修工作中,仅靠手动工具是不够的,还会用到很多电动工具和气动工具,常见的有手电钻、砂轮机、气动扳手、气动棘轮扳手等。

在电动工具使用过程中,安全应放在第一位,因为稍微一疏忽,不仅会造成伤害,还会因漏电而触电,乃至造成人身伤亡事故。确保电动工具使用的电缆或者插头完好无损,绝缘层无脱落,无金属丝外露。电动工具的外接线长度和直径符合标准,不会因为电压下降过大造成导线过热。在使用电动工具时,应确保工作环境干燥无积水,从而避免电动工具及其连接线与水接触。电动工具要使用三相插头,并确保插座已经连接好保护零线,在操作电动工具时最好穿橡胶底鞋。使用电动工具开关来开关电源,不能采用拔下或插下电源插头的办法代替开关,在接通电源之前,确保开关处于关闭状态。严格按照说明书和安全操作规程操作电动工具,应定期对电动工具进行安全检验。电动工具日常维护及安全检查项目为:导线是否损坏;电源插头是否损坏;工具是否干净,工作时是否有异响。

1. 电钻

常见的电钻有台式电钻和手电钻两种(见图1.98)。使用手电钻必须注意安全,操作时要戴上绝缘手套。

提示:禁止戴普通手套,因为高速旋转的电钻可能会把手套拧到钻头中去,引起安全事故。

操作指导:使用时应用力压紧,且用力不得过猛;发现电钻转速降低时,应立即减轻压力,否则会造成刃口退火,或者损坏电钻。使用电钻时,工件松动或者手电钻不稳等因素会造成钻头折断,所以钻孔时要保证钻头与工件保持相对固定,并控制好走刀量。若在使用中电钻突然停止转动,则应立即切断电源并检查原因。

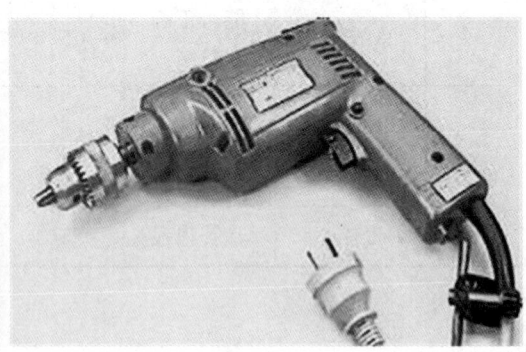

图1.98 常见的电钻类型

2. 气动扳手

气动扳手是一种用来快速拆装螺栓或螺母的操作工具。根据所拆卸螺栓力矩的大小不同,采用的气动工具也不同。常用的气动扳手有冲击扳手和气动棘轮扳手两种。

使用气动扳手时,一定要握紧,并站在一个安全舒适且容易施力的地方,用手按动气源开关,在气压的作用下,使套筒带动螺栓,螺母自动拧紧(见图1.99)。

气动工具使用的压缩空气压力不能高于允许压力。大多数气动扳手都没有高低挡之分,使用过程中一定要注意扭矩的大小,若扭矩过大,则会拧断螺栓(见图1.100)。

图1.99 气动扳手的正确使用

图1.100 气动扳手的压力调节

使用气动扳手拧紧螺栓时,应使用专用扭力扳手进行复查,以确保达到正常扭矩(见图1.101)。

气动工具在使用完毕后,应及时关闭空气源,并分离气动工具及空气源,收起供气管路(见图1.102)。

图1.101 使用专用扭力扳手复查

图1.102 收起供气管路

使用过程中,应定期对气动工具进行维护,加注专用气动工具油润滑气动扳手,并经常检查排气管是否清洁,同时检查外形是否损坏(见图1.103)。

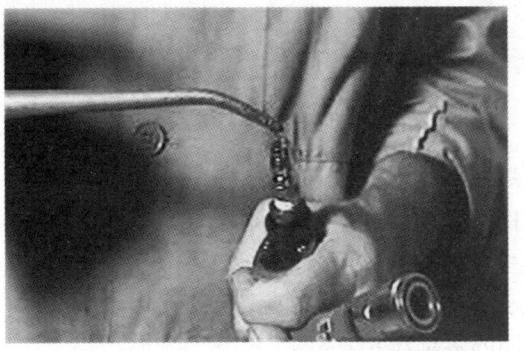

图1.103 气动工具润滑

项目 2

汽车常规养护

项目描述

根据《汽车维护、检测、诊断技术规范》有关规定,汽车维护可分为定期维护和非定期维护两大类。定期维护分为走合维护、日常维护、一级维护和二级维护四类,非定期维护分为按需维护(季节性维护)和免拆维护(新型维护方法)两类。

汽车常规养护是指为保障车辆性能而在厂商规定的时间或里程内做的定期维护工艺过程,如表 2.1 所示。

表 2.1 定期维护工艺过程

维护保养项目	时间或千米数
首次保养	1 个月或 5000 km 内
常规维护	1 个月或 6000 km 内
一级维护	每 40000 km
二级维护	每 80000 km
备注	3 年或 6 年都需要回厂保养(保修期); 100000 km 内都需要回厂保养(保修期)。

项目目标

1. 专业能力要求

(1) 重视劳动保护与安全操作;
(2) 熟练掌握汽车日常维护的各项作业内容;
(3) 熟练掌握汽车一级维护的各项作业内容;
(4) 熟练掌握汽车二级维护的基本作业内容;
(5) 会做汽车走合期的各项维护;
(6) 会做汽车季节性维护;

(7) 能实施相关汽车养护计划。

2. 社会能力要求

(1) 具有较强的口头与书面表达能力、人际沟通能力；
(2) 具有团队精神和协作精神；
(3) 能与客户建立良好、持久的关系；
(4) 能融入到动态的工作中，并合理地提出自己的见解。

3. 方法能力要求

(1) 独立检索汽车常规维护的相关资料，包括网上检索、维修手册检索；
(2) 培养记录的习惯，将想法以书面形式记录下来；
(3) 完成就车观察或企业考察工作，通过观察、询问了解必要的相关信息；
(4) 能够制订、评价、修订计划，选取最佳工作方案；
(5) 能够对整个项目的实施进行总结。

4. 个人能力要求

(1) 具有良好的心理素质和克服困难的能力；
(2) 能进行自我批评；
(3) 具有工作责任感；
(4) 具有继续学习的能力；
(5) 注重环境保护。

5. 重点和难点

(1) 正确实施汽车常规养护作业项目；
(2) 掌握汽车常规养护作业的工艺。

项目引入

2013年5月，段先生从大众4S店购买了一辆桑塔纳轿车，请结合日常维护项目、一级维护项目、二级维护项目分别介绍一下汽车养护知识。

任务2.1　燃油汽车日常维护

汽车日常维护也称例行保养，是各级维护的基础，是指驾驶员在每日出车前、行车中、收车后，针对车辆使用情况所做的一系列预防性质的维护作业。其中心作业内容是清洁、补给和安全检视。

日常维护是以预防为主的维护作业，是驾驶员的一项重要工作职责，也是汽车运输企业一项经常性的技术工作。因此，要求每一位驾驶员在汽车日常维护保养中，必须强制执行"三检四清四防"。"三检"即坚持出车前、行车中、收车后检视车辆的安全机构及各部件连接紧固情况；"四清"即保持空气、机油、燃油滤清器和蓄电池的清洁；"四防"即防止漏油、漏水、漏气、漏电的维护制度，以达到车容整洁、车况良好、行车安全的目的。

汽车日常维护的基本作业内容为清洁、紧固和润滑。清洁作业的目的是保持车辆整洁，防止水和灰尘等腐蚀车身及零部件。紧固是因为在车辆行驶一定的里程后，车辆各部件连接处的螺栓、螺母等紧固件由于颠簸、振动等原因，可能发生松动甚至脱落，若不及时按要求拧紧或配齐，则会埋藏事故隐患，无法保证行车安全。润滑作业包括发动机润滑、变速器润滑、驱动桥润滑、转向器润滑以及轮毂润滑等。润滑作业是保证车辆各运动部件正常运转、减小运动阻力、降低温度、减少磨损的重要手段。

2.1.1 燃油汽车日常维护流程

燃油汽车日常维护流程如图 2.1 所示。

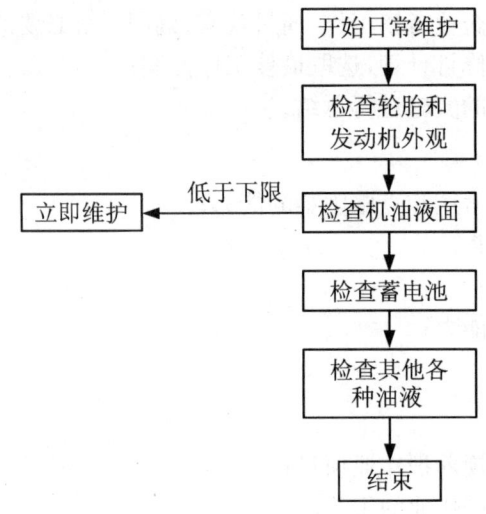

图 2.1 轿车日常维护流程

2.1.2 燃油汽车日常维护项目

1. 目测检查轮胎

目测检查轮胎的方法如图 2.2 所示。

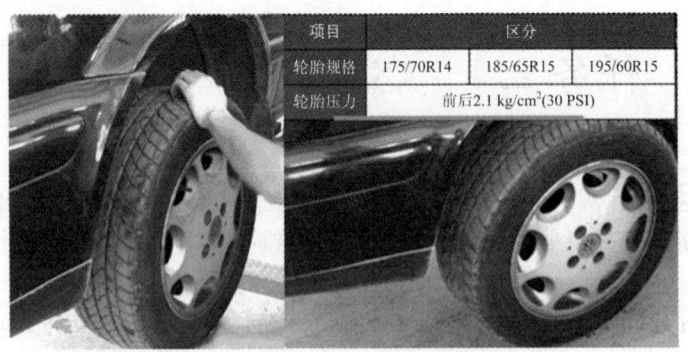

图 2.2 轮胎的目测检查

（1）作业内容

① 检查各个轮胎气压；

② 检查轮胎侧面有无裂缝；
③ 检查轮胎花纹；
④ 检查轮胎表面是否清洁。
(2) 竣工条件
轮胎清洁，胎面无气鼓、裂伤、老化、变形、扎钉等，气门嘴完好。

2. 目测检查发动机舱外观

目测检查发动机舱外观，如图 2.3 所示。
(1) 作业内容
① 检查各油管有无漏油；
② 检查线路和各种插头、接头有无松脱；
③ 检查各皮带有无破损或丢失。
(2) 竣工条件
传动带无龟裂和过量磨损，表面无油污，各种线路、油管、插头、接头连接牢固。

3. 目测检查冷却液液面

(1) 作业内容
目测冷却系统外观，冷却液液面应在上下标线之间，如图 2.4 所示。

图 2.3　发动机舱外观的目测检查

图 2.4　冷却液液面的目测检查

(2)竣工条件

每两年更换一次,应注意的是,若需补加,则只能补加 G12(红色),不得与其他类型的添加剂混合使用。

4. 目测检查喇叭和雨刮器

(1)作业内容

检查喇叭和雨刮器(见图 2.5 中的手握部分)。

(2)竣工条件

附属装置齐全,雨刮器、风窗洗涤器(图 2.5 中的圆圈部分为雨刮清洗液储液罐)齐全有效。

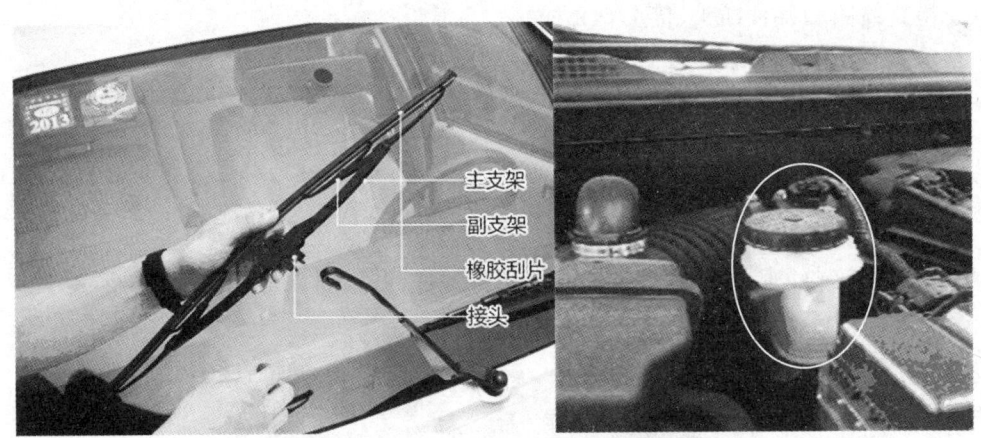

图 2.5　雨刮器及清洁液液面的目测检查

5. 目测机油油位

(1)作业内容

待发动机停转几分钟后,用干净布擦干净机油尺后再插回原处;再次拔出机油尺(见图 2.6 中的圆圈部分),读出油位,如图 2.6 所示。

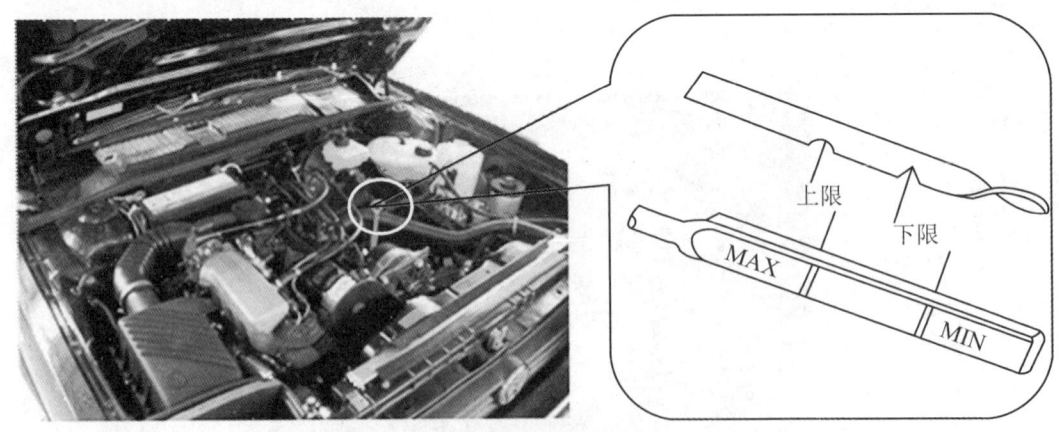

图 2.6　机油油位的目测检查

(2)竣工条件

油位应位于两个标记之间。

6. 目测检查蓄电池

(1) 作业内容

目测检查蓄电池表面是否清洁，是否有液体流出；对免维护蓄电池，目视检查蓄电池状态指示灯(见图 2.7 中的圆圈部分)；蓄电池桩头是否有松动或被腐蚀。

(2) 竣工条件

蓄电池状态指示灯为蓝色，无液体流出，桩头固定牢固。

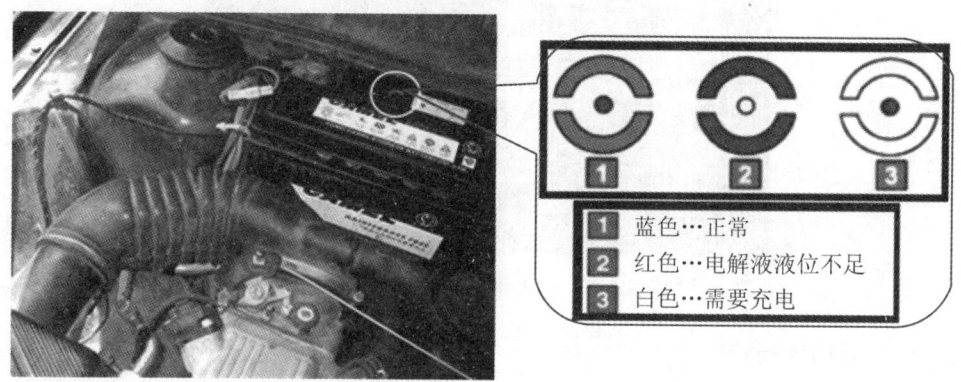

图 2.7　蓄电池的目测检查

7. 目测制动液和转向液压助力器液面

(1) 作业内容

检查制动液和液压助力器油罐内的油面高度，如图 2.8 所示。

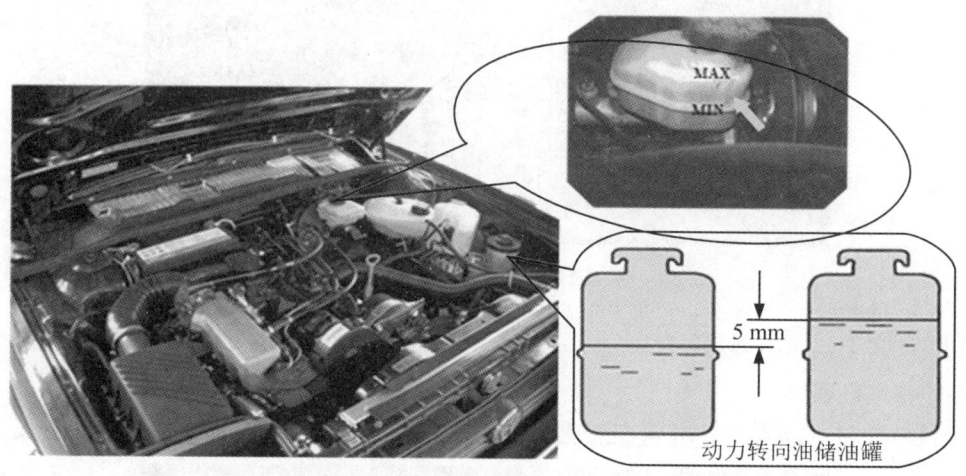

图 2.8　制动液和转向液压助力器液面的目测检查

(2) 竣工条件

制动液：液面位于"MAX"和"MIN"之间；

助力器：热态时，液面高度应接近最大刻度，冷态时不低于最小刻度。

8. 目测仪表中各个指示灯

(1) 作业内容

观察各仪表和故障指示灯，如图 2.9 所示。

（2）竣工条件

各指示灯均指示正常。

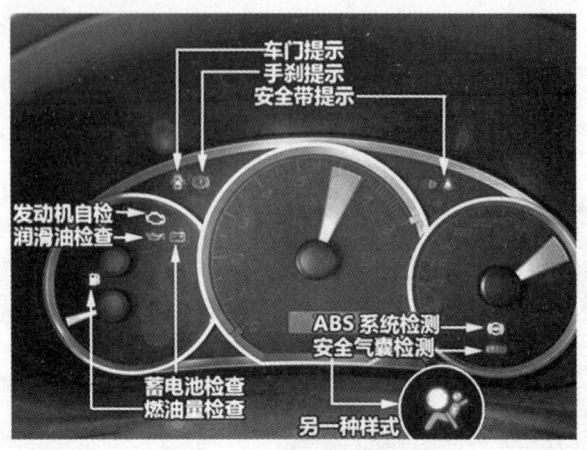

图 2.9　仪表指示灯的目测检查

9. 行驶中目测燃油表

（1）作业内容

燃油表指针不能低于红色区域刻度线（见图 2.10）。

（2）竣工条件

油量过少将影响燃油泵的散热效果，降低其使用寿命。

图 2.10　燃油表的目测检查

10. 行驶中目测水温表

（1）作业内容

正常行驶时水温表指针应该在红色指示灯左右（见图 2.11 中的方框）。

图 2.11　水温表的目测检查

(2)竣工条件

当水温报警灯亮时,应立即停车检查,确认无患后,方可继续行驶;若继续报警,则应立即停驶。

任务 2.2　燃油汽车一级维护

汽车一级维护是指车辆行驶到一定里程(间隔里程因车、使用条件而不同)后,除完成日常维护作业外,还进行以清洁、润滑和紧固为中心作业内容,并检查有关制动、操纵等安全部件,由专业维修人员负责执行的车辆维护作业。过去又称为一级保养。其中心作业内容是润滑和紧固。现代汽车一级维护除了完成润滑和紧固两大中心作业外,还要进行大量的检查作业,同时进行清洁、补给和调整等作业。

根据我国现行的维护制度,一级维护应由专业维修企业负责执行,即应进厂维护。

2.2.1　一级维护流程图

轿车一级维护流程如图 2.12 所示。

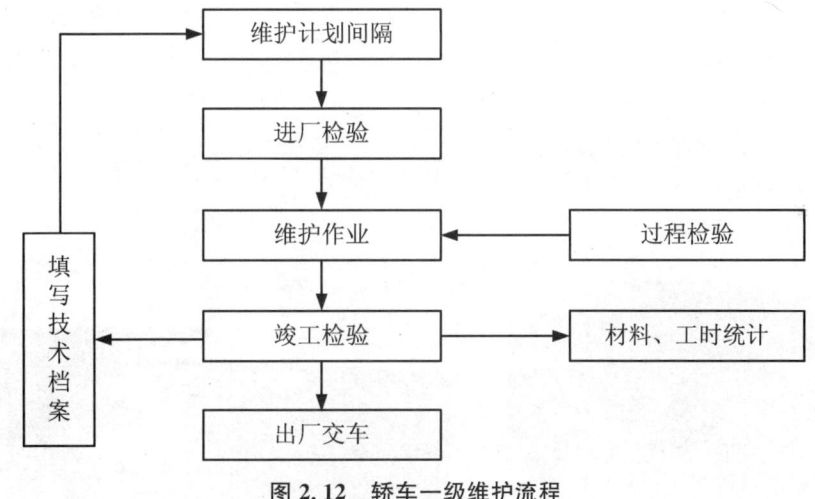

图 2.12　轿车一级维护流程

2.2.2　燃油汽车一级维护项目

1. 接车检验

(1)作业内容

检查施工单与维修车辆的车号、VIN 码是否相符;对客户陈述故障进行检查,确定维护内容,如图 2.13 所示。

(2)注意事项

接待员除了规定检查项目外,一定要绕车一周查看车身所有部位有无破损、刮伤、掉漆等问题。若有,则应与车主当场进行确认,以免交车时与车主发生纠纷。

2. 准备工作

（1）作业内容

准备工具；领配件，如图 2.14 所示。

图 2.13　接车检验

图 2.14　准备工作

（2）注意事项

一定要向客户讲清楚配件来源，如是原厂件还是协作厂件等，以供客户选择。

3. 检查照明设备、喇叭、洗涤装置

（1）作业内容

如图 2.15 所示。

① 检查各项灯光；

② 目测安全气囊有无损伤；

③ 检查电动车窗；

④ 检查电动后视镜。

图 2.15　照明设备、喇叭、洗涤装置的检查

（2）注意事项

为使电动车窗玻璃能够顺利上下滑动，应尽量减少滑动阻力，车窗玻璃的污损也会成为阻力，所以应经常保持车窗的洁净。

4. 检查各仪表、安全带

（1）作业内容

① 检查各项仪表是否正常，图 2.16 为桑塔纳轿车组合仪表；

② 检查安全带是否完好。

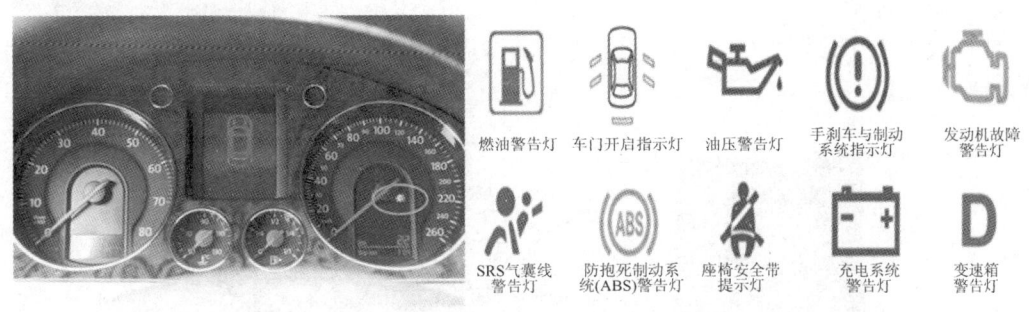

图 2.16　各仪表、安全带的检查

（2）注意事项

① 当各仪表指示灯不亮、表不转时，表明仪表供电线路有故障，应及时检测与排除。

② 当燃油表不动或指示不准确时，表明燃油表或其线路有故障，应及时检测与排除。

③ 当冷却液温度表不动或指示不准确时，表明冷却液温度表或其线路有故障，应及时检测与排除。

④ 当机油压力指示灯不亮或发动机正常运转后不灭时，表明机油压力表或其线路有故障，应及时检测与排除。

5. 检查雨刮器

（1）作业内容

如图 2.17 所示。

① 检查雨刮器工作状况；

② 目测检查清洁液液面高度，不足时应添加清洁液。

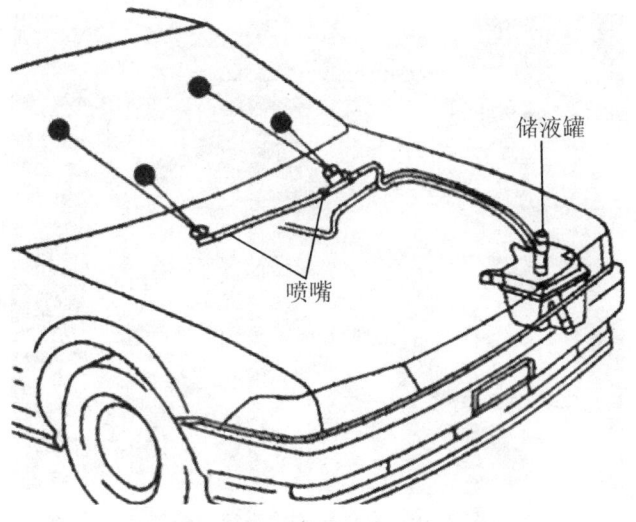

图 2.17　雨刮器及清洁液液面的检查

(2) 注意事项

在冬季,当使用雨刮器时,若发现雨刮器片被冻结或被雪团卡住时,则应立即关闭开关,清除冰块、雪团后方可继续使用,否则会因雨刮器片阻力过大而烧坏雨刮电机。

6. 检查故障存储器

(1) 作业内容

使用大众专用诊断仪(图 2.18 所示为大众专用电脑 VAG1552)读取各系统的故障信息(故障码)。

图 2.18 故障存储器的检查

(2) 注意事项

调出故障码的方法主要有三种:

① 用专用的解码仪,它能显示出故障码及故障的文字、符号和数据流;

② 通过汽车仪表盘上故障灯的闪光信号来读取;

③ 用直流电压表(万用表的直流电压挡),根据表针的摆动情况读取故障码。

7. 检查发动机润滑系统

(1) 作业内容

① 发动机熄火后,打开发动机盖;

② 检查发动机润滑系统(重点查看如图 2.19 所示发动机上部圈中的部分)有无渗漏;

③ 打开发动机加机油口,盖放于工具盒内。

图 2.19 发动机润滑系统的检查

(2) 注意事项

发动机机油对发动机性能有重要影响,所以每天都应检测发动机机油量。发现润滑系统有渗漏时,一定要及时止漏。否则,不仅会导致机油漏损,还会污染机身,使一些橡胶、塑料等机件过早老化失效。

8. 更换机油、滤芯

(1) 作业内容

更换机油、滤芯。

(2) 注意事项

① 若车辆经常在多尘路段行驶,则应尽早更换机油与机油滤清器。

② 在排放发动机旧机油之前,应检查发动机机油是否泄漏(重点查看图 2.20 圈中的部分,即油底垫)。若发现有泄漏,则在更换机油、滤芯之前,应先更换损坏件。

9. 检查燃油系统

(1) 作业内容

目测检查燃油箱管路、接头以及供油管路。

(2) 注意事项

目前,许多新型的燃油滤清器会自行附带两条橡胶软管,橡胶软管从燃油滤清器的两侧引出(见图 2.21 中的箭头部位),正是通过橡胶软管使燃油滤清器和汽车的油路连在一起。若新买的燃油滤清器附带这种橡胶软管,则更换燃油滤清器时就应该舍弃原来的橡胶软管,并使用新的橡胶软管。因为橡胶管是不断老化的,所以旧橡胶管可能会发生泄漏。

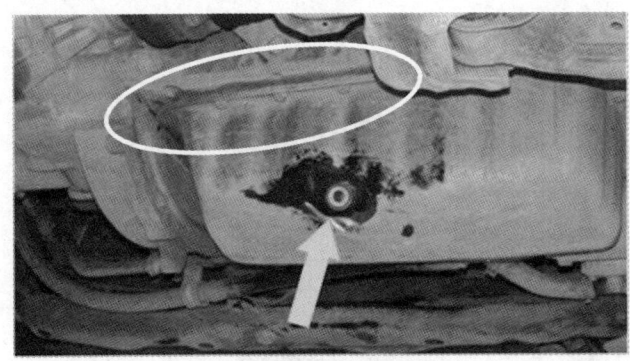

图 2.20 更换机油、滤芯

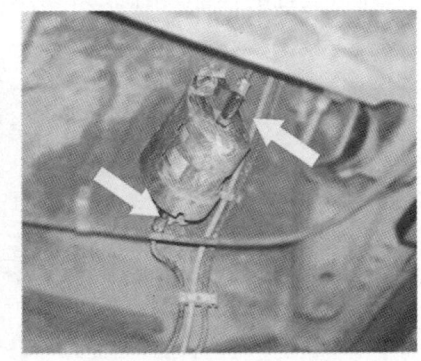

图 2.21 燃油管路检查

10. 检查转向传动机构和车身底部

(1) 作业内容

检查转向传动机构和车身底部,如图 2.22 所示。

① 检查车身底部防护层是否损坏;

② 目测检查驱动轴防尘罩情况;

③ 目测检查半轴内、外万向节;

④ 目测检查转向传动机构的工作状况和密封性;

⑤ 检查紧固底盘螺栓。

图 2.22 检查转向传动机构和车身底部

（2）注意事项

① 车辆举升前，一定要找准举升点（即车辆被举升时的受力点），且各举升臂与各举升点要均匀接触；

② 车辆举升到规定高度后，切记要锁止举升机，否则举升机下面严禁站人；

③ 在车底进行各项检查时，不要触碰车辆，以免发生危险。

11. 检查排气管、消声器、三元催化器

（1）作业内容

排放装置的检查如图 2.23 所示。

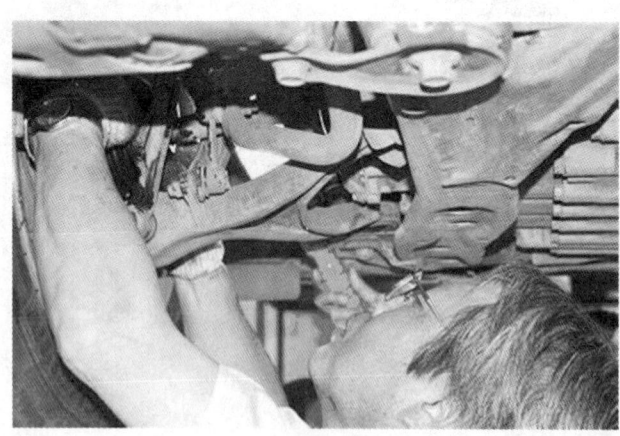

图 2.23 排放装置的检查

① 目测检查排气歧管、消声器状况；

② 检视三元催化器外观及连接状况。

（2）注意事项

该项检查应在发动机冷却后进行，否则极易被排气管、消声器等部件烫伤。

12. 检查悬架系统

（1）作业内容

悬架系统的检查如图 2.24 所示。

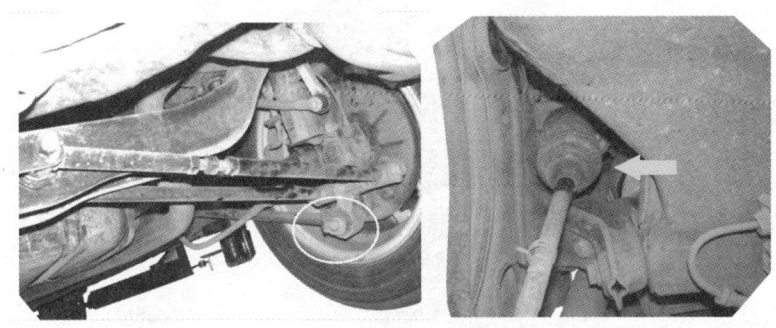

图 2.24　悬架系统的检查

① 检查减震器密封及连接状况；
② 检查下摆臂与球头（见图 2.24 圈中的部分）有无变形或损伤；
③ 检查减震弹簧有无变形或损伤；
④ 检查横拉杆球头间隙和防尘罩（图 2.24 箭头所示）状况并紧固。

（2）注意事项

如有损伤部件，应更换。

13. 检查前轮制动器

（1）作业内容

目测检查前轮制动器各部件的磨损情况，必要时给予更换。

（2）注意事项

桑塔纳轿车前轮采用盘式制动器，如图 2.25 所示。检查时，若发现制动盘上有较深的沟槽或麻坑，则应进行修复或更换。

图 2.25　前轮制动器的检查

14. 检查后轮制动器

（1）作业内容

① 目测检查后轮制动器各部件的磨损情况，必要时更换；
② 装复、润滑总成，调整轮毂间隙。

(2) 注意事项

桑塔纳轿车后轮采用鼓式制动器,如图 2.26 所示。检查时,若发现制动鼓上有润滑油渗出,则应拆检和清洗制动鼓。

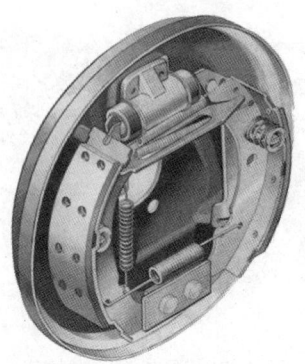

图 2.26　后轮制动器的检查

15. 检查轮胎

(1) 作业内容

轮胎磨损程度检查如图 2.27 所示。

① 检查轮胎花纹及花纹深度;

② 检查轮胎螺栓拧紧力矩。

(2) 注意事项

轮胎上设有表示外胎磨损程度的(wear indi cator)标记,也就是轮胎旁边槽中或"△"标记方向的突出部分表示磨损程度。当轮胎磨损到这部分时就要更换。

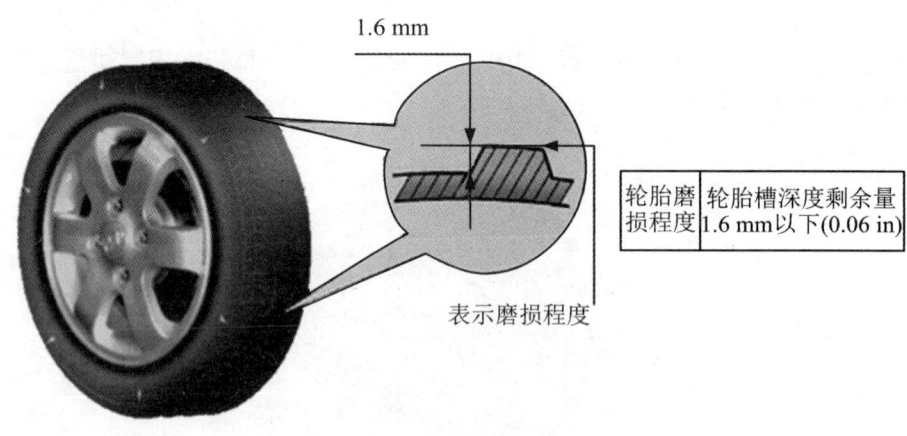

图 2.27　轮胎磨损程度检查

16. 检查发动机上部

(1) 作业内容

打开发动机舱盖,目测零件有无损坏和泄漏。

(2) 注意事项

见图 2.28 圈中的部分,重点查看各管路接头、密封结合面以及各工作液储液罐等处有无气液泄漏。

图 2.28　发动机上部的检查

17. 检查燃油蒸发控制装置

(1) 作业内容

燃油蒸发控制装置的检查如图 2.29 所示。

① 检查软管和接头；

② 目测检查活性炭罐、储油罐外观（见图 2.29 中的方框）；

③ 检查单向阀。

图 2.29　燃油蒸发控制装置的检查

(2) 注意事项

活性炭罐的储油罐里存有汽油,检查时,千万不能用打火机、蜡烛或手电筒等照明,否则极易引发火灾。

18. 检查曲轴箱通风装置

(1) 作业内容

目测检查 PCV 阀和通气软管。

(2) 注意事项

在曲轴箱通风的管路上(见图 2.30 圈中的部分)装有单向阀,也就通常所说的 PCV 阀。它在更新曲轴箱内气体和降低机油消耗量方面有重要作用。拆下检查时,一定要记住安装方向,千万不能装错。否则,发动机怠速降低、尾气加重。

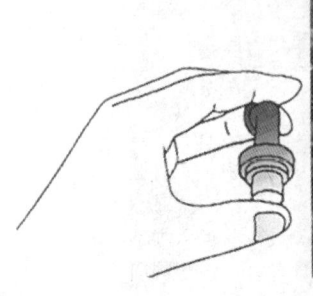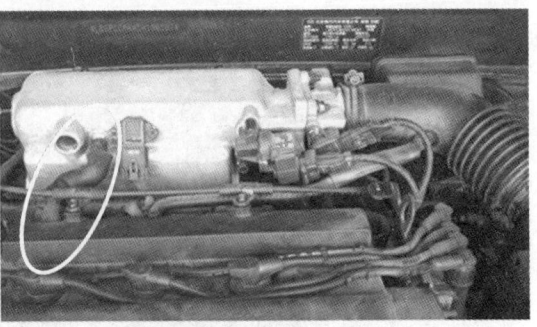

图2.30　曲轴箱通风装置的检查

19. 检查冷却系统

(1) 作业内容

冷却液泄漏的检测如图2.31所示。

① 目测检查冷却系统的密封状况;

② 用冰点仪检测冷却液冰点;

③ 目测检查冷却液品质及液面高度,必要时给予添加或更换。

图2.31　冷却液泄漏的检测

(2) 注意事项

① 应每天检查冷却液,且在发动机处于冷态时检查补偿罐中的冷却液液位。正确的液位应在"MIN"和"MAX"之间。

② 发动机热态时,冷却系内仍处于高温高压状态。此时,切勿打开散热器盖以防烫伤。

③ 冷却液及其添加剂均为有毒物质,切勿接触,须置于安全场所;冷却液的使用浓度(体积分数)为40%～60%;放出的冷却液不宜再使用,应严格按有关法规处理废弃的冷却液。

20. 检查转向器、液压助力泵、转向减震器

(1) 作业内容

① 检查转向器(见图2.32圈中的部分)、助力泵、储液罐等的密封性;

② 检查液压助力器储油罐油面的高度;

③ 检查助力泵工作状况。

(2) 注意事项

应重点检查液压助力器储油罐油面的高度。

① 将车辆停放在平坦的地面；

② 启动发动机,空挡状态下转动转向盘数次,使转向油油温上升到 50~60 ℃；

③ 在发动机怠速状态下数次转动转向盘至左右极限位置；

④ 确认储油罐的转向油是否有泡沫或混浊；

⑤ 检查发动机启动后和停止后的储油罐液面差(见图 2.32 箭头所示),在油的液面差超过 5 mm 时应进行排气；熄火后若液面迅速上升,则说明放气不彻底；若系统内有空气,则助力泵和控制阀会发出噪声,这将降低油泵的性能。

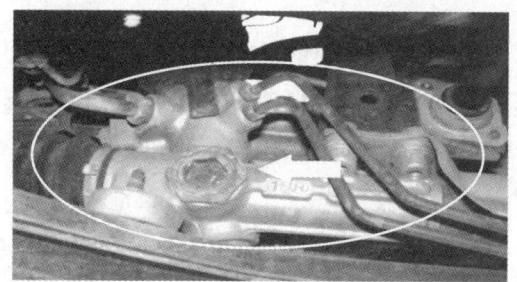 

图 2.32　转向器、液压助力泵、转向减震器的检查

21. 制动系统检查

(1) 作业内容

制动系统的检查如图 2.33 所示。

① 目测检查制动液品质、质量及制动液面指示灯开关(必要时更换制动液)；

② 目测检查制动系统有无渗漏(图 2.33 中箭头所示)。

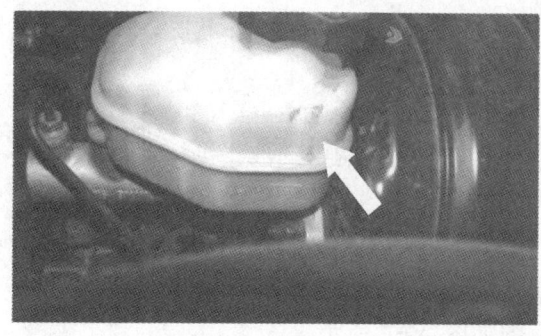 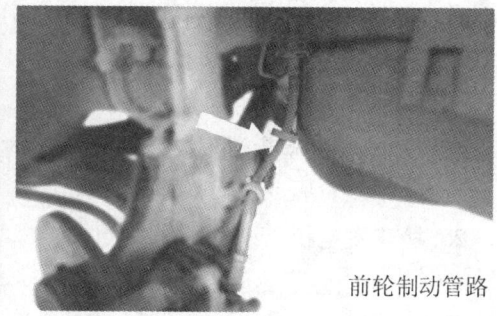

图 2.33　制动系统的检查

(2) 注意事项

① 液面应在制动油储液罐侧面"MAX"与"MIN"标记之间。若液面低于"MIN"标记,则需补充规定品牌的制动液。同时应注意:

a. 擦净周围的污物后,再打开制动液储液罐盖；

b. 慢慢倒入规定品牌的制动液,切勿超量倒入；

c. 拧紧制动液储液罐盖。

② 汽车在出厂前就加注了制动液,并在储液罐盖上注明,若再加注时,则应使用同一规格的制动液,否则会发生严重的损坏。不能使用过期的、用过的制动液,或未密封在容器内的制动液。

22. 检查蓄电池

(1) 作业内容

清洁外表及极桩、通气孔;检查电解液液面高度。

(2) 注意事项

① 为避免蓄电池损坏,一定要确保电解液液面不低于极板的顶部。同时,也要避免因蒸馏水加注过度而导致电解液溢出。

② 因挥发而导致电解液液面过低时,一定要加注蒸馏水,而不能加注自来水,因为自来水中含有的一些化合物会污染蓄电池。

③ 若蓄电池外表及极桩已经脏污或被腐蚀,则应使用刮片或钢丝刷清理连接处。必要时,用1∶1比例的小苏打(碳酸氢钠)和水的混合溶液去除蓄电池顶部厚厚的灰尘和极桩上的聚集物。若腐蚀非常严重,则须找出腐蚀的原因(腐蚀可能是蓄电池电解液溢出造成的,因电解液里含有硫酸,而硫酸具有很强的腐蚀性)。

23. 检查起动机

(1) 作业内容

启动发动机;检查起动机工作状况。

(2) 注意事项

启动发动机时,起动机从蓄电池输入的电流为300～400 A,为避免蓄电池放电过大和损坏,所以启动时间不能太久(5 s以内)。若一次不能启动,则应停止10～15 s时间,再启动第二次。连续3次启动失败时,应查明原因后再启动。

24. 检查进气管

(1) 作业内容

目测检查进气歧管电加热器线路和热敏开关;检查液压挺杆的工作状况,看有无不正常噪声。

(2) 注意事项

在发动机气缸盖上部发出不正常噪声时,可能是配气机构中的液压挺杆发生泄漏,进一步检查并证实后,应成组更换液压挺杆。

25. 检查发电机

(1) 作业内容

就车测量发电机的输出电压,其连线示意图如图2.34所示。

检查发电机运转情况,测量发电机电压。

(2) 注意事项

① 将万用表拨至0～50 V直流电压挡,将其正表笔接"电枢"接线柱,负表笔接外壳;

② 不能用"打火法"检查现代硅整流发电机能否发电,否则会立刻烧坏硅二极管。

26. 检查空调系统

(1) 作业内容

空调系统的检查如图2.35所示。检查空调系统的工作状况、密封状况。

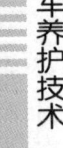

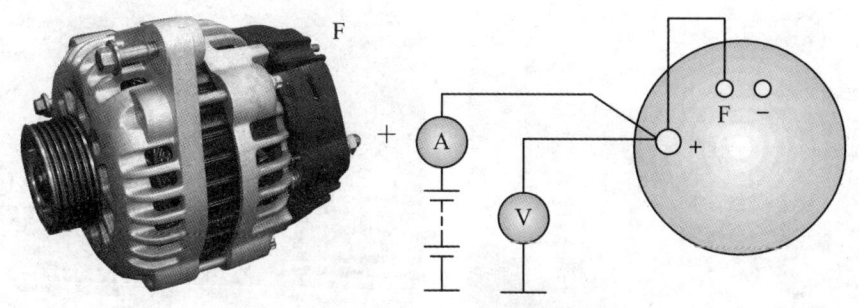

图 2.34 发电机输出电压的测量

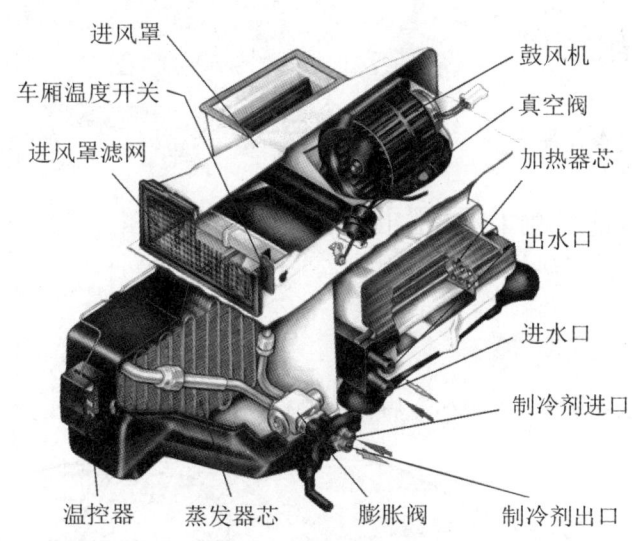

图 2.35 空调系统的检查

(2) 注意事项

为了确保空调装置能够良好运转,应经常对空调装置进行维护,因为空调装置一旦出现故障,其修理成本将大大超过维护费用。

27. 检查润滑车门、发动机盖

(1) 作业内容

检查车门、发动机盖铰链、拉索;检查门锁,必要时进行润滑。

(2) 注意事项

① 用带垫圈的螺栓换下定心螺栓。定心螺栓是发动机盖铰链的固定螺栓,不换下定心螺栓就无法调整发动机盖,故应用带垫圈的螺栓将定心螺栓换下。

② 拧下发动机盖侧面铰链的螺栓(见图 2.36 圈中的部分),沿前后方向和垂直方向调整发动机盖。

③ 转动弹性垫,调整发动机盖。

④ 拧松盖锁上的固定螺栓,调整发动机盖锁。前机盖锁的调整标准为保证前盖周边间隙均匀,一般为 9 ± 1 mm,上下高度均匀一致;前机盖锁螺栓(见图 2.36 箭头部分)拧紧力矩为 14 ± 2 N·m。

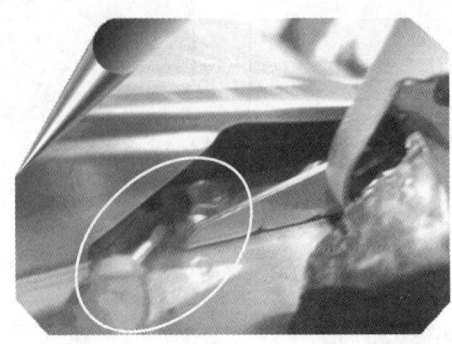

图 2.36　车门、发动机盖锁扣的检查

28. 检查轮胎(包括备胎)

(1) 作业内容

用轮胎气压表检查轮胎气压。

(2) 注意事项

若查出轮胎气压过高,则千万不能用自然放气的办法降压。否则,极易发生爆胎(被车身重量压爆)、车身剧降等事故。

29. 检查排放

(1) 作业内容

排放装置的检查如图 2.37 所示。启动车辆检测尾气。

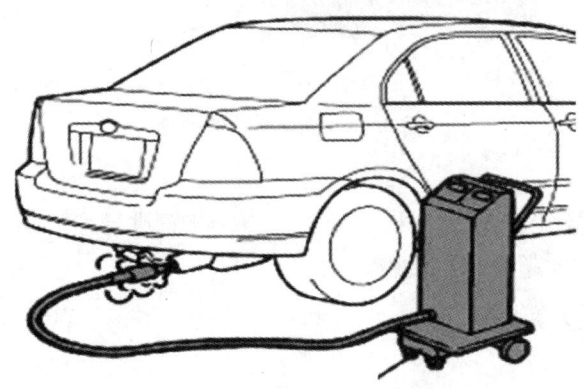

图 2.37　排放装置的检查

(2) 注意事项

桑塔纳轿车尾气指标为 $CO<0.02\%$、碳氢化合物$<0.0012\%$。若超标,则应查清原因,排除故障。

30. 竣工检验

(1) 作业内容

① 清洁车辆内外;

② 将单据各项填写完整;

③ 试车(用户同意)。

（2）注意事项

车辆维护完毕、交还车主前，质检员应严格按照桑塔纳轿车竣工验收标准进行检验。

任务2.3　燃油汽车二级维护

汽车二级维护基本作业项目是汽车行驶到一定里程或使用一定时间后，不管汽车的技术状况如何都必须完成的内容。它真正体现了"强制维护"原则，适用于所有汽车二级维护的技术规范。其规定的基本作业项目和要求是有原则性的，具有实际指导意义。汽车二级维护的基本作业内容及技术要求接下来分别以桑塔纳GLi轿车为例进行讲解。

2.3.1　燃油汽车二级维护的概念及意义

汽车二级维护是指车辆行驶到一定里程（间隔里程因车及其使用条件不同而不同）后，除完成一级维护作业外，以检查、调整转向节、转向摇臂和悬架等经过一定时间使用后容易磨损或变形的安全部件为主，并拆检轮胎，进行轮胎换位，检查调整发动机工况和排气污染装置等，由维修企业负责执行的车辆维护作业，过去称为二级保养。其中心作业内容为：检查和调整。

当汽车行驶到一定里程后，汽车的磨损和变形会增加，为了延长汽车的使用寿命和保障行车安全，必须按期进行汽车二级维护。

2.3.2　燃油汽车二级维护的基本要求

汽车二级维护的目的是消除安全隐患，恢复车辆使用技术性能，尤其是排放和安全性能。因此，二级维护作业应满足以下基本要求：

（1）汽车二级维护的检测诊断；

（2）汽车维护作业过程检验；

（3）汽车维护竣工检验。

2.3.3　燃油汽车二级维护前的检测、诊断方法及附加作业项目的确定依据

1. 燃油汽车二级维护前的检测项目与要求

汽车维护检测项目有：性能参数的检测，如发动机功率；系统工作状态参数的检测，如气缸压力、供油提前角、制动力和车轮定位角等；系统工作状况的检查，如各装置的作用、异响和操纵性能等；还有一些总成、部件的一般检视，如密封性、连接状况等。汽车二级维护检测诊断在总体上有以下两项要求：

（1）对汽车二级维护检测诊断项目进行检测时，应使用该检测项目的专用检测仪器。

（2）汽车二级维护检测项目的技术要求，应参照国家有关技术标准或原厂检测技术要求执行，即所检测项目应达到以上技术标准。

2. 燃油汽车二级维护前的技术评定和附加作业项目的确定

（1）根据检测结果确定汽车二级维护附加作业项目。

(2) 将恢复汽车的正常技术状况作为附加作业深度的原则标准,来确定以消除汽车故障为目的的二级维护附加作业项目和作业内容。

(3) 附加作业项目确定后,将附加作业项目与基本作业项目一并进行二级维护作业。

2.3.4 燃油汽车二级维护工艺流程

燃油汽车二级维护工艺流程如图 2.38 所示。

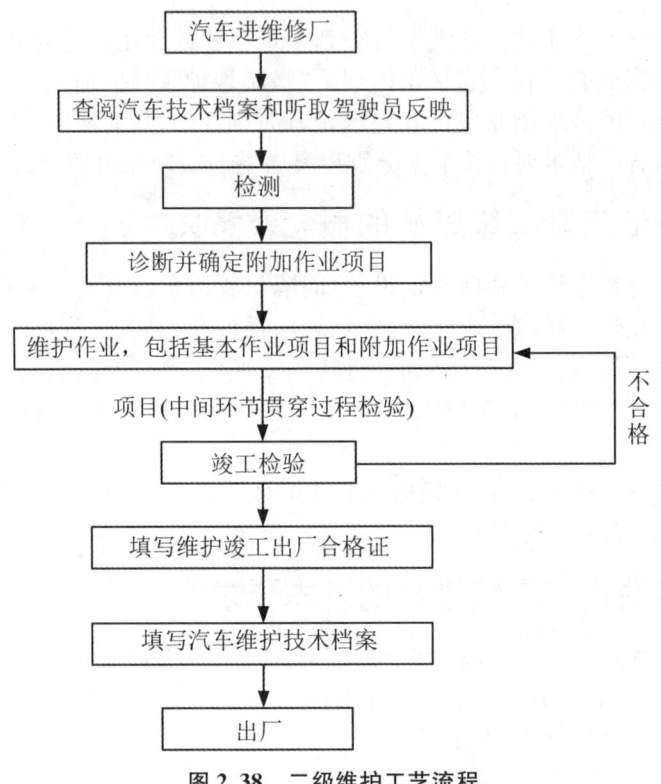

图 2.38 二级维护工艺流程

2.3.5 燃油汽车二级维护项目

1. 更换机油

更换机油滤清器,检查机油压力及报警装置,如图 2.39 所示。

操作要领及技术要求包括:

(1) 机油规格。按照车型用户手册或维修手册上的指定标号选择机油,根据环境温度选择润滑油黏度等级(SAE标准)。

(2) 机油总量为 3 L,液面高度(冷车时)应在油尺标记"MAX(F)"与"MIN(L)"之间。

(3) 机油滤清器在安装前应先注入机油,并在密封圈上抹一层机油,总成安装固定可靠、密封良好。

(4) 发动机预热后,在冲击载荷作用下,各部位不应有渗油、漏油现象。

2. 检查空气滤清器

空气滤清器过脏会引起发动机工作不良、油耗过大、发动机损坏等。检查空气滤清器时,主要检查清洁与密封状况,若发现灰尘较少、堵塞较轻,则可用高压空气从内向外吹净,继续使用。应及时更换过脏的空气滤清器。

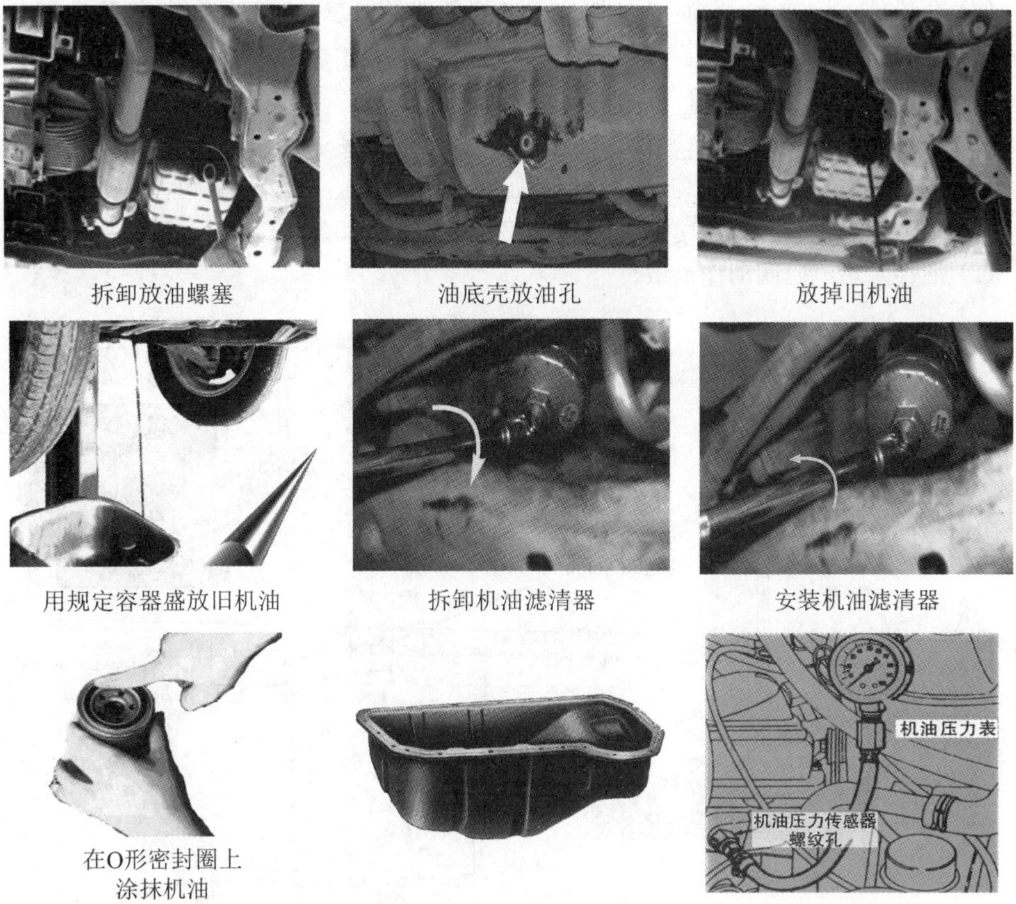

图 2.39 轿车润滑系统维护

3. 检查喷油器

每运行 60000 km 时清洗喷油器,检查喷油器开启压力,检查急速及排放,如图 2.40 所示。

图 2.40 喷油器的检查

操作要领及技术要求包括：

(1) 喷油器清洁动作灵敏，无滴油、漏油现象，开启压力标准值为 280～320 kPa。

(2) 在热机、点火正时准确，PCV 阀取下并堵住时调整怠速；怠速平稳，加速良好，怠速值为 900±50 r/min，排放符合国家标准。

4. 检查燃油蒸发控制装置

检查软管及接头；检查活性炭罐电磁阀动作情况，如图 2.41 所示。

操作要领及技术要求包括：

(1) 软管无老化、裂损，连接可靠，无泄漏；

(2) 活性炭罐电磁阀动作灵敏。

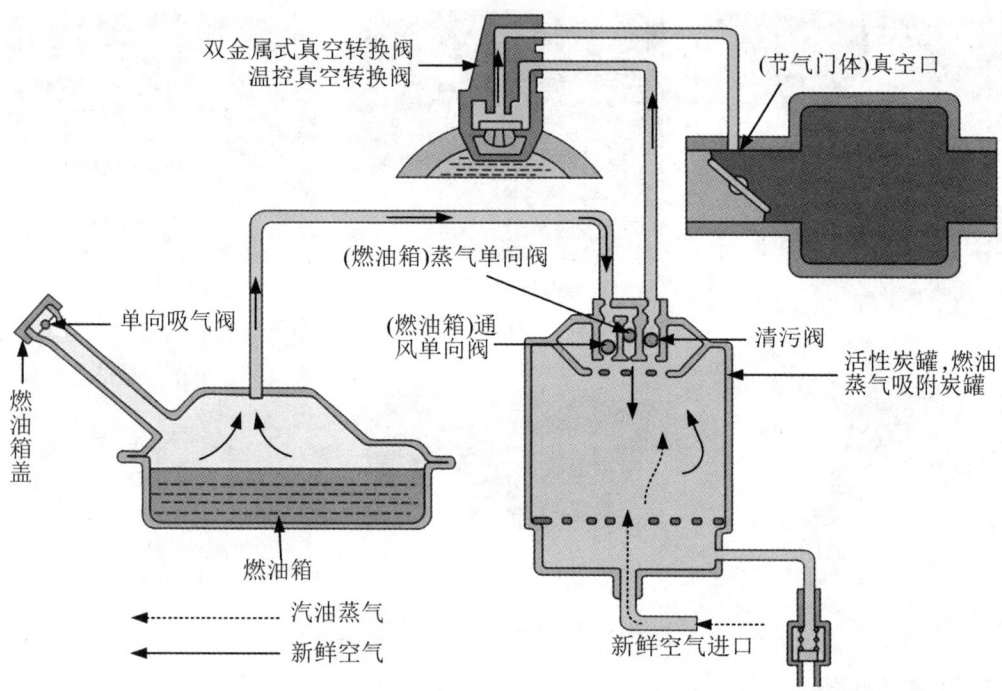

图 2.41 燃油蒸气净化(EVAP)系统

5. 检查曲轴箱通风(PCV)装置

清洁 PCV 阀、PCV 滤清器、通气软管，如图 2.42 所示。

操作要领及技术要求包括：

(1) 各阀门无堵塞、卡滞现象，灵敏有效；

(2) PCV 滤清器清洁、工作正常；

(3) 通风系统管路清洁、畅通，连接可靠，不漏气。

6. 检查三元催化转化器、氧传感器外观及连接情况

检查三元催化转化器内部是否破损、堵塞；检查三元催化转化器的工作状态，如图 2.43 所示。

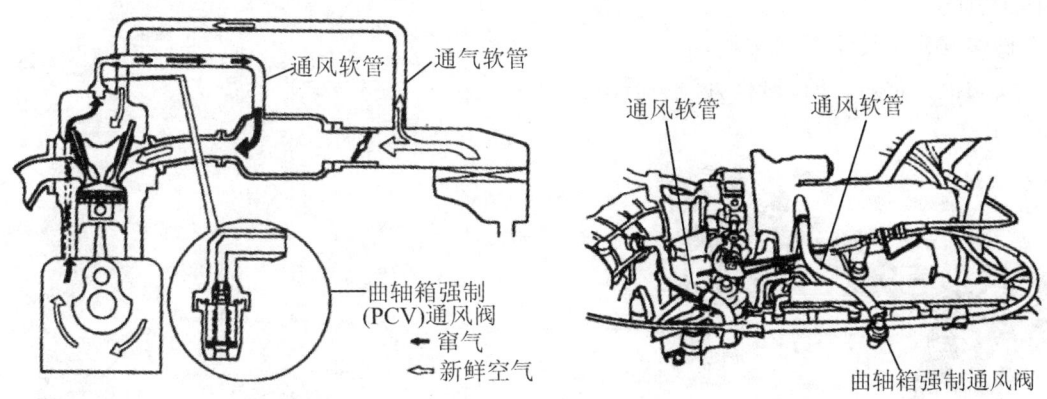

图 2.42 曲轴箱通风(PCV)装置

图 2.43 三元催化转化器及氧化传感器

操作要领及技术要求包括:
(1) 氧传感器完好,工作有效;
(2) 三元催化转化器上的保护壳应完整,连接牢固,内部无破损,不堵塞,工作有效;
(3) 各连接导管连接完好,无泄漏;
(4) 每运行 80000～100000 km 更换氧传感器,60000～80000 km 更换三元催化转化器。

7. 检查发动机传动带及带轮外观

调整发动机传动带挠度,如图 2.44 所示。

操作要领及技术要求包括:
(1) 传动带应无龟裂和过量磨损,表面无油污;
(2) 带轮无明显端面圆跳动,轮槽无明显磨损,运转无异响;
(3) 以约 98 N 的力下压传动带,各部挠度应为:交流发电机处 12 mm、水泵处 10 mm、转向助力泵处 5 mm;
(4) 传动带松紧度要求:拇指和食指应能将其翻转 90°,每 80000 km 更换一次。

8. 检查配气机构液压挺杆工作状况

图 2.45 所示为桑塔纳发动机配气机构组成及液压挺杆

图 2.44 桑塔纳发动机传动带松紧度检查及调整示意图

工作示意图。

操作要领及技术要求包括:

发动机正常运转时,挺杆处没有异响。

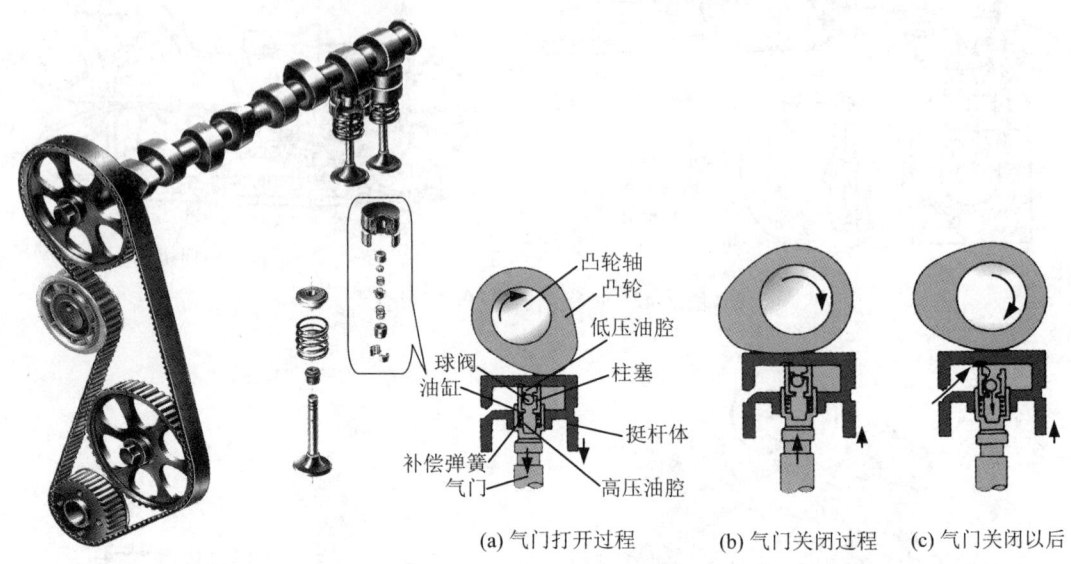

图 2.45 桑塔纳发动机配气机构组成及液压挺杆工作示意图

9. 检查冷却系统

检查散热器、膨胀水箱、箱盖压力阀及水管;检查冷却液品质及液面的高度;检查水泵;检查节温器的工作状况;检查冷却风扇的工作状况。

操作要领及技术要求包括:

(1) 冷却系统各部分无变形、破损和渗漏;

(2) 散热器盖、膨胀水箱盖表面结合良好、密封,箱盖压力阀清洁、不堵塞,能正常开启;

(3) 冷却液液面的高度应在储液罐上、下标线之间,冷却系统容量为 6 L;

(4) 水泵无异响、渗漏;

(5) 节温器工作灵敏、准确,在 87±2 ℃开启,冷却液温度表指示正常(系统正常工作温度为 90~105 ℃);

(6) 冷却风扇运转平稳,高、低挡转速有明显变化,无异响,热敏开关工作灵敏、准确,低速挡在 95 ℃开启,高速挡在 105 ℃开启。

10. 清洁分电器

检查分电器各电极;检查分电器高压线及电阻;检查分电器轴与壳配合状况,并润滑;检查霍尔信号发生器转子,检查转子叶轮间隙;检查、调整点火提前角,如图 2.46 所示。

操作要领及技术要求包括:

(1) 分电器无油污,分电器盖无破损、无裂纹;

(2) 各电极无烧蚀,中心电极若比标准长度短 2 mm,则应更换;

(3) 高压线无破损、不漏电,接线端无缺陷,阻值符合规定;

(4) 分电器轴与壳配合无明显松旷,径向间隙小于 0.1 mm;

(5) 转子叶轮无变形,气隙标准为 0.2~0.4 mm;

(6) 点火提前角:JV 型发动机 6°±1°,AFE 发动机 12°±1°,AJR 型 12°±4.5°。

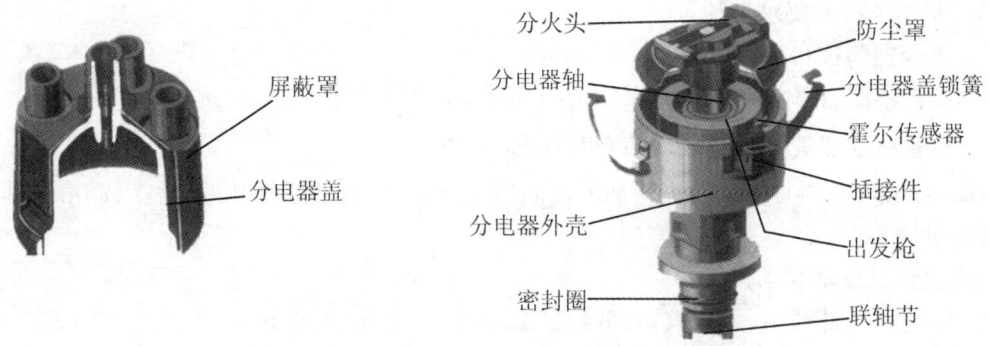

图 2.46 桑塔纳轿车霍尔式分电器示意图

11. 清洁、检查或更换火花塞

调整火花塞电极间隙,如图 2.47 所示。

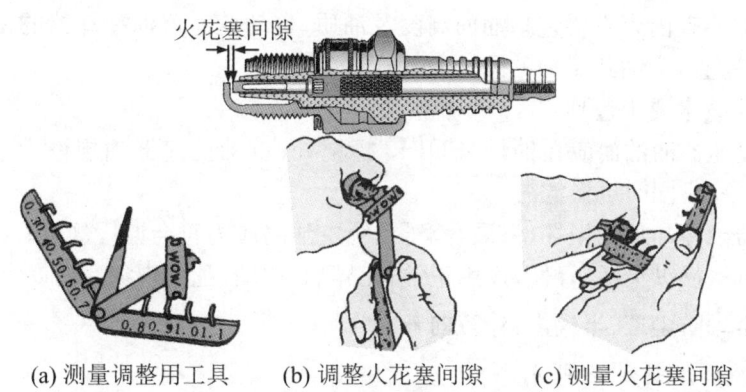

(a) 测量调整用工具　　(b) 调整火花塞间隙　　(c) 测量火花塞间隙

图 2.47 调整火花塞电极间隙

操作要领及技术要求包括:

(1) 电极表面清洁,JV、AFE 型发动机间隙为 0.7～0.8 mm,AJR 型发动机间隙为 0.9～1.1 mm;

(2) 非长效型火花塞每 30000 km 更换一次,长效型每 60000 km 更换一次。

12. 检查、紧固进、排气歧管及消声器

操作要领及技术要求包括:

(1) 进、排气歧管和消声器各部完好,无裂纹,无漏气,消声器性能良好,胶垫齐全;

(2) 排气管固定可靠;

(3) 进、排气歧管螺母拧紧力矩为 24 N·m。

13. 检查、紧固发动机支架

操作要领及技术要求包括:

发动机支架无变形和裂纹,支架胶垫无老化、开裂,支架螺栓连接牢固,拧紧力矩为 70 N·m。

14. 检查和调整离合器的工作状况

操作要领及技术要求包括：

(1) 离合器踏板自由行程；

(2) 离合器结合平稳，不打滑，无异响，分离彻底，回位灵活。

15. 检查手动变速器与差速器的密封状况

紧固各部螺栓，检查变速器齿轮油的油面高度及油质，清洁通气孔塞，检查、润滑变速器换挡操纵机构。

操作要领及技术要求包括：

(1) 变速器外部清洁、无裂纹，各部连接紧固，密封良好，无渗漏油。

(2) 齿轮油清洁、未变质、无焦味；齿轮油规格为APIGL-5；油面应在加油口下边缘。

(3) 通气孔塞清洁、畅通。

(4) 换挡机构操纵灵活、轻便，作用正常，无异响、跳动、乱挡现象。

16. 检查自动变速器

自动变速器检查内容主要包括油面高度及油质，自动变速器油冷却器的密封性，各传感器、操纵机构的检查，主油路压力的测试。

操作要领及技术要求包括：

(1) 自动变速器油油面应在油尺"FULL"标记处；自动变速器油规格为Dexrom Ⅱ，每60000 km更换一次，同时更换滤芯。

(2) 变速器油冷却器无损坏、渗漏，液压系统主油路压力符合原厂规定。

(3) 换挡机构操纵灵活、轻便，作用正常，无异响、跳动、乱挡现象。

17. 检查半轴防尘罩，半轴内、外万向节

轿车传动系统如图2.48所示。

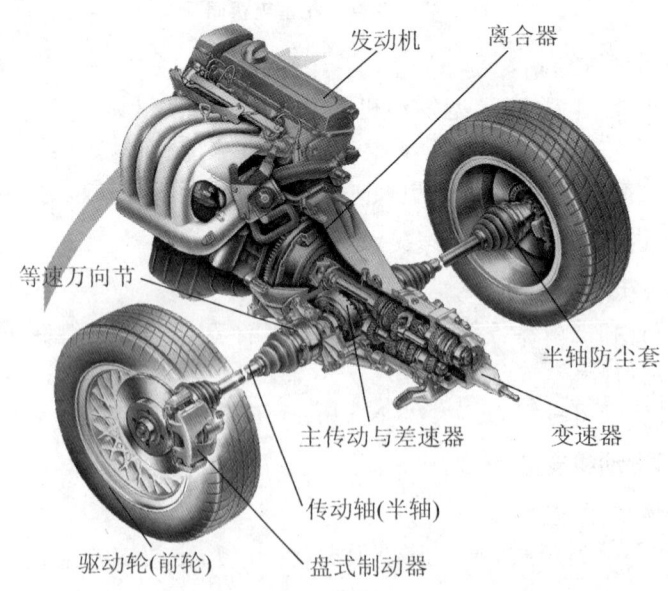

图 2.48 轿车传动系统示意图

操作要领及技术要求包括：
(1) 防尘罩不可有裂纹、损坏，卡箍可靠；
(2) 安装新防尘罩时不得使防尘罩内产生真空；
(3) 万向节不松旷，无卡滞，无异响。

18. 检查转向器、液压助力泵、储液罐等部件的密封性

检查液压助力泵油质及油面高度，检查转向减震器，检查液压助力泵工作状况，如图 2.49 所示。

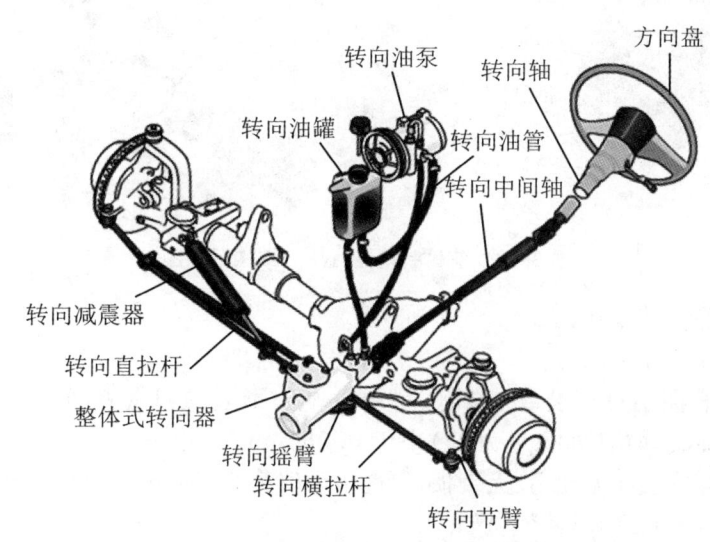

图 2.49 桑塔纳轿车液压式动力转向系统

操作要领及技术要求包括：
(1) 转向器、液压助力泵、储液罐密封良好，无渗漏，油管不变形，无阻滞；
(2) 储液罐液面应在规定标线内；
(3) 转向器防尘罩无裂纹、损坏，卡箍可靠；
(4) 液压油品质良好，油面保持在刻度上限，液压油规格为 ATF 或 Dexrom II，每 60000～100000 km 更换一次；
(5) 转向助力装置工作良好，无异响。

19. 检查转向传动机构的工作状况

校紧各部螺栓；检查转向盘自由转动量；检查车轮定位，调整前束或校正、更换有关部件；检查、调整前轮转向角。

操作要领及技术要求包括：
(1) 转向拉杆衬套不松旷，各杆件无明显变形，球头不松旷，各部螺栓连接可靠。
(2) 转向盘位置正确，转向轻便、灵活，无自由转动量。
(3) 车轮定位值标准如下：

前轮。车轮外倾角为 $-50'\pm15'$，左右轮最大允差为 $10'$。主销后倾角：机械转向为 $-50'\pm30'$；动力转向为 $-1°30'\pm30'$，左右轮最大允差为 $30'$。主销内倾角为 $13°47'$，总前束角为 $-8'\pm8'$。

后轮。车轮外倾角为 $-1°30'\pm30'$，左右轮最大允差为 $30'$。总前束角为 $-12'\pm20'$，左

右轮最大允差为20′(在2000年9月VIN代号为LSVACFD07YB103826之前的车辆,后轮前束角为−25′±15′,外倾角为−1°40′±20′)。

(4) 转向角值:内轮为40°18′,外轮为35°36′。

20. 拆卸、清洁前轮制动器的各零部件

检查各部件的磨损情况;装复并润滑制动器总成,调整制动盘间隙,如图2.50所示。

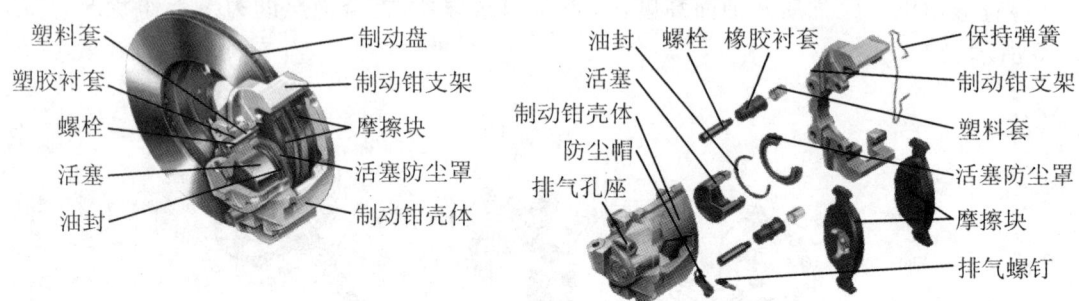

图2.50　前轮制动器(盘式)结构示意图

操作要领及技术要求包括:

(1) 各零部件完好、清洁。

(2) 制动盘表面不可有裂纹、沟槽;制动盘厚度不逾限:LX系列10 mm,2000系列17.8 mm;端面圆跳动量(外缘最大处)小于0.05 mm。

(3) 制动摩擦块表面无油污、无裂损,厚度极限值为2.5 mm(不含制动块)。

(4) 制动轮缸密封良好,回位自如。

(5) 制动钳固定螺栓拧紧力矩为70 N·m。

21. 拆卸、清洁后轮制动器的各零部件

检查各部件的磨损情况;装复并润滑制动器总成,调整轮毂间隙,如图2.51所示。

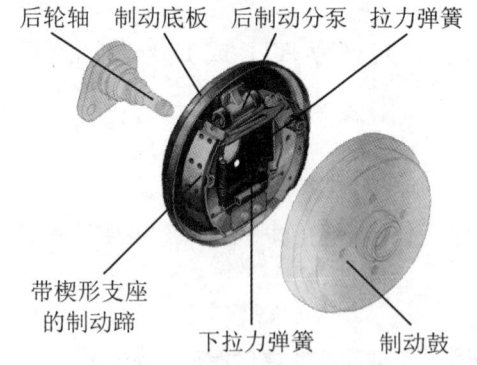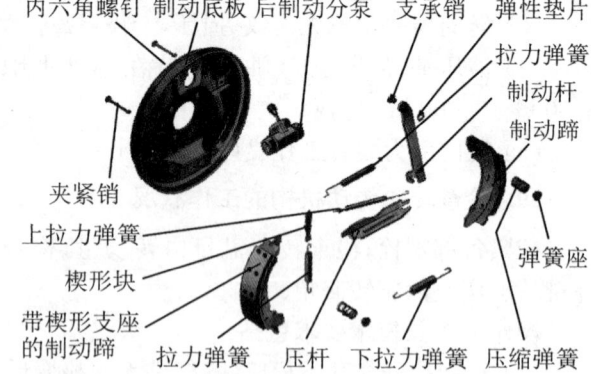

图2.51　后轮制动器(鼓式)结构示意图

操作要领及技术要求包括:

(1) 各零部件完好、清洁。

(2) 制动鼓表面无油污,不可有裂纹、沟槽;制动鼓直径方向的磨损量小于1 mm,圆度误差小于0.10 mm。

(3) 制动摩擦片表面无油污、无裂损,厚度标准值为 5 mm,磨损极限值小于 2.5 mm。

(4) 轮毂转动灵活,无异响;轴向间隙小于 0.1 mm。

22. 检查制动操纵系统

检查制动液品质、液面高度及制动液面指示灯开关;检查制动管路及接头;检查制动主缸和真空助力器的工作状况;排除系统内的空气;检查踏板自由行程,如图 2.52 所示。

操作要领及技术要求:

(1) 制动液不变质,液面高度应与储液罐液面标记平齐,制动液规格为 N052766XO,每两年或运行超过 50000 km 更换制动液;

(2) 制动管路无破损、老化,不扭曲,汽车行驶时不碰擦汽车任何部件,连接牢固,各部无渗漏;

(3) 制动主缸、轮缸及助力器密封良好,真空助力器工作有效;

(4) 系统内无空气,制动效能良好,指示灯开关灵敏、有效;

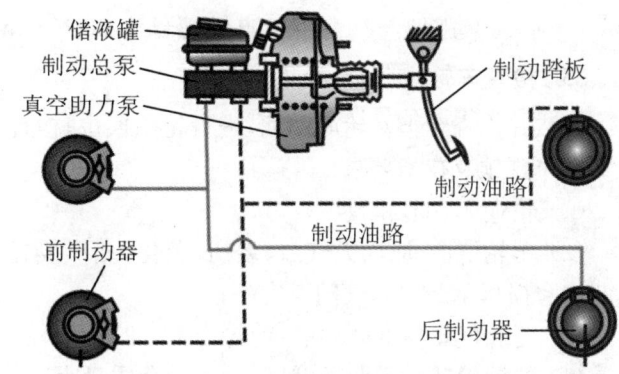

图 2.52 制动操纵系统结构示意图

(5) 制动踏板自由行程应小于制动总行程的 1/3。

23. 检查驻车制动器系统

检查驻车制动器拉索及锁止状况;检查驻车制动器自由行程;检查驻车制动灯开关,如图 2.53 所示。

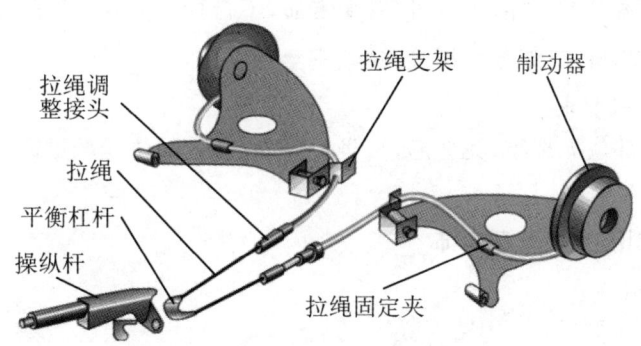

图 2.53 轿车驻车制动器传动机构示意图

操作要领及技术要求:

(1) 驻车制动器支架及各杆件、拉臂无明显变形,连接可靠;驻车制动器拉索不可有断裂或锈蚀,运动灵活。

(2) 驻车制动器生效齿数为 2～3 齿,20% 正反坡驻车有效。

(3) 驻车制动灯开关灵敏、有效。

24. 检查悬架

检查减震器密封及连接状况;检查摆臂与球头;检查减震弹簧;紧固各部螺栓。

操作要领及技术要求:

(1) 减震器不漏油,上部连接支套无凸起、开裂,紧固可靠,减震作用良好。

(2) 当上下晃动前悬架时,摆臂球头与制动器底板间的距离变化小于 0.8 mm,下摆臂衬套完好,配合无松动。

(3) 减震弹簧无损伤,定位可靠。

(4) 各部件无变形、开裂,连接可靠,拧紧力矩为:前悬架下摆臂与车架连接自锁螺母为 60 N·m,减震器与车身连接自锁螺母为 60 N·m;后悬架下摆臂与车架连接自锁螺母为 70 N·m,减震器与车身连接自锁螺母为 35 N·m。

25. 检查车轮

清洁并检查轮辋及轮胎胎面;进行轮胎换位;检查补充轮胎气压;检查调整车轮动平衡。

操作要领及技术要求:

(1) 轮辋无变形和裂纹;

(2) 车轮清洁,胎面无气鼓、裂伤、老化、变形或扎钉,胎面花纹深度大于 1.6 mm(不露出花纹磨损指示凸台),气门嘴完好;

(3) 轮胎气压标准(空载):前轮为 180 kPa,后轮为 190 kPa,备胎为 230 kPa;

(4) 两前轮转动无明显偏摆,动不平衡质量小于 5 g;

(5) 轮胎的装用符合要求,轮胎螺栓拧紧力矩为 110 N·m。

26. 检查车门、前后盖

检查润滑车门、发动机盖铰链、拉索;检查玻璃升降器的工作状况。

操作要领及技术要求:

(1) 车门、发动机盖和后备箱盖启闭灵活,锁止可靠;

(2) 车门玻璃完好、清晰、无裂纹、安装牢固、密封良好;

(3) 玻璃升降器升降自如,定位可靠,无卡滞,不自行下滑或上下跳动。

27. 检查紧固车身、车架各部螺栓;检查安全带

操作要领及技术要求:

(1) 车身承载部位无裂纹、无变形,车身外壳、底板各部位无严重锈蚀、损伤和变形;

(2) 安全带齐全有效。

28. 检查、紧固座椅和车身内饰

如图 2.54 所示。

操作要领及技术要求:

(1) 座椅移位方便,锁止可靠;

(2) 后视镜等其他车身内饰齐全、完好。

29. 蓄电池维护

清洁蓄电池外表及桩头、通气孔;检查电解液液面高度;测量端电压,及时补充电,如图 2.55 所示。

操作要领及技术要求:

(1) 蓄电池清洁,支架完好,安装牢固,桩头无腐蚀,连接可靠,通气孔清洁、畅通;

(2) 电解液液面高度符合规定,蓄电池放电电流大于 110 A 时端电压不低于 9.6 V。

图 2.54 轿车车身维护

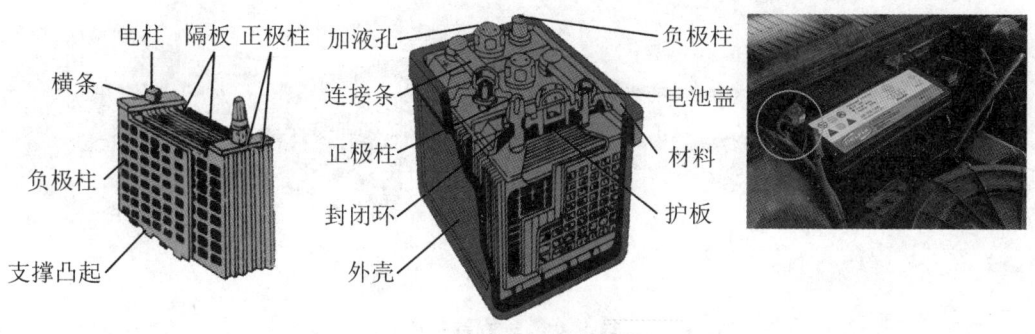

图 2.55 蓄电池维护

30. 检查发电机

检查发电机的运转情况及调节器的工作情况；测试发电机的输出电压。

操作要领及技术要求：

(1) 发电机运转平稳，无异响，连接可靠；

(2) 发电机达 1000 r/min 时(用电器全负荷)输出电压应大于 12.5 V；

(3) 每运行 60000 km 后应解体维护发电机。

31. 检查起动机

检查起动机外观，紧固连接螺栓；检查起动机的工作状况。

操作要领及技术要求：

(1) 起动机外壳、整流子端盖无裂损、变形，与发动机连接紧固；

(2) 启动电磁开关工作灵敏、可靠，无异响；

(3) 每运行 60000 km 后应解体维护起动机。

32. 检查电气系统

检查照明设备、仪表、信号装置、喇叭、雨刮器、洗涤装置、全车电器线路各部件是否齐全，工作是否正常，如图 2.56、图 2.57 所示。

操作要领及技术要求：

(1) 前照灯照射位置和发光强度符合 GB 7258—2012《机动车安全运行技术条件》中的相关规定；

(2) 其他灯光、喇叭、各仪表、信号装置齐全、功能有效；

(3)雨刮器电机运转无异响,雨刮片安装可靠、动作位置正确,挡位清楚、可靠;

图 2.56 前大灯照射位置的调整

(4)洗涤装置完好、有效;

(5)各电器线路完好,连接正确,绝缘良好,不漏电,卡位可靠。

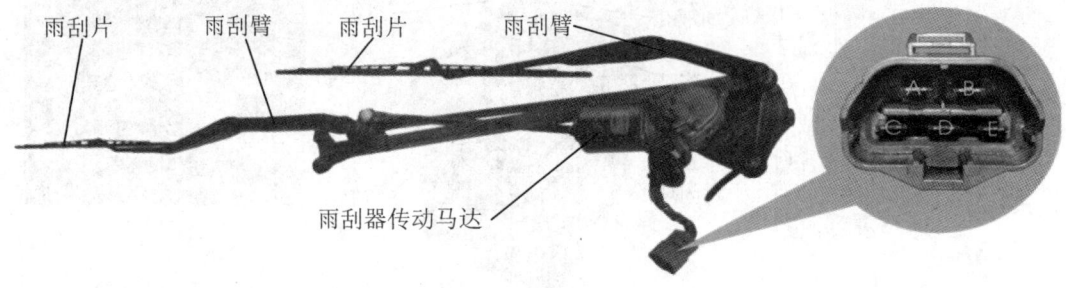

图 2.57 雨刮器结构

33. 检查空调系统

检查空调系统的工作状况、密封状况,如图 2.58 所示。

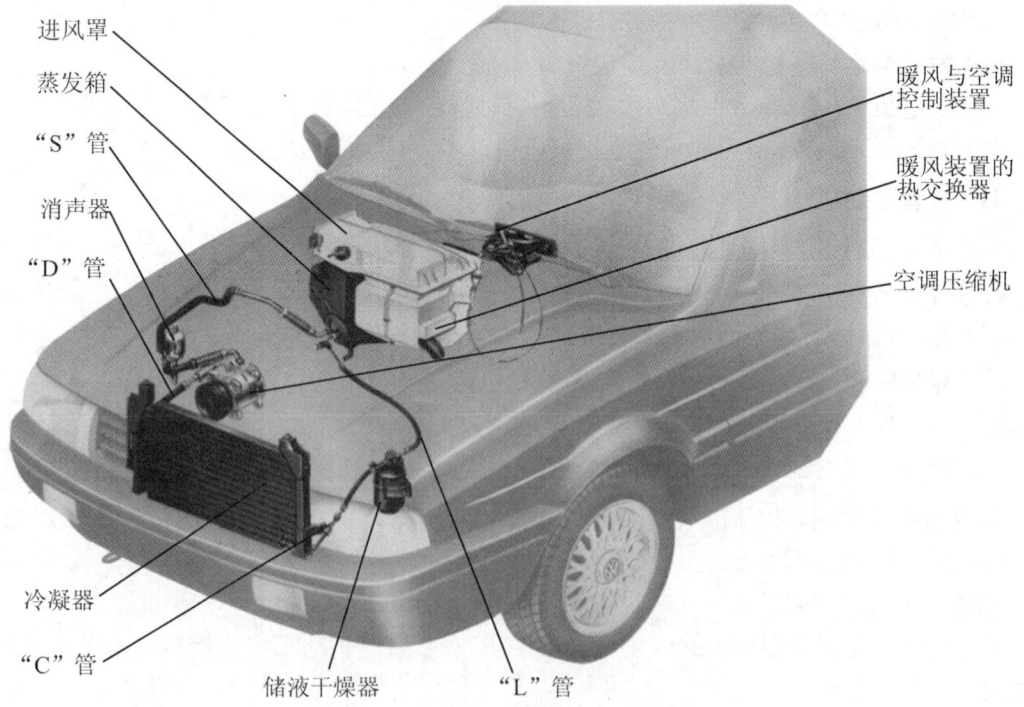

图 2.58 轿车空调系统在车上的布置图

操作要领及技术要求：

（1）制冷系统清洁、密封，制冷效果良好；

（2）暖气装置工作正常；

（3）控制装置工作正常。

34. 检查电子控制系统仪表显示

检查电子控制系统仪表显示，包括 ABS、安全气囊、防盗器等，如图 2.59 所示。

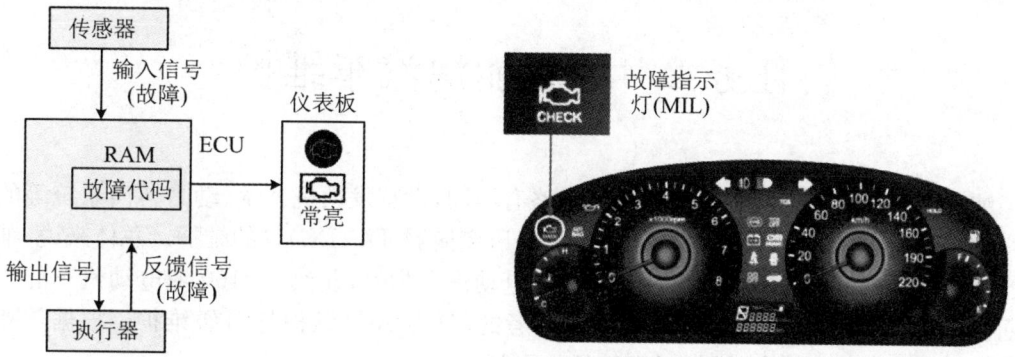

(a) 故障指示灯与故障码的显示

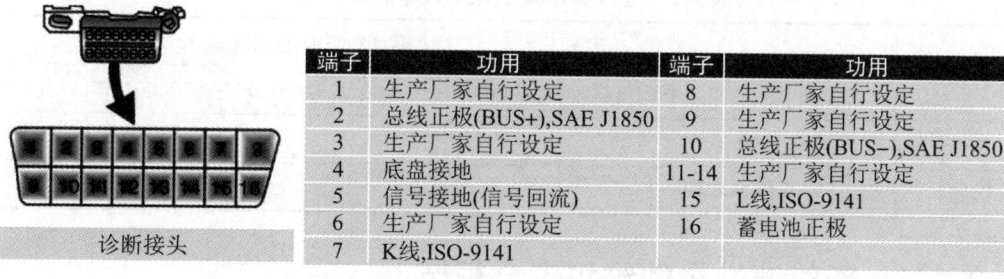

(b) OBD-II 诊断接头端子功用表

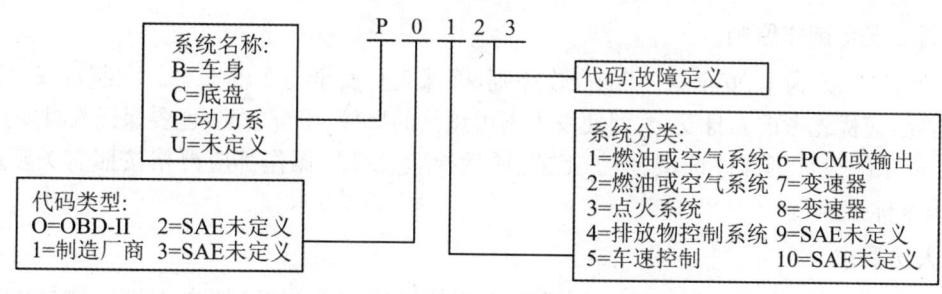

(c) 故障码的结构

图 2.59　电子控制系统仪表故障检测

操作要领及技术要求：

电子控制系统仪表显示正常，否则应使用 VGA 1552/1553 进行故障查询和数据阅读，并排除故障，然后清除故障码。

35. 汽车二级维护过程检验

汽车维护过程检验是一项维护作业过程中的质量管理工作，是确保汽车维护质量的重要环节。汽车二级维护过程检验应满足如下要求：

(1) 严格实施跟踪检验,即在二级维护作业项目(含基本作业项目和附加作业项目)执行过程中全面、自始至终地实施质量检验;

(2) 及时做好检验记录,特别是对有配合间隙、调整数据或拧紧力矩等技术参数要求的作业项目,要有检验数据的记载,以作为作业过程质量监督的依据,同时为汽车竣工出厂检验提供依据和参考;

(3) 应满足相关的技术标准或出厂说明书的有关规定。

任务 2.4　新能源汽车维护

纯电动汽车的维护与传统汽车的维护略有不同,没有发动机系统、动力转向系统等的维护,但增加了动力电池系统、充电系统、直流电压变换器(DC/DC)等的维护。总体来说,维护内容减少,维护费用下降。以北汽 EV160 纯电动汽车为例,北汽 EV160 纯电动汽车的维护周期(见表 2.2)是以汽车累计行驶里程为参考的,分为 A 级维护与 B 级维护。根据驾驶性能及供应商要求,整车将在维护时进行软件更新。

表 2.2　北汽 EV160 纯电动汽车的维护周期

类别	维护项目	累计行驶里程(km)					
		10000	20000	30000	40000	50000	以此类推
A 级维护	全车维护	√		√		√	
B 级维护	高压、安全检查维护		√		√		√

2.4.1　新能源汽车的维护安全规范

1. 高压安全操作原则

(1) 坚持"以人为本、安全第一"的操作原则,确保人身安全与车辆安全。在制定安全防范措施的时候,应优先考虑人身安全,即使发生不可预见的事故、系统崩溃,也要保证人身安全。

(2) 从系统设计到部件选型、加工工艺、质量检验及维护操作都应严格按照有关新能源汽车的国家标准执行。

2. 人员要求

(1) 新能源汽车高压操作人员必须具有相应的操作资质(如高压电工证),严禁没有操作资质的人员对新能源汽车高压系统进行操作。在操作人员上岗前必须对其进行安全操作培训,严格执行安全操作规范。

(2) 操作人员上岗时不得佩戴金属饰品、饰物,如手表、戒指等,工作服衣袋内不得装有金属物件,如钥匙、硬币、手机等。

(3) 操作人员不得把与工作无关的工具带入场地。必要的金属工具在其手持部位应做绝缘处理。

(4) 每次接通高压电源之前,操作人员都应检查各高压元器件周边有无杂物,并通知无关人员远离上述部位,接通高压时要高声提示。

3. 维护作业要求

(1) 对高压元器件进行拆卸、检查、维修时,应先切断高压回路。

(2) 车辆长时间停放时,应每周检查一次动力电池状态,防止电池漏电。

2.4.2 纯电动汽车的维护保养方法

新能源汽车在使用和保养上与传统燃油汽车有所不同,下面着重介绍新能源汽车的保养流程。

虽然新能源汽车和传统汽车驱动方式有差别,但依然要进行日常的保养维护。两者保养的最大区别就是,传统汽车的保养主要针对的是发动机系统,需要定期更换机油、机滤等;而新能源汽车主要是针对电池组和电动机进行日常养护。

因为新能源汽车是靠电机驱动的,所以新能源汽车不需要机油、三滤、皮带等常规保养,只需要对驱动电池组和电机进行一些常规检查,并保持其清洁即可。因此,新能源汽车的保养确实比传统汽车省事不少。

保养步骤如下:

1. 外观检查

新能源汽车保养时首先要进行外观检查,包括方向盘、安全带、车内各开关、组合仪表是否正常,车灯与喇叭功能是否正常,雨刷等部件的老化程度,轮胎充气情况及有无损坏、磨损等(见图2.60)。

图2.60 外观检查

2. 液体检查

新能源汽车须检查防冻液、制动液和玻璃水。新能源汽车也有防冻液,且防冻液的种类与传统汽车完全相同。与传统车辆不同的是,防冻液用于冷却电机,并且也须按厂家规定进行更换,一般更换周期为2年或40000 km(见图2.61)。齿轮油(变速箱油)是新能源汽车更换比较频繁的油液,但各厂商的更换周期不同,一般更换周期为1年或20000 km。

3. 底盘检查

底盘检查主要针对是否存在底盘破损、变形、螺丝松动、油液渗漏等问题(见图2.62)。

4. 系统检查

系统检查主要检查电池组,电池组是系统检查的重中之重,电池组一般由上百块独立电池组成,出现故障时一般由厂商进行专业维修(见图2.63)。车辆在保养时,专业人员会目视检查是否存在电池破损、接线等情况,并连接电脑查看电池有无故障记录。此外,在售的新能源汽车都会搭载车载终端系统,该系统用于监控车辆电池的状态,并上传至厂商服务器和政府服务器,厂商可随时监控、收集故障信息,在电池状态异常并有潜在危险的情况下,车主将会收到厂商服务人员的通知。

图 2.61 液体检查

图 2.62 底盘检查　　　　　　　　图 2.63 系统检查

5. 机舱检查

由于新能源汽车的特殊性,机舱中密布控制器件和线束。虽然有一定的防水保护,但机舱绝对不能够用水冲洗清理,只能用吹气、擦拭或专用清洗液进行清理(见图2.64)。

图 2.64 机舱检查

6. 保养费用

介绍完新能源汽车的维护保养方法之后,接下来介绍保养项目及价格情况(见图2.65,仅供参考,具体以各大厂商实际价格为准)。

区分	质量担保期限	质量担保项目
电动化部件	60个月或100000 km	动力电池总成、驱动电机、驱动控制器(带DCDC功能)、减速器、高压接线盒及电缆、车载充电机、充电插头及插座、组合仪表、真空罐、真空泵控制器、整车控制器、低压配电控制器、选换挡总成、一体式压缩机总成、PTC总成、空调控制器、车载远程监控终端、MP5
易损耗部件	3个月或3000 km	空调滤清器、制动摩擦卡、轮胎、蓄电池、遥控器电池、保险丝及普通继电器(不含集成控制单元)、灯泡、雨刮器刮片
整车部件	36个月或60000 km	电动化部件和易损耗部件之外的所有零部件

(a) 整车质量担保

保养操作		保养周期									
按照里程或月数进行保养(以先到为准)	里程(km)*1000	3	10	20	30	40	50	60	70	80	90	100
	月数	3	6	12	18	24	30	36	42	48	54	60
充电系统			●	●		●		●		●		●
制冷系统			●	●		●		●		●		●
冷却系统			●	●		●		●		●		●
电池系统			●	●		●		●		●		●

●=检查、必要时调整或清洗、更换,▲=更换,T=拧紧至规定扭矩

(b) 电动化系统

保养操作		保养周期									
按照里程或月数进行保养(以先到为准)	里程(km)*1000	3	10	20	30	40	50	60	70	80	90	100
	月数	3	6	12	18	24	30	36	42	48	54	60
电动真空泵及控制器、真空罐			●	●		●		●		●		●
制动盘和摩擦片			●	●		●		●		●		●
制动液			●			▲				▲		
制动管和拉丝												
减速器齿轮油			▲	▲	▲	▲		▲		▲		▲
驱动轴												
转向器、转向拉杆、悬架零件												
轮胎换位(以km为准)				●								
空调滤清器			●	▲		▲		▲		▲		▲
底盘与车身紧固件			T	T		T		T		T		T

●=检查、必要时调整或清洗、更换,▲=更换,T=拧紧至规定扭矩

(c) 底盘系统

图 2.65 保养费用

由图2.65可知,新能源汽车的保养项目较为简单,除更换损耗部件和部分油液外,只需用电脑检查车辆即可。制动液保养周期为2年或40000 km,更换费用约为150元;齿轮油保养周期为1年或20000 km,更换费用约为220元;其他如刹车液、防冻液等更换或添加一次的费用比较低,只需几十元钱。

项 目 实 施

任务工单 2.1

任务名称	日常维护				
班级		姓名		学号	
组别		实训场地		日期	
任务载体	吴先生购买了一辆大众桑塔纳轿车,行驶了 6000 km,请你为此车做一次日常维护。				
一、资讯					
在实车上查找并填写如下信息: 生产年份 _____,车牌号码 _____,车型 _____,行驶里程 _____,汽车识别代码(VIN) _____,发动机型号和排量_____。					
二、计划与决策					
请根据任务要求,确定所需的检测仪器、工具,制订详细的作业计划。 1. 作业计划 2. 作业中的注意事项 3. 需要的检测仪器及工具 4. 本小组成员分工					
三、实施					
1. 车辆的"三检" 2. 空气、机油、燃油滤清器和蓄电池的清洁 3. "漏油、漏水、漏气、漏电"的检查					

四、检查与评估

1. 自我评价:依据本学习任务时的表现,在"评分表"中进行自我评价。

评分表

考核项目	评分标准	配分
任务方案	是否合理	10
操作过程	1. 防护五件套的安装 2. 保养里程的清零 3. 工具及设备的整理	30
任务完成情况	是否圆满完成	10
操作规范	是否标准	10
安全生产	有无安全隐患	10
现场 6S	是否做到	10
团队合作	是否和谐	5
活动参与	是否主动	5
劳动纪律	是否严格遵守	5
工单填写	是否完整、规范	5
得分		

2. 在实施的过程中,是否存在一些安全隐患?请找出容易忽视的地方。

3. 指导教师对小组的工作情况进行总体点评。

五、评价反馈

请在小组实习结束后,将本小组成员的工作情况填写在下表中。

序号	姓名	组内职责	完成情况评价

六、环境保护

废料和废品处理:

任务工单 2.2

任务名称		一级维护			
班级		姓名		学号	
组别		实训场地		日期	
任务载体	一辆奇瑞 A3 轿车行驶了 40000 km，需要进行一级维护。				

一、资讯

在实车上查找并填写如下信息：
生产年份 _____，车牌号码 _____，车型 _____，行驶里程 _____，汽车识别代码（VIN）_____，发动机型号和排量 _____。

二、计划与决策

请根据任务要求，确定所需的检测仪器、工具，制订详细的作业计划。

1. 作业计划

2. 作业中的注意事项

3. 需要的检测仪器及工具

4. 本小组成员分工

三、实施

1. 检查各总成的清洁、润滑和紧固情况

2. 检查制动系统

3. 检查操纵系统

四、检查与评估

1. 自我评价:依据本学习任务时的表现,在"评分表"中进行自我评价。

评分表

考核项目	评分标准	配分
任务方案	是否合理	10
操作过程	1. 防护五件套的安装 2. 保养里程的清零 3. 工具及设备的整理	30
任务完成情况	是否圆满完成	10
操作规范	是否标准	10
安全生产	有无安全隐患	10
现场 6S	是否做到	10
团队合作	是否和谐	5
活动参与	是否主动	5
劳动纪律	是否严格遵守	5
工单填写	是否完整、规范	5
得分		

2. 在实施的过程中,是否存在一些安全隐患?请找出容易忽视的地方。

3. 指导教师对小组的工作情况进行总体点评。

五、评价反馈

请在小组实习结束后,将本小组成员的工作情况填写在下表中。

序号	姓名	组内职责	完成情况评价

六、环境保护

废料和废品处理:

任务工单 2.3

任务名称		二级维护			
班级		姓名		学号	
组别		实训场地		日期	
任务载体	一辆桑塔纳新领驭轿车行驶了 80000 km,需要进行二级维护。				

一、资讯

在实车上查找并填写如下信息：
生产年份_____,车牌号码_____,车型_____,行驶里程_____,汽车识别代码（VIN）_____,发动机型号和排量_____。

二、计划与决策

请根据任务要求,确定所需的检测仪器、工具,制订详细的作业计划。

1. 作业计划

2. 作业中的注意事项

3. 需要的检测仪器及工具

4. 本小组成员分工

三、实施

1. 检查转向节、转向摇臂、悬架

2. 轮胎的拆检及换位

3. 发动机工况的检查和调整

4. 排气装置的检查和调整

四、检查与评估

1. 自我评价:依据本学习任务时的表现,在"评分表"中进行自我评价。

评分表

考核项目	评分标准	配分
任务方案	是否合理	10
操作过程	1. 防护五件套的安装 2. 保养里程的清零 3. 工具及设备的整理	30
任务完成情况	是否圆满完成	10
操作规范	是否标准	10
安全生产	有无安全隐患	10
现场 6S	是否做到	10
团队合作	是否和谐	5
活动参与	是否主动	5
劳动纪律	是否严格遵守	5
工单填写	是否完整、规范	5
得分		

2. 在实施的过程中,是否存在一些安全隐患?请找出容易忽视的地方。

3. 指导教师对小组的工作情况进行总体点评。

五、评价反馈

请在小组实习结束后,将本小组成员的工作情况填写在下表中。

序号	姓名	组内职责	完成情况评价

六、环境保护

废料和废品处理:

任务工单 2.4

任务名称	汽车走合期养护				
班级		姓名		学号	
组别		实训场地		日期	
任务载体	一辆桑塔纳新领驭轿车行驶了 2500 km，请你做一次走合期维护。				

一、资讯

在实车上查找并填写如下信息：
生产年份_____，车牌号码_____，车型_____，行驶里程_____，汽车识别代码（VIN）_____，发动机型号和排量_____。

二、计划与决策

请根据任务要求，确定所需的检测仪器、工具，制订详细的作业计划。

1. 作业计划

2. 作业中的注意事项

3. 需要的检测仪器及工具

4. 本小组成员分工

三、实施

1. 汽车走合前的各项检查与维护

2. 汽车走合中的各项检查与维护

3. 汽车走合后的各项检查与维护

四、检查与评估

1. 自我评价:依据本学习任务时的表现,在"评分表"中进行自我评价。

评分表

考核项目	评分标准	配分
任务方案	是否合理	10
操作过程	1. 防护五件套的安装 2. 保养里程的清零 3. 工具及设备的整理	30
任务完成情况	是否圆满完成	10
操作规范	是否标准	10
安全生产	有无安全隐患	10
现场 6S	是否做到	10
团队合作	是否和谐	5
活动参与	是否主动	5
劳动纪律	是否严格遵守	5
工单填写	是否完整、规范	5
得分		

2. 在实施的过程中,是否存在一些安全隐患?请找出容易忽视的地方。

3. 指导教师对小组的工作情况进行总体点评。

五、评价反馈

请在小组实习结束后,将本小组成员的工作情况填写在下表中。

序号	姓名	组内职责	完成情况评价

六、环境保护

废料和废品处理:

任务工单 2.5

任务名称		汽车季节性养护			
班级		姓名		学号	
组别		实训场地		日期	
任务载体		一辆奇瑞 A3 轿车,在夏季(冬季)行驶时,出现汽车工况不稳定现象,进行一次季节性维护后,车辆恢复正常状态。			

一、资讯

在实车上查找并填写如下信息:
生产年份_____,车牌号码_____,车型_____,行驶里程_____,汽车识别代码(VIN)_____,发动机型号和排量_____。

二、计划与决策

请根据任务要求,确定所需的检测仪器、工具,制订详细的作业计划。

1. 作业计划

2. 作业中的注意事项

3. 需要的检测仪器及工具

4. 本小组成员分工

三、实施

1. 汽车夏季维护

2. 汽车冬季维护

四、检查与评估

1. 自我评价：依据本学习任务时的表现，在"评分表"中进行自我评价。

评分表

考核项目	评分标准	配分
任务方案	是否合理	10
操作过程	1. 防护五件套的安装 2. 保养里程的清零 3. 工具及设备的整理	30
任务完成情况	是否圆满完成	10
操作规范	是否标准	10
安全生产	有无安全隐患	10
现场6S	是否做到	10
团队合作	是否和谐	5
活动参与	是否主动	5
劳动纪律	是否严格遵守	5
工单填写	是否完整、规范	5
得分		

2. 在实施的过程中，是否存在一些安全隐患？请找出容易忽视的地方。

3. 指导教师对小组的工作情况进行总体点评。

五、评价反馈

请在小组实习结束后，将本小组成员的工作情况填写在下表中。

序号	姓名	组内职责	完成情况评价

六、环境保护

废料和废品处理：

项目综合评价

项目名称								
班级				姓名		学号		
组别				时间		成绩		
考核能力	考核项目	评分标准	满分值	学生自评（30%）	小组互评（30%）	教师评价（40%）	平均分小计	
专业能力	相关知识	是否正确	25					
	技能实训	是否掌握	30					
社会能力	团队合作	是否和谐	5					
	劳动纪律	是否严格遵守	5					
	沟通讨论	是否积极	5					
方法能力	制订计划	是否合理	5					
	学习新技术能力	是否具备	5					
	总结能力	能否正确总结	5					
个人能力	适应能力	是否具备	5					
	创新能力	是否具备	5					
	责任心	是否很强	5					

知识与能力拓展

汽车由大量的零部件组装而成,由于车辆长时间的使用和使用条件的不断变化,部件会由于磨损、老化、腐蚀等因素造成性能的下降。

保养指车辆性能没有发生明显下降,为了维持车辆正常运行状态进行的车辆维护的行为。例如,定期更换发动机机油,定期更换制动液。

1. 保养目的

(1) 避免严重故障的发生;
(2) 延长车辆的使用寿命;
(3) 客户的安全驾驶;
(4) 符合国家法规的要求。

2. 保养计划

需考虑多种因素才能保证车辆有安全、舒适的驾驶体验和良好的运行状态。这些因素包括:车辆的类型、客户驾驶的习惯、气候条件、交通状态、销售国强制性排放标准。

(1) 计划的制订

保养计划中最重要的参考指标是由车辆行驶的时间和行驶的里程决定的,满足其中任何一项,便可以实行相关保养项目的操作。

一般在行驶 150000~250000 km 以后,汽车的性能就会明显降低,技术状况也会变差,需要不断地进行修理或更换零配件。汽车的行驶里程可通过观察离合器踏板和制动器上的橡胶脚踏的磨损情形进行判断,一般手动变速器的离合器脚踏的使用寿命为 30000~50000 km,而自动变速器的脚踏的使用寿命为 80000~100000 km。此外,根据轮胎的磨损状况也能判断出汽车的大致行驶里程,一般汽车轮胎的正常使用寿命为 100000~120000 km,而非正常磨损可能会使轮胎的使用寿命大幅度降低。

(2) 保养计划的检查内容

① 客户使用手册要求的保养周期内必须检查的内容:

车身:防腐蚀检查、清洁导流板臂和全景天窗移动面板、检查发动机盖锁的操作和润滑情况。

发动机:更换发动机油、更换机油滤清器、检查排气系统。

检查液压回路的液位、状况和密封性,包括液压助力转向、冷却系统、液压制动器、离合器。

离合器:检查离合器间隙。

底盘检查:防尘套、静音块和球节的状况、轮胎状况和压力、轮胎气门芯帽、前后减震器的密封状况、前后制动片和制动盘的磨损状况。

重新初始化:换油、保养服务显示屏。

目视检查:外部照明和信号、车内照明、挡风玻璃和后视镜的状况、前后雨刮片的磨损情况、前后风挡玻璃清洗器的液位。

标签:检查气囊和发动机舱的安全标签是否存在并处于正确位置。
电子诊断:蓄电池(使用检测工具)、电脑(使用诊断电脑)、仪表盘上警告灯的工作情况。
服务标签:位于发动机室中的服务标签。
② 保养计划的操作:
附加操作:更换、检查或清洁其他部件;正时皮带和空调系统维护(取决于保养周期)。
特别操作:可能是客户要求进行的操作,或者是针对检查期间检测到的问题进行的操作(如更换制动软管)。在进行所有特别更换前,应事先征得客户的同意。

(3) 保养计划的调整

由于车辆受到多种因素的影响,需要针对车辆的保养计划进行相应的调整。实施新的保养计划前,所有项目需要得到客户的同意。

① 车辆环境;

② 气候的变化;

③ 路况的变化;

④ 驾驶者的变更;

⑤ 部件的老化磨损。

(4) 保养文件

具体车型的保养文件可以通过以下方式获得:

①《维修保养手册》,列出了保养周期的具体明细。

② 维修工单,列出了车辆部件的信息以及要进行的操作。

③ 保养证书,列出了上次保养和维修的明细。

技术人员根据保养文件决定需进行的基本操作和附加操作,保养工作必须符合《保修与保养手册》的规定。

汽车动力系统养护

项目描述

汽车动力系统是汽车动力装置,为保证汽车正常运行,须定期对汽车动力系统进行养护。汽车动力系统养护的项目主要有:曲杆连杆机构和配气机构的养护,启动系统的养护,燃油供给系统的养护,进、排气系统的养护,点火系统的养护,冷却系统的养护,润滑系统的养护,新能源汽车动力系统的养护等。

项目目标

1. 专业能力要求

(1) 重视安全操作;
(2) 能对机油质量进行检查与更换;
(3) 能对机油滤清器进行更换;
(4) 能对冷却液质量和密度进行检测;
(5) 正确检测燃油供给系统压力;
(6) 能对点火提前角进行检测;
(7) 能对曲轴箱强制通风装置进行检测和调整;
(8) 能对机油量进行检测和调整;
(9) 能对新能源汽车动力电池进行维护作业;
(10) 实施相关汽车养护计划。

2. 社会能力要求

(1) 具有较强的口头与书面表达能力、人际沟通能力;
(2) 具有团队精神和协作精神;
(3) 能与客户建立良好、持久的关系;
(4) 能融入到动态的工作中,并合理提出自己的见解。

3. 方法能力要求

(1) 独立搜集汽车发动机维护的相关资料;

(2) 培养记录的习惯,将想法以书面形式记录下来;
(3) 完成就车观察或企业考察工作,通过观察、询问了解必要的相关信息;
(4) 能够制订、评价、修订计划,选取最佳工作方案;
(5) 能够对整个项目的实施进行总结。

4. 个人能力要求

(1) 具有良好的心理素质和克服困难的能力;
(2) 能进行自我批评;
(3) 具有工作责任感;
(4) 具有继续学习的能力;
(5) 注重环境保护。

5. 重点和难点

(1) 掌握汽车发动机维护作业工艺;
(2) 掌握工作介质质量检查方法;
(3) 掌握安全操作方法。

项目引入

一辆帕萨特轿车行驶了 14980 km,进行维护。本项目重点介绍汽车动力系统维护。

任务 3.1 曲柄连杆机构和配气机构的养护

曲柄连杆机构相当于汽车发动机的心脏,直接决定了发动机的动力性能。配气机构相当于汽车的呼吸系统,肺活量的大小直接影响了发动机的动力性、经济性、排放性。合理的维护保养并不能阻止运动摩擦部件的磨损,只能起到减缓作用。为了延长曲柄连杆机构与配气机构的使用寿命,必须了解其结构原理,熟悉其正确的检查、维护方法,并掌握相关常见故障的诊断方法。

3.1.1 气缸的密封性

气缸的密封性是发动机性能的主要标志之一,气缸密封性的好坏直接关系到发动机的动力性、经济性和排放性。气缸密封性主要由气门与气门座圈的密封性和活塞、活塞环、气缸的密封性决定,无论哪个方面的密封性变差,都会引起气缸的密封性能降低。

对于发动机而言,除了要求各气缸的气缸压力在规定的范围之内外,还要求各气缸的气缸压力差不大于 5%。若各气缸的压力差值过大,则会影响发动机曲柄连杆机构的动平衡,从而使发动机在运行过程中出现不平稳现象,特别是怠速运行时发动机抖动明显。

1. 测量条件和工具

(1) 测量条件

因为气缸压力受很多因素的影响,所以气缸压力的测量必须满足下列条件:

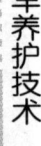

① 蓄电池电路充足；
② 用规定的力矩拧紧气缸盖螺栓；
③ 彻底清洗空气滤清器或更换新的空气滤清器；
④ 发动机达到正常的工作温度（水温80～90 ℃，油温70～90 ℃）；
⑤ 用起动机带动卸除了全部火花塞的发动机运转，汽油机转速为200～300 r/min或按原厂规定，柴油机转速为500 r/min。

（2）测量工具

气缸压力测量表如图3.1所示。

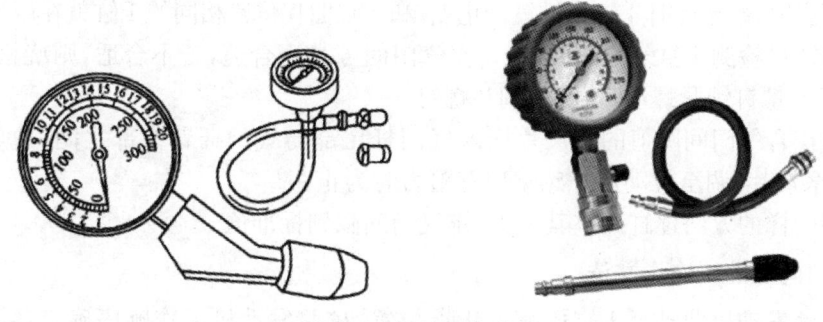

图3.1 气缸压力表

2. 气缸压力检查步骤

（1）预热发动机，达到正常的工作温度后熄火。

（2）准备好相应量程的气缸压力表，拆下发动机上所有的火花塞，断开喷油器供电插头。

（3）测量由两人合作完成。一人将气缸压力表用力按在气缸盖上的火花塞安装处，并且保证压力表测头与火花塞安装口有良好的密封；另一人坐在驾驶室内，将油门踏到底，保持节气门全开，用起动机带动发动机运转，气缸压力表上的读数即为该缸的气缸压力。用同样的方法分别测出各缸的气缸压力。

3. 测试结果分析

（1）各气缸的气缸压力应在该型号发动机维修资料的规定范围内，且各气缸的压力差不大于5%。现代汽油机的标准气缸压力一般为1.0～1.3 MPa。

（2）若某一缸压力较低，从该缸火花塞孔内注入20～30 mL机油，然后用气缸压力表重测该气缸压力。

（3）第二次测得的压力值比第一次高，接近标准压力，说明因气缸活塞环、活塞磨损过大或活塞环对口、气缸壁拉伤等原因造成气缸密封不严。第二次测得的压力值与第一次近似，但仍比标准压力低，说明进、排气门或气缸垫密封不良。两次结果均表明某相邻气缸压力都相当低，说明是两相邻的气缸衬垫烧损窜气。

3.1.2 气门间隙检测

在发动机冷态、气门完全关闭时，气门传动组要预留安装间隙，气门杆尾端与气门传动组（摇臂）之间的间隙被称为气门间隙。气门间隙的作用是防止在高温下气门杆受热膨胀变长，导致气门密封不严。

气门间隙过大会导致进、排气门开启延迟,缩短了进排气时间,降低了气门的开启高度,改变了正常的配气相位,使发动机因进气不足、排气不净而功率下降。气门间隙过小,发动机工作时,零件受热膨胀会将气门推开,使气门关闭不严,造成漏气,功率下降,并使气门的密封表面严重积炭或烧坏,甚至气门撞击活塞。

1. 逐缸调整法

(1) 转动曲轴,找到 1 缸的压缩上止点。在曲轴上曲拐位置相同的两缸做功间隔角为 $360°$,即一个缸为排气上止点时,另一个缸为压缩上止点。例如,在四缸发动机中若要确定 1 缸为压缩上止点,要看 4 缸。将气缸盖罩拆下,转动曲轴,同时观察 4 缸进排气门状态,当 4 缸进、排气门都开启时,判定此时 4 缸为排气上止点,和 4 缸曲拐位置相同的 1 缸就在压缩上止点。

(2) 用塞尺检测 1 缸气门间隙,先检查气门间隙是否合适,若不合适,则旋松该缸的进、排气门并调整螺钉锁紧螺母,再旋松调整螺钉。

(3) 用符合气门间隙值的塞尺片插入气门杆尾部与气门摇臂头部之间,边旋入调整螺钉,边抽动塞尺片,调至拉动尺片感觉稍有阻力时为止。

(4) 用同样的方法逐缸调整其他进、排气门间隙到标准值。

2. 气门间隙的二次调整法

(1) 转动发动机曲轴至 1 缸压缩上止点位置,按照发动机工作顺序确定各缸行程和活塞位置。例如,发动机工作顺序为 1→3→4→2,1 缸为压缩上止点时,4 缸为排气上止点,3 缸在曲轴转动 $180°$(此角度为做功间隔角)时到达压缩上止点,即此时 3 缸在进气行程下止点位置,2 缸在转动曲轴 $180°$ 时到达 4 缸的排气上止点,此时 2 缸位于做功下止点。

(2) 若为 1 缸压缩上止点,则按点火顺序从前向后进行调整,四缸发动机的调整顺序是"双排不进"(见表 3.1)。

表 3.1 四缸发动机各缸位置及可调气门

	1 缸	3 缸	4 缸	2 缸
所在位置	压缩上止点	进气下止点	排气上止点	做功下止点
可调气门	进、排气门	排气门	无	进气门

(3) 再转动发动机曲轴一圈,曲拐位置相同的两缸互换位置,将剩余的气门调整完毕(见表 3.2)。

表 3.2 旋转 $360°$ 后四缸发动机各缸位置及可调气门

	4 缸	2 缸	1 缸	3 缸
旋转 $360°$ 后活塞所在位置	压缩上止点	进气下止点	排气上止点	做功下止点
可调气门	进、排气门	排气门	无	进气门

任务 3.2 启动系统的养护

起动机是汽车启动系统的关键部件,通过将蓄电池的电能转化为机械能,克服发动机摩擦阻力后,使静止状态的发动机运转起来,保证汽车能够较快地进入运行状态。

3.2.1 起动机的拆解、清洗

(1) 清洁起动机外部尘污、油污;
(2) 拆下连接片与电磁开关,取下电磁铁芯;
(3) 拆下防尘箍,用钢丝钩子提起电刷弹簧再取出电刷;
(4) 拆下起动机贯穿螺栓,使后端盖、起动机外壳、电枢分离;
(5) 取下拨叉支承销,再取下驱动端盖、拨叉与转子总成;
(6) 对分解的零部件进行清洗。清洗时,所有的绝缘部件只能用干净布蘸少量汽油擦拭,其他机械零件均可放入汽油、煤油或柴油中洗刷干净并晾干。

3.2.2 起动机使用注意事项

(1) 起动机的安装:起动机安装面和凸缘止口(径向定位面)与发动机缸体或变速箱的安装面必须有良好的接触,不可有油污和锈蚀,起动机安装中心必须与发动机安装中心一致;安装螺钉固定时,必须同时紧固,切忌先紧固好其中一只,然后再紧固其他螺钉,造成安装中心偏移;起动机固定后,不可再用工具强行撬动起动机,以免破坏起动机的安装接触面和对中性。

(2) 线束的连接:电磁开关接线柱的 M10 螺母拧紧力矩一般取 14.7~17.7 N·m,力矩过小会引起线束松动,导致发热,增加电路压降,影响启动性能,甚至造成打火烧蚀。力矩过大则会导致接线柱被拧断。

(3) 蓄电池的使用:必须按设计要求选择电瓶,并经常保持电瓶有良好的放电性能。一旦发现电瓶损坏,就必须及时更换,否则大电流通过时内阻使线路压降大大增加,影响起动机的输出功率。

(4) 起动机正常工作时间为 1.5~2 s,最长工作时间每次不得超过 5 s,如果大于 5 s 还未发动主机,那么必须中断启动,间隔 20~30 s 后再次启动。若 3 次都不能正常发动,则必须检查线路或发动机是否有故障,排除故障后才可再次启动。

(5) 启动电路的检查:一般电瓶端电压小于 12 V 时不得强行启动(蓄电池荷电量 100%时电压在 12.78 V 左右,在理论上,要求蓄电池荷电量低于 95%时不得启动,此时蓄电池电压在 12.14 V 左右),必须在电瓶重新充电恢复正常电压后才能启动。

(6) 由于起动机一般安装在发动机旁边,有相当高的环境温度,要避免热态下整车泡进水中,引起零部件受损。

(7) 经常检查电路各节点及接插件,如有生锈、腐蚀或松动,应及时排除,以免电路发热,产生过大电路压降,影响起动机正常工作。

(8) 若整车配有中间继电器控制起动机电磁开关,则中间继电器主触点电流容量不能小于50 A,并保证其工作可靠性(能及时通断),同时继电器的轴向安装方向尽可能采取水平放置,并与汽车行驶方向垂直,以避免汽车行驶震动过程中继电器误接通。

(9) 发动机长时间不工作时,尽量不要将钥匙停留在"ON"位置上,否则易导致蓄电池的电被全部放完。在点火开关钥匙旋转到"START"位置之前,一定要把换挡杆放在空挡位置。

(10) 点火启动时不要踩动油门踏板。

(11) 个别车型起动机在使用一段时间后,由于齿轮箱内的环境影响,造成电机驱动轴上油污、尘埃结聚,引起驱动齿轮复位迟缓,从而被飞轮反带产生瞬时响声,但这不会影响启动性能。消除此响声的最好办法是:将电机拆下,在驱动轴上加少许中性机油并洗净污渍后即可恢复(切不可使用汽油清洗)。

3.2.3 起动机检测

1. 定子检测

可用万用表电阻挡进行检测,两表笔分别接触起动机外壳引线与磁场绕组绝缘电刷接头,检测是否导通,如果测得的电阻无穷大,那么说明磁场绕组断路,应予以检修或更换。

磁场绕组搭铁的检查:用万用表检测磁场绕组接线柱和定子外壳之间的电阻,若有电阻,则说明磁场绕组搭铁,如图3.2所示。

2. 转子检测

用电阻挡检测,用一根表笔接触电枢,另一根表笔依次接触换向器铜片,万用表指针应为无穷大,否则就说明电枢绕组与电枢轴之间绝缘不良,有搭铁之处。如图3.3所示。

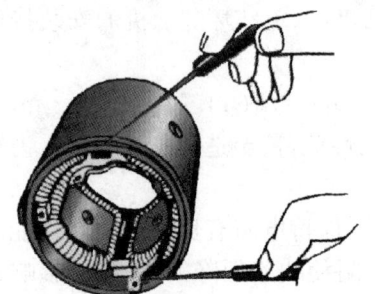

图3.2　磁场绕组搭铁检查

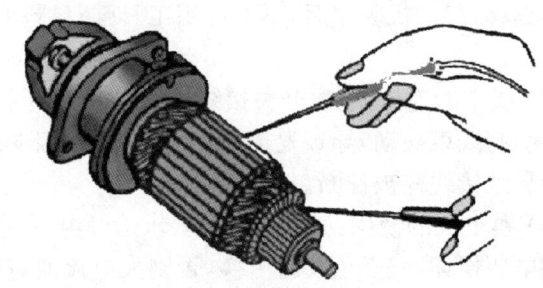

图3.3　电枢绕组搭铁的检查

使用万用表对电枢绕组进行短路检查:用电阻$R \times 1\Omega$挡检查换向器和电枢铁芯之间是否导通,如有导通现象,就说明电枢绕组搭铁,应更换电枢,如图3.4所示。

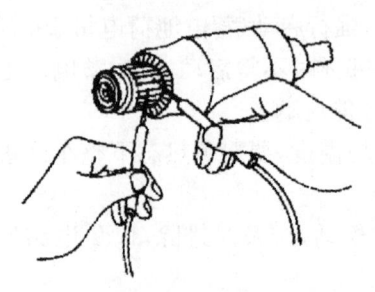

图3.4　电枢绕组断路检查

使用万用表对电枢绕组断路进行检查:用电阻$R \times 1\Omega$挡,将两个表笔分别接触换向器相邻的铜片,测量相邻两个换向片间是否相通。如万用表显示读数,就说明电枢绕组无断路故障;若万用表指针为无穷大,则说明此处有断路故障,应更换电枢。

3. 电刷组件的检修

电刷外观检查:电刷在架内活动自如,无卡滞,不歪斜。

电刷磨损检查：电刷高度应不低于新电刷高度的 2/3（国产起动机新电刷高度一般为 14 mm），即 7～10 mm，否则应换新电刷，如图 3.5 所示。

电刷架检查：万用表测量绝缘电刷架和后盖间的电阻，应为无穷大；万用表测量搭铁电刷架和后盖间的电阻，应为 0。

电刷弹簧检查：用弹簧秤检查弹簧的弹力，应与规定相符。视情况予以修理或更换，如图 3.6 所示。

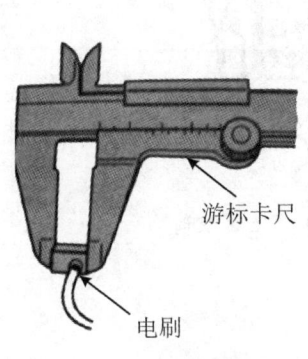

图 3.5　电刷磨损检查

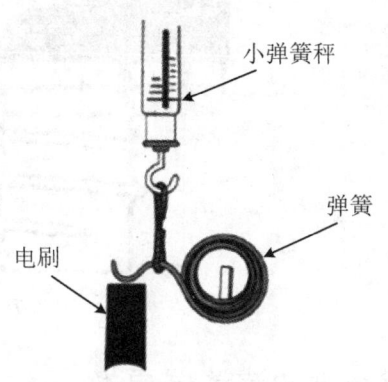

图 3.6　弹簧检查

传动机构的检修：在确保驱动齿轮无损坏的情况下，握住外座圈，转动驱动齿轮，应能自由转动，反转时不可转动。否则应更换单向离合器。

控制机构检修：对电磁开关进行检查。

吸引线圈电阻的检查：万用表欧姆挡测量电磁开关 50 接线柱和 C 接线柱。标准值为 $0.6\pm0.05\ \Omega$。

保持线圈电阻的检查：测量电磁开关 50 接线柱和外壳。标准值为 $0.97\pm0.10\ \Omega$。

任务 3.3　燃油供给系统的养护

燃油供给系统具有储存、运输燃油的作用，并按照发动机工作要求向气缸内提供一定浓度、一定数量的混合气体。汽油发动机供油系统要维持恒定的供油系统压力，此压力用来保证喷油器供油腔与节气门后方具有约 0.25 MPa 的供油压力差，电动汽油泵将汽油加压，并通过供油管送到供油腔。当压力为 0.25～0.30 MPa 时，压力调节器作用，汽油通过回油管回流到油箱，调节供油压力并维持在 0.25～0.30 MPa 内，且压力随节气门开度变化而变化。

燃油供给系统养护的主要项目有燃油箱盖检查、燃油滤清器更换、燃油系统油压检查、喷油器检查等。

3.3.1　燃油箱盖检查

燃油箱盖有密封和保持油箱内正常压力的作用。

1. 检查间隔

按照汽车维修手册规定执行。

2. 检查项目

变形或损坏：检查燃油箱盖或垫片是否有变形或损坏，检查真空阀和压力阀是否有锈蚀或粘连现象，如图 3.7 所示。

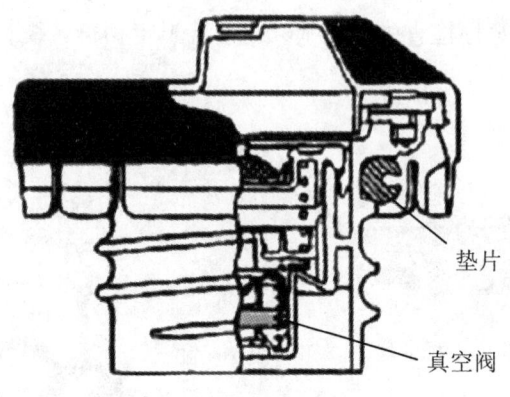

图 3.7　燃油箱盖

3.3.2　燃油滤清器更换

燃油滤清器的作用是去除燃油中含有的氧化铁、粉尘等杂质，防止燃油系统堵塞，减少机械磨损，确保发动机稳定运行，如图 3.8 所示。

图 3.8　燃油滤清器

1. 更换间隔

一般每 30000 km 更换一次。

2. 燃油滤清器的更换步骤

（1）检查燃油供给系统管道连接处、油箱等位置是否有渗漏；

（2）释放燃油系统压力：将燃油泵继电器拔下，启动发动机，直到发动机自动熄火为止，再启动发动机 2～3 次；

（3）从输油管中卸下燃油滤清器；

（4）更换新的燃油滤清器，注意安装牢固，在燃油滤清器上有箭头指示燃油流动方向，不要装反。

3.3.3 燃油系统油压检查

1. 油压表安装

（1）燃油系统泄压；
（2）拆卸蓄电池负极电缆；
（3）在燃油管道中选择便于安装和观察的位置，然后将燃油压力表串联在管路中；
（4）重新接上蓄电池负极电缆。

2. 静态油压

（1）用一根短导线将电动汽油泵的检查插孔短接；
（2）打开点火开关，电动汽油泵转动；
（3）检测压力应为 300 kPa 左右；
（4）关闭点火开关，拔下电动汽油泵检测插孔的短接线。

3. 系统保持压力

测量静态压力结束后，过 5 min 再观察油压表指示的油压，此时应不低于 147 kPa，若油压过低，则进一步检查电动汽油泵的保持压力和喷油器有无泄漏。

4. 发动机运转时的燃油压力

（1）启动发动机使其怠速运转，打开油压表阀门，油压表指示压力应为 250 ± 20 kPa；
（2）缓慢开大节气门，测量节气门全开时的燃油压力。

3.3.4 喷油器检查

在专用设备上进行检查，也可以将喷油器和输油总管拆下，再与燃油系统连接好，用专用导线将诊断座上的燃油泵测试端子跨接到 12 V 电源上，然后打开点火开关，或直接用蓄电池给燃油泵通电。燃油泵工作后，观察喷油器有无滴漏现象。检查时，在 1 min 内若喷油器滴油超过 1 滴，则应更换喷油器，如图 3.9 所示。

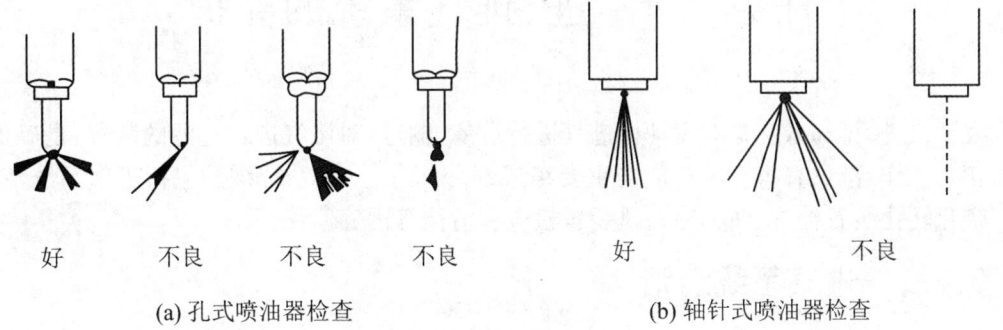

(a) 孔式喷油器检查　　　　(b) 轴针式喷油器检查

图 3.9　喷油器工作检查

3.3.5 燃油蒸发控制系统检查

燃油蒸发控制系统（EVAP）是用活性炭罐吸附油箱内蒸发的燃油蒸气，并在发动机工作时供给至进气系统参与进气，可避免燃油的损耗和对环境的污染，保证油箱的安全及燃油系统的正常供给。

1. 活性炭罐电磁阀电阻检查

关闭点火开关,断开活性炭罐控制电磁阀,用万用表检查活性炭罐电磁阀线圈电阻是否在规定的阻值范围内。

2. 外观检查

检查活性炭罐外观是否有损坏;检查与活性炭罐相连接的通气软管,通气软管不可有老化、连接松动现象,如图 3.10 所示。

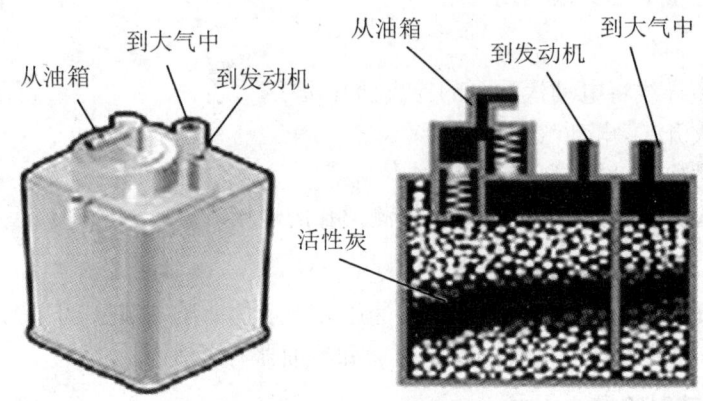

图 3.10 活性炭罐结构

3. 燃油蒸发控制系统电磁阀检查

(1) 启动发动机,预热后怠速运转,拆下蒸气回收罐上的真空软管,管内应无吸力;

(2) 当发动机转速提高至 2000 r/min 以上时,软管内应有吸力;

(3) 当拆下电磁阀线束插头并向电磁阀吹气时,应不通气,当将电源接至电磁阀时,应能通气。

任务 3.4　进、排气系统的养护

发动机进、排气系统是对发动机进气进行过滤、输送,对尾气进行过滤的装置,是确保发动机正常工作、减少有害气体排放的重要组成部分。进、排气系统维护包括进气系统清洁、三元催化转化装置检查、曲轴箱通风装置检查和清洁等内容。

3.4.1　进气系统清洁

1. 空气滤清器检查和清洁

空气滤清器滤芯主要用于清除灰尘、沙土等杂质,保证进入发动机的空气是清洁的。现今汽车多采用纸质空气滤清器(见图 3.11)。纸质滤芯滤清效率高,灰尘的透过率仅为 0.1%～0.4%。使用纸质空气滤清器能减轻气缸和活塞的磨损,延长发动机的使用寿命。空气滤清器使用 4000～8000 km 后应进行除尘,通常在使用 20000～25000 km 时应更换滤芯和密封圈。

(1) 首先松开卡夹或拧开螺栓。
(2) 将滤芯取出,检查有无损伤。

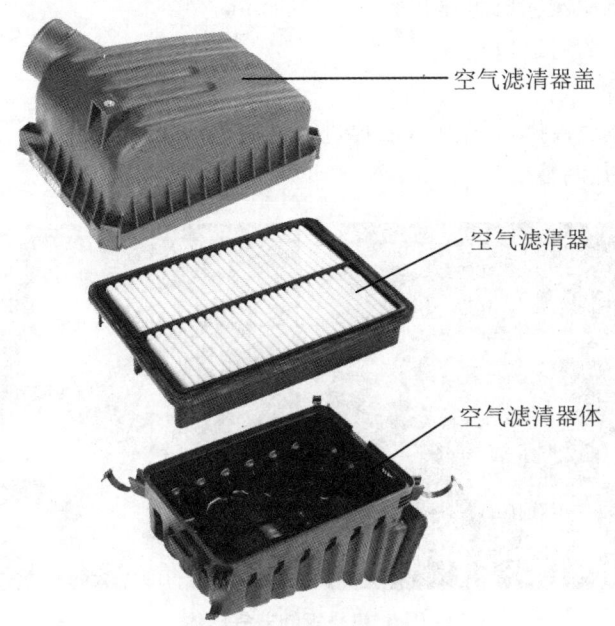

图 3.11 空气滤清器及滤芯

(3) 清洁滤芯或更换:清洁时不能用水或油,以防止油水浸染滤芯。常用的清洁方法有两种。一是轻拍法,将滤芯从壳中取出,轻轻拍打纸滤芯端面,使灰尘脱落,但不得敲打滤芯外表面,以防止损坏滤纸,降低滤清效果。二是吹洗法(见图 3.12),用压缩空气从滤芯内部向外吹,将灰尘吹净,但压缩空气的压力不得超过 600 kPa,以防止损坏滤芯。

图 3.12 清洁空气滤清器滤芯

2. 节气门体清洁

电喷汽油发动机使用一定的里程后在节气门或急速稳定阀的表面会积累很多油泥,出现急速不稳,特别是在打开空调、前照灯时更加明显,严重时在行走过程中可能会出现熄火现象。应每 30000～40000 km 清洗一次节气门或急速稳定阀。

(1) 将发动机暖机后熄火,拆卸节气门体(见图 3.13),检查节气门体表面有无损伤;

(2) 堵住节气门体旁通道的进气侧,不要让清洗剂进入旁通道内;

(3) 把节气门阀体浸泡在清洗剂内 5 min;

(4) 启动发动机使发动机怠速状态下运转 1 min;

(5) 拆卸空气旁的通道口;

(6) 安装空气管;

(7) 拆开蓄电池负极搭铁线 10 s 后再进行连接;

(8) 调整转速,并调整螺钉。

图 3.13 拆卸节气门体

3.4.2 三元催化转化装置检查

三元催化器是把排气中对环境有害的 CO、HC、NO_x 等废气转化为无害的 CO_2、水、氮气等物质,从而使排放达到相关法规要求的重要部件。必须注意以下事项,否则可能会导致催化器过热损坏,净化功能因过负荷而急剧下降,造成环境污染,甚至有引起火灾的风险。

1. 外观检查

检查三元催化转化器外观是否有破损现象,若有破损,则应更换。

2. 堵塞检查

(1) 拆卸尾气排放管上的氧传感器;

(2) 将压力表安装在氧传感器位置,启动发动机;

(3) 观察压力表的指针波动,若有较大波动,则三元催化转化器堵塞。

3.4.3 曲轴箱通风装置检查和清洁

在曲轴箱通风的管路上装有单向阀,也就是通常说的 PCV 阀。它在更新曲轴箱内气体和降低机油消耗量方面有重要作用。

1. 检查和清洁

要定期检查曲轴箱通风装置的连接软管是否老化或产生裂纹。一旦发现,应在紧固连接处更换软管。使用煤油彻底清洗 PCV 阀、油气分离器,或更换滤芯,确保发动机通风顺畅,工作正常。

2. 曲轴箱通风系统检查

(1) 从强制式曲轴箱通风阀(PCV 阀)上拆下通气软管(见图 3.14);

(2) 从摇臂盖上拆下曲轴箱通风阀；
(3) 重新将曲轴箱通风阀与拆下的通气软管连接；
(4) 启动发动机，怠速运转；
(5) 将手指压在曲轴箱通风阀开口，确认进气歧管真空度（手指是否感受到吸引作用）；
(6) 若未感觉到真空，则应清洁或更换曲轴箱通风阀。

3. 强制式曲轴箱通风阀的检查

(1) 在图 3.15 所示（从摇臂盖安装侧）位置插入细棒到 PCV 阀，前后移动细棒以检查柱塞的移动状况；
(2) 若柱塞未移动，则表示 PCV 有阻塞，需清洁或更换 PCV 阀。

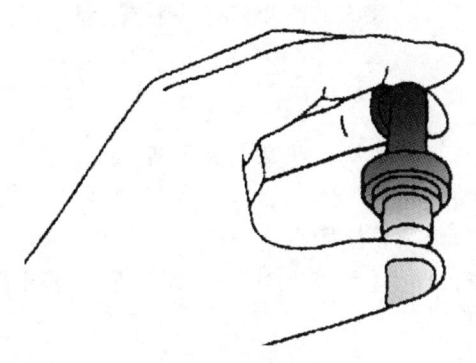
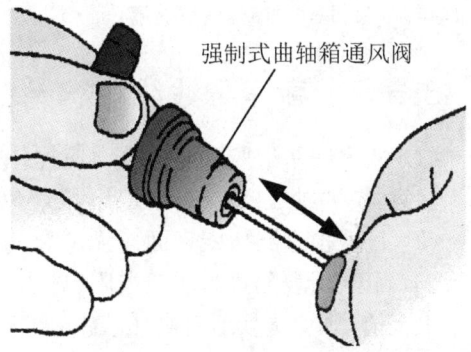

图 3.14　曲轴箱通风阀　　　　图 3.15　曲轴箱通风阀的检查

任务 3.5　点火系统的养护

在汽油发动机中，气缸内压缩后的混合气是靠电火花点燃的，所以在汽油机的燃烧室中装有火花塞。在火花塞两电极间加上直流电压后，电极之间的气体便发生电离现象。随着两级间电压的升高，气体的电离程度也不断增高。当电压增高到一定值时，火花塞两级间的间隙被击穿而产生电火花。使火花塞两电极间产生电火花所需的电压被称为击穿电压。温度越低，所需的击穿电压越高。

点火系统的基本功用是在发动机各种工况和使用条件下，在气缸内适时、准确、可靠地产生电火花，以点燃可燃混合气，使发动机做功。

3.5.1　火花塞检查和更换

(1) 除去火花塞周围气缸盖上的灰尘，如图 3.16 所示；
(2) 断开火花塞上的高压线；
(3) 使用专用工具，拧松火花塞并取出火花塞；
(4) 用塞尺检查火花塞电极间隙，如图 3.17 所示；
(5) 安装新火花塞，确保使用规定受热程度和尺寸的新火花塞；
(6) 接上火花塞高压线。

图 3.16 清洁气缸盖罩

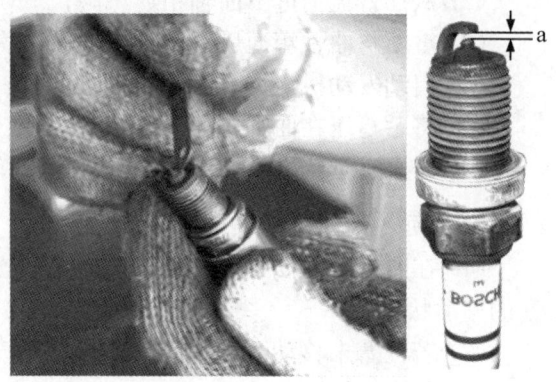

图 3.17 火花塞间隙检查

3.5.2 高压导线维护

(1) 从火花塞上脱开高压线时应捏住橡胶护套,小心地从火花塞上拆下高压线。

注意:不要抽拉或弯曲高压线,以避免损坏内部的导线。

(2) 目视检查高压线表面有无龟裂、破损,若有,则须更换所有高压线。

(3) 用欧姆表测量高压线电阻(见图 3.18)。最大电阻为 25 kΩ(每根高压线)。若电阻大于最大值,则应更换所有高压线。

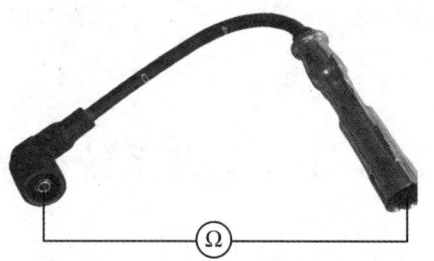

图 3.18 欧姆表测量高压导线电阻

3.5.3 点火提前角检查和调整

发动机电子控制点火系统点火提前角的控制情况及点火正时的调整与传统点火系统差别很大。它的点火提前角受 ECU 控制,ECU 能根据爆燃传感器信号、氧传感器信号、水温传感器信号,以及空调、鼓风机等信号做出自动调整,因此检查电子控制点火系统点火正时,需要给电控单元施加一个信号(如凌志 400 需要短接检查连接器端子 TE1 和 E1),且应在前照灯、鼓风机风扇、后窗除雾器和空调都不工作的无负荷条件下检查,装有自动变速器的汽车还应使自动变速器处于"P"或"N"位。这样电控单元才能把点火提前角控制在基本点火提前角。电子控制点火系统点火正时分为可调整与不可调整两种,且不同发动机的点火正时不同,因此检查电子控制点火系统点火正时一定要参照相应的维修手册进行。

(1) 启动发动机并暖机至正常工作温度;

(2) 使发动机转速保持在怠速转速 650±50 r/min;

(3) 用诊断线(SST)跨接检查连接器(DLC1)的端子 TE1 和 E1(送给电控单元一个触发信号),如图 3.19 所示;

（4）将正时灯接到6号高压线上。用正时灯检查点火提前角，怠速时应为上止点前8°～12°，如图3.20所示。

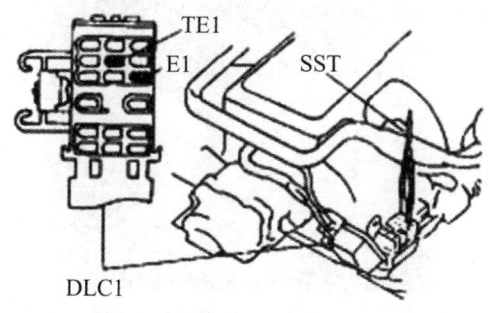
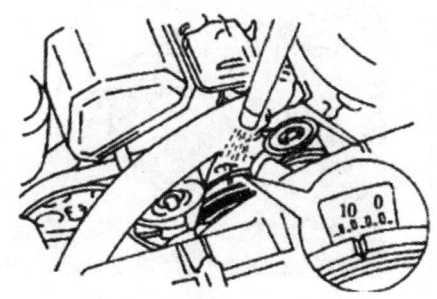

图 3.19　用 SST 跨接 DLC1 的端子 TE1 和 E1　　　图 3.20　用正时灯检查点火提前角

部分发动机的点火正时不可调整。若点火正时不正确，则说明其他部件有故障，应检查分电器、点火器、水温传感器、曲轴位置传感器、凸轮轴位置传感器和 ECU 等部件。

任务 3.6　冷却系统的养护

冷却系统的主要功用是把受热零件吸收的部分热量及时散发出去，保证发动机在最适宜的温度状态下工作。

冷却系统按照冷却介质不同可以分为风冷和水冷，把发动机中高温零件的热量直接散入大气而进行冷却的装置称为风冷系，而把这些热量先传给冷却液，然后再散入大气而进行冷却的装置称为水冷系。由于水冷系冷却均匀，效果好，而且发动机运转噪声小，目前汽车发动机上广泛采用的是水冷系。

冷却液应根据外界气温变化调整其浓度，使其能确保发动机正常工作。

3.6.1　冷却系统泄漏检查

当冷却液量不足时，发动机会出现异常升温，所以在发动机冷却液量减少时，应按如下方法检查漏水情况及漏水部位。

（1）启动发动机暖机至冷却液温度达到正常温度为止；
（2）打开贮水箱盖，加水至溢出加水口为止；
（3）安装压力计；
（4）用手动泵加压至 1.4×10^5 Pa，此时如果冷却系统无渗漏，那么压力计指针将无变化；如果系统存在渗漏，那么压力计指针示数将下降。也就是说，各冷却装置的导管、散热器、水泵、气缸垫等处可能存在渗漏，应及时修理或必要时换成新件，如图3.21所示。

3.6.2　冷却液液位检查

在发动机处于冷态时检查膨胀水箱中的冷却液液位。检查冷却液液位应在"MIN"和"MAX"之间，如图3.22所示。当发动机很热时，冷却液的液面会大大地提高。

若冷却液液面较低,则应补充冷却液。补充冷却液时,应将冷却液慢慢地灌入散热器。

图 3.21 冷却系统泄漏检查

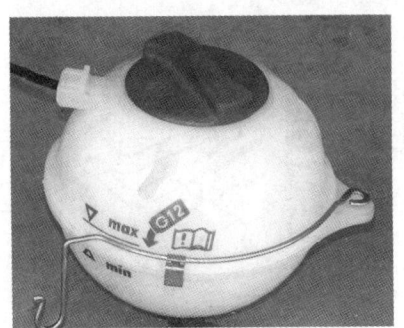
图 3.22 冷却液液位检查

3.6.3 冷却液更换

(1) 将车停在平地,将冷却液放在容器内。
(2) 拧下散热器盖,若发动机温度过高则不要急于将散热器盖打开,以防热水烫伤,同时应检查冷却液质量。
(3) 将散热器放水开关拧松。
(4) 将放水开关关好,向冷却系内注满四季通用的冷却液,并按标准加至膨胀箱的"MAX"标记处,约占膨胀箱容积的 2/3;不可加满冷却液,必须留有蒸汽膨胀空间。
(5) 在冷却液快加满时,可将发动机启动 2~3 min,使冷却液循环,冷却液循环时会把冷却系内的空气排出,并使加水口冷却液液面降低,此时应按标准补足冷却液。

3.6.4 散热器盖检查

将散热器盖旋装在测试器上,用手推测试器,直至蒸汽阀打开为止。蒸气阀应在压力 0.026~0.037 MPa 时打开,若压力低于 0.026 MPa 时打开,则应更换散热器盖。

任务 3.7 润滑系统的养护

润滑系统主要是对发动机运动零件进行润滑,减少运动件磨损。在发动机工作时机油消耗量较少,若出现过度消耗,则可能是由于曲轴前后油封、密封垫片之间出现渗漏;若活塞、活塞环与气缸壁之间往复运动过程中产生油泵现象,气门和气门导管配合间隙过大,则也会出现漏油现象。

3.7.1 润滑系统泄漏检查

检查油底壳与气缸体连接处、曲轴轴颈密封圈处是否有机油泄漏。

3.7.2 润滑油质量检查

(1) 观察机油是否浑浊,机油中如果有浅黄色水泡,那么说明机油中混有水分;

(2) 用机油标尺取出部分机油,如果能够闻到汽油味,那么说明机油被汽油稀释;

(3) 将一滴机油滴在食指上,用大拇指和食指反复地搓,如果感觉有异物,那么说明机油中含有杂质;

(4) 将机油滴在慢性试纸上,观察机油扩散情况,在机油扩散时会呈环状分层。内层为沉积环,沉积环在斑点的中心,是油内粗颗粒杂质沉积物集中的地方,由沉积环颜色的深浅可粗略地判断油被污染的程度。中间为扩散环,它在沉积环的外围,是悬浮在油内的细颗粒杂质向外扩散时留下的痕迹。颗粒愈细,扩散得愈远。扩散环的宽窄和颜色的均匀程度是重要因素,它表示油内添加剂对污染杂质的分散能力。外层为油环,油环颜色由浅黄到棕红色,表示油的氧化程度,如图 3.23 所示。

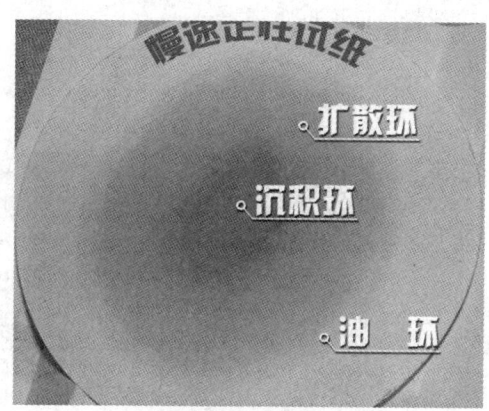

图 3.23 试纸检测机油质量

3.7.3 机油液位检查与调整

(1) 检查前,应把车辆停放在水平地面上,启动发动机空转 5 min;

(2) 停止运转发动机,等待 3 min 后,拔出机油油尺并擦干净,重新插入油尺并再次取出,记录油尺上的油面;

(3) 正确油面应在上位"F"和下位"L"之间的位置;

(4) 机油液面低于下位刻度线时,检查机油缺少原因,若是正常使用消耗,则应补充一定量机油到油底壳中;

(5) 启动发动机,使其在怠速下运转,用机油标尺重新检查机油量,应在"F"和"L"之间。

3.7.4 机油更换

(1) 打开机油加注口盖;

(2) 按举升机操作标准举升车辆(由于采用抽油机、不更换机油滤清器等原因不必举升车辆的情况除外);

(3) 检查是否漏油;

(4) 将废油桶安放到油底壳正下方,用相应的工具拆下放油螺栓,将机油排放到机油回收罐中;

(5) 拧紧放油螺栓,将车辆放至地面上,从机油加注口中加入正确标号的机油;

(6) 拧紧机油加注口盖;

(7)检查机油量,使其符合要求。

3.7.5 机油滤清器更换

机油滤清器的作用是过滤机油中的金属碎屑和杂质。机油滤清器内杂质过多会影响机油供给,使发动机润滑系统性能下降,机油滤清器需要定期更换。其操作步骤如下:

(1)取下放油螺栓,排放发动机机油;

(2)排放完毕后,擦净放油塞,再装上放油塞,按拧紧力矩要求拧紧;

(3)用机油滤清扳手拧松机油滤清器;

(4)用发动机机油涂抹在新机油滤清器的 O 形环上;

(5)用手把新的机油滤清器拧在机油滤清器支座上,直到滤油器 O 形环与安装表面接触,再用专用工具将其拧紧;

(6)与安装表面接触后,使用机油滤清器扳手把滤清器拧紧 3/4 转,如图 3.24 所示。

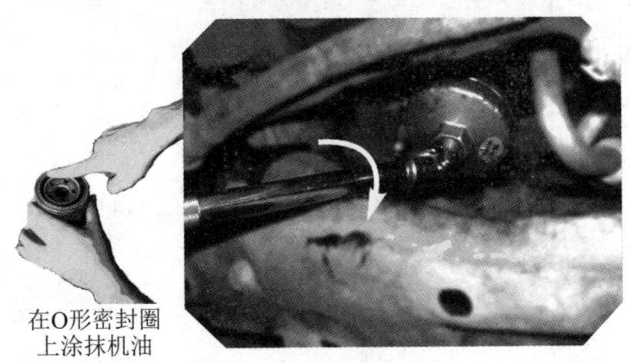

图 3.24 安装机油滤清器

任务 3.8 新能源汽车动力系统养护

动力电池是新能源汽车中成本最高的部件,一般占整车成本的 25%~60%,但目前其使用寿命仅为 3~7 年,小于整车的使用寿命(10~15 年)。合理维护可以最大限度地延长动力电池的使用寿命,从而达到降低汽车使用成本的目的。

3.8.1 新能源汽车对动力电池的要求

1. 比能量高

为了提高新能源汽车的续驶里程,要求新能源汽车上的动力电池尽可能储存更多的能量,但新能源汽车又不能太重,其安装电池的空间也有限,这就要求电池具有高的比能量。

2. 比功率大

为了能使电动汽车在加速行驶、爬坡和负载行驶等方面能与燃油汽车竞争,要求电池具有大的比功率。

3. 循环寿命长

循环寿命越长,则电池在正常使用周期内支撑新能源汽车行驶的里程数就越大,有助于降低车辆在使用周期内的运行成本。

4. 均匀一致性好

对于新能源汽车而言,电池组的工作电压大多达到数百伏,这就要求电池组由上百节电池进行串联,为了达到设计容量要求,有时甚至需要更多的电池。某一个单体电池的问题可能会影响整个动力电池组,从而导致新能源汽车出现能量损失增加、续驶里程变短等问题。

3.8.2 新能源汽车的电能补充

新能源汽车的电能补充可以分为两种模式,即充电模式和换电模式。换电又称机械充电,它是通过直接更换已充满电的动力蓄电池来达到新能源汽车补充电能的目的。电动汽车动力蓄电池放电后,用直流电源连接动力蓄电池,将电能转化为动力蓄电池的化学能,使它恢复工作能力,这个过程被称为动力蓄电池充电。动力蓄电池充电时,动力蓄电池正极与充电电源正极相连,动力蓄电池负极与充电电源负极相连,充电电源电压必须高于动力蓄电池的总电动势。

目前,换电模式面临着换电站建设成本太高;各个企业的电动汽车技术标准不同,电池标准千差万别;车企普遍不愿意共享技术标准等问题,因此发展缓慢。2012年,国务院印发《节能与新能源汽车产业发展规划(2012~2020年)》,确立了以充电为主的电动汽车发展方向。

合适的充电方式不仅能最大限度地发挥电池的容量,还可以延长电池的使用寿命。新能源汽车的充电方式可分为交流充电和直流充电两种:消费者在自家充电一般采用专业公司安装的充电墙盒进行交流充电;在公共停车场或充电站一般采用交流桩进行交流充电,或者采用直流桩进行直流充电。

1. 交流充电

新能源汽车交流充电方式以较低的充电电流对电动汽车进行充电(见图3.25),一般充电时间较长,即通常所说的慢充。交流充电方式的充电装置安装成本比较低,电动汽车家用充电设施(车载充电机)多采用这种充电方式。可以充分利用电力低谷时段进行充电,降低充电成本,提高充电效率,并延长电池的使用寿命。

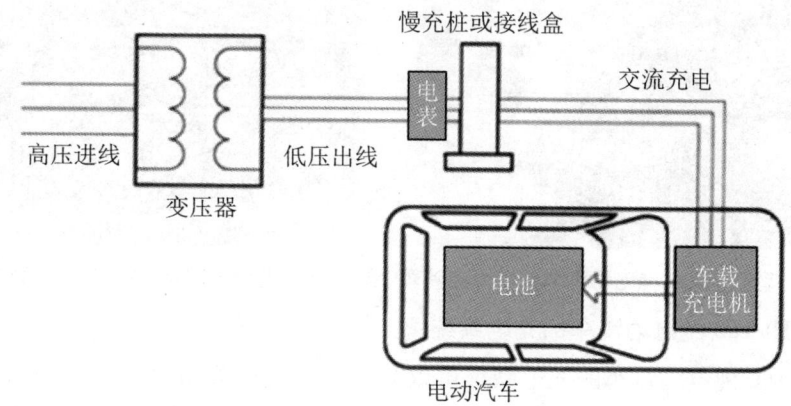

图3.25 交流充电示意图

2. 直流充电

直流充电方式以较高的充电电流在短时间内为蓄电池充电(见图3.26),充电时间短,即通常所说的快充。直流充电方式的充电装置安装成本相对较高,充电时电能利用率较低,对电池寿命也有一定的影响。

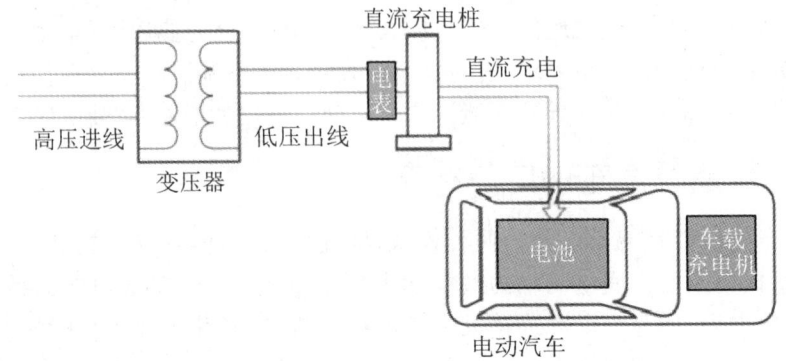

图3.26 直流充电示意图

3.8.3 北汽EV160纯电动汽车的动力电池及充电系统

1. 北汽EV160纯电动汽车的动力电池

北汽EV160纯电动汽车的动力电池箱(见图3.27)通过10个螺栓和车身连接,安装在整车下部。动力电池箱主要起到保护动力电池的作用,因此箱体坚固、防水。箱体可以分为上箱体和下箱体。上箱体一般不会受到冲击,所以为了减轻重量而采用玻璃钢材质;下箱体在整车的下部,为了防止遇到路面磕碰等情况而伤害动力电池,故采用铸铁材质。上、下箱体之间通过硅酮胶进行密封,并有定位装置进行定位。

北汽EV160纯电动汽车的动力电池如图3.28所示,主要由两大部分组成,即电池管理系统和电池本体部分。电池管理系统相当于动力电池的神经中枢,主要用于对电池状态进行检测,对电池电量等进行管理;电池本体部分主要由动力电池组、动力电池箱及辅助器件三部分组成。

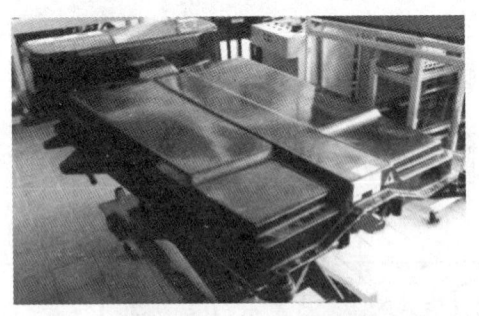 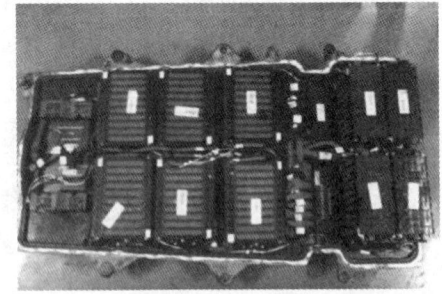

图3.27 北汽EV160纯电动汽车的动力电池箱　　图3.28 北汽EV160纯电动汽车的动力电池

2. 北汽EV160纯电动汽车的充电系统

北汽EV160纯电动汽车的充电系统可以分为动力电池充电系统和低压蓄电池充电系统。动力电池充电系统是利用外接电源给动力电池充电;低压蓄电池充电系统是利用动力电池给低压蓄电池充电。

(1)动力电池充电系统

动力电池充电系统如图3.29所示,包括交流慢充和直流快充两种方式。慢充时,供电设备(慢充桩或家用交流电)通过慢充线、慢充口将交流电提供给车载充电机,车载充电机将其变成高压、直流电后,送入高压控制盒,然后给动力电池充电;快充时,供电设备(一般为快充桩)通过快充线、快充口将高压直流电提供给高压控制盒,然后给动力电池充电。

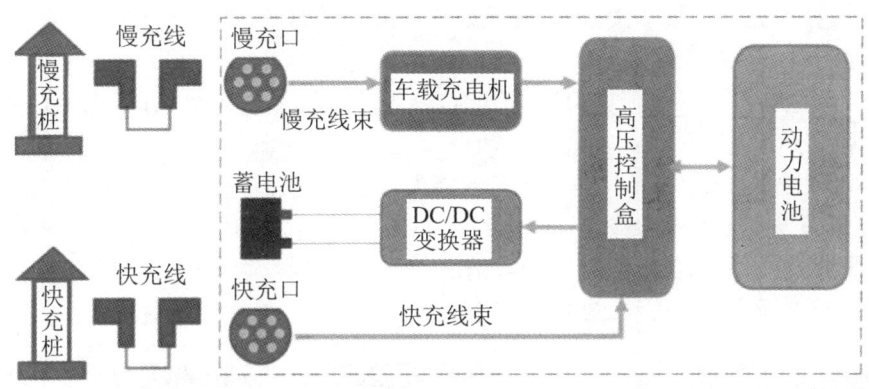

图3.29 北汽EV160纯电动汽车的动力电池充电系统

北汽EV160纯电动汽车高配车型还具有远程充电控制功能,车主可以打开手机APP通过车辆控制APP(见图3.30)进行一些远程操作,如远程充电等。低配车型无此功能。

(2)低压蓄电池充电系统

低压蓄电池充电系统是动力电池通过DC/DC变换器给蓄电池充电或给低压用电设备供电。图3.31所示为北汽EV160纯电动汽车的DC/DC变换器。

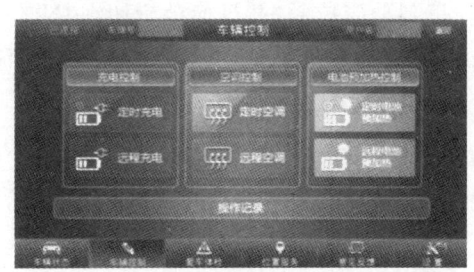

图3.30 北汽EV160纯电动汽车的手机
APP远程车辆控制功能

图3.31 北汽EV160纯电动汽车的
DC/DC变换器

动力电池是新能源汽车的储能元件,若受碰撞、挤压,则可能导致动力电池损坏,甚至造成事故。汽车运行时的震动环境可能会导致紧固件松脱、线束磨损,使其可靠性降低,甚至引发事故。因此,对动力电池及充电系统的维护,首先要从安全入手,保证其在使用过程中的安全性。

在维护动力电池和充电系统时,部分作业需要带高压作业,所以要做好个人及车间的防护工作,要按照规范进行作业。

3.8.4　北汽EV160纯电动汽车的充电系统维护

1. 慢充检查

（1）慢充口盖开关状态检查

① 检查慢充口盖能否正常开启与关闭。在主驾驶室下门框附近有充电口盖解锁拉手（见图3.32），拉动充电口盖解锁拉手，慢充口盖应能正常打开，如图3.33所示。检查慢充口内、外盖能否正常开、关。

② 检查充电指示灯。当慢充口盖打开时，仪表充电指示灯应常亮；当充电口盖关闭时，仪表充电指示灯应熄灭。

注意：如果慢充口盖出现问题，那么车辆将无法正常启动。

（2）充电线及充电插头检查

① 检查充电线外观有无裂纹、破损等情况；

② 检查充电插头有无裂纹、破损等情况。

图3.32　充电口盖解锁拉手

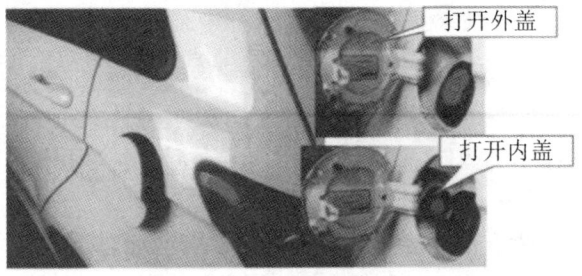
图3.33　慢充口盖开启状态

注意：充电过程中充电线会产生热量，若充电线破损，应及时更换，以避免对人员及车辆造成损伤。

（3）充电测试

充电前要保证启动开关位于"OFF"位置，驻车制动应拉紧，并且换挡旋钮在"N"位置。

① 将慢充线连接到充电机上（或将交流充电线连接到可靠接地的220 V/16 A交流电源上），北汽EV160纯电动汽车随车配备的充电线如图3.34所示；

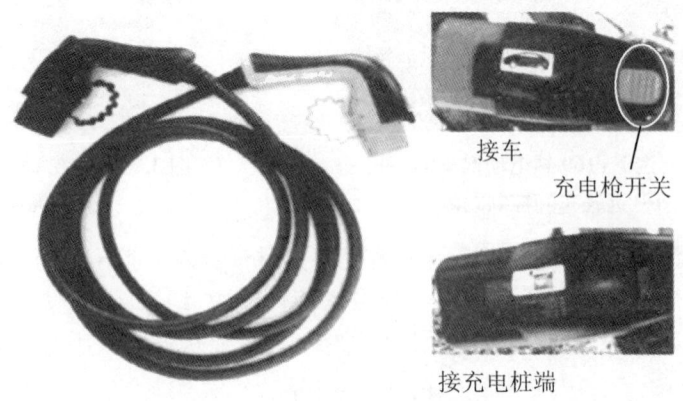
图3.34　北汽EV160纯电动汽车随车配备的充电线和充电枪开关位置

② 按下充电枪开关,充电枪开关位置如图 3.34 所示;
③ 将充电枪插入慢充口;
④ 确保连接正常后,松开充电枪开关;
⑤ 观察仪表盘,应显示充电状态;
⑥ 打开机舱盖,检查车载充电机工作状态。

车载充电机各指示灯的定义如表 3.3 所示。

表 3.3 车载充电机各指示灯的定义

名称	标记	颜色	状态	定义
电源指示灯	Power	绿色	亮	车载充电机接通交流电源
			不亮	车载充电机供电出现故障
充电指示灯	Charge	绿色	亮	车载充电机进入充电状态
			不亮	电池已充满或电池无充电请求
报警指示灯	Error	红色	亮	慢充系统出现故障

当充电正常时,Power 灯和 Charge 灯应都点亮。当 Power 灯亮起半分钟后 Charge 灯仍然不亮时,说明电池已充满或电池无充电请求。当 Error 灯点亮时,说明慢充系统出现异常。当 Power 灯不亮时,说明车载充电机供电出现故障,应检查充电桩、充电线束及插接件。

2. DC/DC 功能测试

DC/DC 功能测试主要是检测 DC/DC 的输出电压,具体检测方法为:

(1) 将车钥匙置于"OFF"位置,断开所有用电器并拔出钥匙;

(2) 按压低压蓄电池锁压件(见图 3.35),打开盖板并裸露出低压蓄电池正极;

图 3.35 低压蓄电池锁压件和锁扣位置

(3) 使用专用万用表电压挡位测量低压蓄电池的电压,并记录此电压值;

(4) 将车钥匙置于"ON"位置;

(5) 使用专用万用表电压挡位测量低压蓄电池的电压,这时所测的电压值就是 DC/DC 输出的电压。

DC/DC 正常输出电压为 13.2~13.5 V 或 13.5~14 V(在关闭车上用电设备的情况下)。车上用电设备未关闭、专用万用表测量值有误差或 DC/DC 故障都会导致 DC/DC 输出电压小于规定值。

3. 快充口绝缘检测

(1) 检查绝缘手套的绝缘等级;

(2) 检查绝缘手套的密封性;

(3) 佩戴绝缘手套;

(4) 穿上绝缘鞋;

(5) 将兆欧表(见图3.36)挡位旋至500 V;

图3.36 兆欧表

(6) 打开快充接口外盖;

(7) 打开快充接口内盖;

(8) 用兆欧表检测快充接口DC+端子与车身之间的绝缘电阻,绝缘电阻值应大于2.5 MΩ,快充接口DC+端子如图3.37所示;

(9) 用兆欧表检测快充接口DC-端子与车身之间的绝缘电阻,绝缘电阻值应大于2.5 MΩ,快充接口DC-端子如图3.37所示。

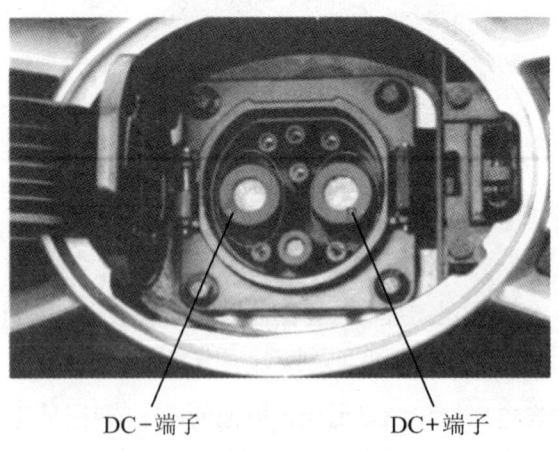

DC-端子　　　　DC+端子

图3.37 快充接口

如果绝缘电阻值小于标准值,那么应立即检查并更换快充线束。

3.8.5 动力电池系统维护

1. 外观检查

(1) 举升车辆目测动力电池底部(见图3.38)有无磕碰、划伤、损坏的现象。若有这些现象,则应及时予以修理或更换。

(2) 目测动力电池高低压插接件(见图3.39)有无变形、松脱、密封不良及损坏等情况。若有这些现象,则应及时予以修理或更换。

图3.38 动力电池底部

图3.39 动力电池高低压插接件

(3) 检查标识有无脱落,动力电池标识如图3.40所示。

(4) 动力电池固定螺栓力矩检测,固定螺栓标准力矩为95~105 N·m。

图3.40 动力电池标识

2. BMS维护

(1) CAN电阻检查

目的:确保BMS与外界通信质量。

方法:用万用表欧姆挡测量CAN1(3)-H对CAN1(3)-L的电阻,其端子定义如图3.41

所示,CAN1(3)-H 与 CAN1(3)-L 分别对应端子 P 和端子 R,测量阻值应为 120 Ω。

图 3.41 动力电池低压插接件端子定义

B:BMS 供电正极;C:唤醒信号;F:负极继电器控制;G:BMS 供电负极;H:继电器供电正极;J:继电器供电负极;L:低压蓄电池正极;N:新能源 CAN 屏蔽;P:新能源 CAN-H;R:新能源 CAN-L;U:动力电池内部 CAN-H;V:动力电池内部 CAN-L;S:快充 CAN-H;T:快充 CAN-H;W:动力电池 CAN 屏蔽

(2) BMS 程序升级

动力电池厂家会定期要求对 BMS 系统软件进行升级,以获得更佳的控制效率。该项工作一般采用专用仪器并按照厂家升级规范进行。

3. 动力电池测试

(1) 单体电池一致性测试。

(2) 电箱内部温度采集点检查。

目的:确保测温点工作正常,采集点合理。

方法:对比电脑监控温度与红外测温仪所得温度,检查温度传感器精度。

(3) 继电器测试。

目的:防止继电器损坏,车辆无法正常上高压。

方法:用监控软件启动关闭总正、总负继电器。

(4) 电池加热系统测试。

目的:确保加热系统工作正常,避免影响冬季充电。

方法:电池箱通 12 V 电源,打开监控软件,启动加热系统,利用软件读取电池温度。

(5) 绝缘测试。

进行绝缘测试前,要按照操作规范进行下电作业。

目的:掌握新能源汽车高压系统的运行状况,保证其绝缘完好性,判断电气设备能否继续投入运行和预防损坏,使设备始终保持在较高的绝缘水平。

方法:将高压盒打开,用绝缘表测试继电器两端总正、总负对地电阻,阻值均应大于 500 Ω/V(1000 V)。其操作过程与快充口绝缘测试一致,在此不再赘述。

4. 动力箱内部维护

(1) 模组连接件检查。

目的:防止螺钉松动,造成故障。

方法:用做好绝缘的扭力扳手紧固,拧紧力矩为 35 N·m。

(2) 电压采集线检查。

目的:防止电压采集线连接不牢固,导致所测电压数据不准确。

方法:将电压采集线从板插接件拔下,再安装一次。

(3) 熔断器检查。

目的:检查熔断器状态是否良好,保证遇到事故时可正常工作。

方法:用万用表二极管挡测量通断。

(4) 电箱密封检查。

目的:保证电箱密封良好,防止有水进入。

方法:目测密封条或更换密封条。

(5) 高、低压插接件可靠性检查。

目的:确保插接件正常使用。

方法:检查是否有松动、破损、腐蚀等情况。

(6) 电池包安装点检查。

目的:防止电池包脱落。

方法:目测检查每个安装点焊接处是否有裂纹。

(7) 保温检查。

目的:确保冬季电池包的内部温度。

方法:目测检查电池包内部边缘的保温棉是否有脱落、损坏。

(8) 电池包高低压线缆检查。

目的:确保电池包内部线缆正常、不漏电。

方法:检查电池包内部线缆是否有破损,是否受挤压而变形。

项 目 实 施

任务工单 3.1

任务名称	燃油供给系统的清洁				
班级		姓名		学号	
组别		实训场地		日期	
任务载体	一辆大众帕萨特轿车行驶了 30000 km,现进行定期维护,针对燃油供给系统进行养护。				

一、资讯

在实车上查找并填写如下信息:
生产年份_____,车牌号码_____,车型_____,行驶里程_____,汽车识别代码(VIN)_____,发动机型号和排量_____。

二、计划与决策

请根据任务要求,确定所需要的检测仪器、工具,制订详细的作业计划。

1. 作业计划

2. 作业中的注意事项

3. 需要的检测仪器及工具

4. 本小组成员分工

三、实施

1. 检查燃油系统压力

2. 检测燃油蒸发控制系统工作情况

3. 更换燃油滤清器

4. 检查和调整喷油器雾化质量

四、检查与评估

1. 自我评价：依据本学习任务时的表现，在"评分表"中进行自我评价。

评分表

考核项目	评分标准	配分
任务方案	是否合理	10
操作过程	1. 防护五件套的安装 2. 保养里程的清零 3. 工具及设备的整理	30
任务完成情况	是否圆满完成	10
操作规范	是否标准	10
安全生产	有无安全隐患	10
现场6S	是否做到	10
团队合作	是否和谐	5
活动参与	是否主动	5
劳动纪律	是否严格遵守	5
工单填写	是否完整、规范	5
得分		

2. 在实施的过程中，是否存在一些安全隐患？请找出容易忽视的地方。

3. 指导教师对小组的工作情况进行总体点评。

五、评价反馈

请在小组实习结束后，将本小组成员的工作情况填写在下表中。

序号	姓名	组内职责	完成情况评价

六、环境保护

废料和废品处理：

任务工单 3.2

任务名称	进、排气系统的清洁				
班级		姓名		学号	
组别		实训场地		日期	
任务载体	一汽大众轿车行驶了 15000 km，需要清洁空气滤清器滤芯。				

一、资讯

在实车上查找并填写如下信息：
生产年份 _____ ，车牌号码 _____ ，车型 _____ ，行驶里程 _____ ，汽车识别代码（VIN）_____ ，发动机型号和排量 _____ 。

二、计划与决策

请根据任务要求，确定所需的检测仪器、工具，制订详细的作业计划。

1. 作业计划

2. 作业中的注意事项

3. 需要的检测仪器及工具

4. 本小组成员分工

三、实施

1. 清洁和检查空气滤清器

2. 检查曲轴箱强制通风阀

3. 检查三元催化转化器

4. 清洁节气门体

四、检查与评估

1. 自我评价：依据本学习任务时的表现，在"评分表"中进行自我评价。

评分表

考核项目	评分标准	配分
任务方案	是否合理	10
操作过程	1. 防护五件套的安装 2. 保养里程的清零 3. 工具及设备的整理	30
任务完成情况	是否圆满完成	10
操作规范	是否标准	10
安全生产	有无安全隐患	10
现场 6S	是否做到	10
团队合作	是否和谐	5
活动参与	是否主动	5
劳动纪律	是否严格遵守	5
工单填写	是否完整、规范	5
得分		

2. 在实施的过程中，是否存在一些安全隐患？请找出容易忽视的地方。

3. 指导教师对小组的工作情况进行总体点评。

五、评价反馈

请在小组实习结束后，将本小组成员的工作情况填写在下表中。

序号	姓名	组内职责	完成情况评价

六、环境保护

废料和废品处理：

任务工单 3.3

任务名称		点火系统的养护			
班级		姓名		学号	
组别		实训场地		日期	
任务载体	一辆帕萨特新领驭轿车行驶了 60000 km,需对点火系统进行维护。				

一、资讯
在实车上查找并填写如下信息： 生产年份 _____ ,车牌号码 _____ ,车型 _____ ,行驶里程 _____ ,汽车识别代码(VIN) _____ ,发动机型号和排量 _____ 。

二、计划与决策
请根据任务要求,确定所需的检测仪器、工具,制订详细的作业计划。 1. 作业计划   2. 作业中的注意事项   3. 需要的检测仪器及工具   4. 本小组成员分工

三、实施
1. 检查火花塞   2. 检查点火系统工作情况   3. 检查点火提前角

四、检查与评估

1. 自我评价：依据本学习任务时的表现，在"评分表"中进行自我评价。

评分表

考核项目	评分标准	配分
任务方案	是否合理	10
操作过程	1. 防护五件套的安装 2. 保养里程的清零 3. 工具及设备的整理	30
任务完成情况	是否圆满完成	10
操作规范	是否标准	10
安全生产	有无安全隐患	10
现场 6S	是否做到	10
团队合作	是否和谐	5
活动参与	是否主动	5
劳动纪律	是否严格遵守	5
工单填写	是否完整、规范	5
得分		

2. 在实施的过程中，是否存在一些安全隐患？请找出容易忽视的地方。

3. 指导教师对小组的工作情况进行总体点评。

五、评价反馈

请在小组实习结束后，将本小组成员的工作情况填写在下表中。

序号	姓名	组内职责	完成情况评价

六、环境保护

废料和废品处理：

任务工单 3.4

任务名称		冷却系统的清洁			
班级		姓名		学号	
组别		实训场地		日期	
任务载体		一辆通用轿车行驶了 15000 km,在发动机工作时,水温报警器提示水温过高,需对冷却系统进行检查和维护。			

一、资讯

在实车上查找并填写如下信息:
生产年份 _____,车牌号码 _____,车型 _____,行驶里程 _____,汽车识别代码(VIN)_____,发动机型号和排量 _____。

二、计划与决策

请根据任务要求,确定所需的检测仪器、工具,制订详细的作业计划。

1. 作业计划

2. 作业中的注意事项

3. 需要的检测仪器及工具

4. 本小组成员分工

三、实施

1. 检查冷却系泄漏

2. 检查冷却液质量和量

3. 更换冷却液

4. 检查散热器盖

四、检查与评估

1. 自我评价：依据本学习任务时的表现，在"评分表"中进行自我评价。

评分表

考核项目	评分标准	配分
任务方案	是否合理	10
操作过程	1. 防护五件套的安装 2. 保养里程的清零 3. 工具及设备的整理	30
任务完成情况	是否圆满完成	10
操作规范	是否标准	10
安全生产	有无安全隐患	10
现场 6S	是否做到	10
团队合作	是否和谐	5
活动参与	是否主动	5
劳动纪律	是否严格遵守	5
工单填写	是否完整、规范	5
得分		

2. 在实施的过程中，是否存在一些安全隐患？请找出容易忽视的地方。

3. 指导教师对小组的工作情况进行总体点评。

五、评价反馈

请在小组实习结束后，将本小组成员的工作情况填写在下表中。

序号	姓名	组内职责	完成情况评价

六、环境保护

废料和废品处理：

任务工单 3.5

任务名称		润滑系统的养护			
班级		姓名		学号	
组别		实训场地		日期	
任务载体		一辆奇瑞 A3 轿车行驶 7500 km,需要更换润滑油。			

一、资讯

在实车上查找并填写如下信息:
生产年份_____,车牌号码_____,车型_____,行驶里程_____,汽车识别代码(VIN)
_____,发动机型号和排量_____。

二、计划与决策

请根据任务要求,确定所需的检测仪器、工具,制订详细的作业计划。
1. 作业计划

2. 作业中的注意事项

3. 需要的检测仪器及工具

4. 本小组成员分工

三、实施

1. 检查润滑系统泄漏

2. 检查润滑油质量和量

3. 更换润滑油

4. 更换机油滤清器

四、检查与评估

1. 自我评价:依据本学习任务时的表现,在"评分表"中进行自我评价。

评分表

考核项目	评分标准	配分
任务方案	是否合理	10
操作过程	1. 防护五件套的安装 2. 保养里程的清零 3. 工具及设备的整理	30
任务完成情况	是否圆满完成	10
操作规范	是否标准	10
安全生产	有无安全隐患	10
现场 6S	是否做到	10
团队合作	是否和谐	5
活动参与	是否主动	5
劳动纪律	是否严格遵守	5
工单填写	是否完整、规范	5
得分		

2. 在实施的过程中,是否存在一些安全隐患?请找出容易忽视的地方。

3. 指导教师对小组的工作情况进行总体点评。

五、评价反馈

请在小组实习结束后,将本小组成员的工作情况填写在下表中。

序号	姓名	组内职责	完成情况评价

六、环境保护

废料和废品处理:

项目综合评价

项目名称							
班级			姓名		学号		
组别			时间		成绩		
考核能力	考核项目	评分标准	满分值	学生自评（30%）	小组互评（30%）	教师评价（40%）	平均分小计
专业能力	相关知识	是否正确	25				
	技能实训	是否掌握	30				
社会能力	团队合作	是否和谐	5				
	劳动纪律	是否严格遵守	5				
	沟通讨论	是否积极	5				
方法能力	制订计划	是否合理	5				
	学习新技术能力	是否具备	5				
	总结能力	能否正确总结	5				
个人能力	适应能力	是否具备	5				
	创新能力	是否具备	5				
	责任心	是否很强	5				

知识与能力拓展

1. 冷却液

(1) 冷却液的四大功能

冷却液是汽车发动机正常运行中不可缺少的一部分。它在发动机冷却系统中循环流动,将发动机工作时产生的多余热能带走,使发动机能以正常工作温度运转。当冷却液不足时,将会使发动机水温过高,从而损坏发动机机件。车主一旦发现冷却液不足,就应该及时添加冷却液。不过冷却液也不能随便添加,因为除了冷却作用外,冷却液还应具有以下功能:

① 冬季防冻:为了防止汽车在冬季停车后冷却液结冰而造成水箱、发动机缸体胀裂,要求冷却液的冰点应低于该地区最低温度10 ℃左右,以备天气突变。

② 防腐蚀:冷却液应该具有防止金属部件腐蚀、防止橡胶件老化的作用。

③ 防水垢:冷却液在循环中应尽可能减少水垢的产生,以免堵塞循环管道,影响冷却系统的散热功能。综上所述,在选用、添加冷却液时,应该慎重。首先,应该根据具体情况去选择合适配比的冷却液;其次,添加冷却液时,将选择好配比的冷却液添加到水箱中,使液面达到规定位置。

④ 高沸点(防开锅):符合国家标准的冷却液,沸点通常都会超过105 ℃,相比水的沸点100 ℃,冷却液能耐受更高的温度而不沸腾(开锅),这在一定程度上满足了高负荷发动机的散热冷却需要。

(2) 冷却液的种类及性能特点

冷却液由水、防冻剂、添加剂三部分组成,按防冻剂成分不同可分为酒精型、甘油型、乙二醇型等。

酒精型冷却液是用乙醇(酒精)作为防冻剂,价格便宜,流动性好,配制工艺简单,但沸点较低、易蒸发损失、冰点易升高、易燃等,现已逐渐被淘汰;甘油型冷却液沸点高、挥发性小、不易着火、无毒、腐蚀性小,但降低冰点效果不佳、成本高、价格昂贵,用户难以接受,只有少数北欧国家仍在使用;乙二醇型冷却液是用乙二醇作为防冻剂,并添加少量抗泡沫、防腐蚀等综合添加剂配制而成。乙二醇易溶于水,可以任意配成各种冰点的冷却液,其最低冰点可达-68 ℃。乙二醇冷却液具有沸点高、泡沫倾向低、黏温性能好、防腐和防垢等特点,是一种较为理想的冷却液,目前,大多数发动机使用的和市场上出售的冷却液几乎都是乙二醇型冷却液。乙二醇型冷却液的成分与冰点间的关系如表3.4所示。

表3.4 冷却液成分与冰点对应表

防冻剂组分	0	10%	20%	30%	40%	50%	55%	60%	65%	70%	80%	90%	100%
防冻温度(℃)	0	-4	-9	-17	-27	-40	-50	-56	-54	-51	-42	-32	-14

冷却液除了冷却功能外,还必须解决穴蚀、化学腐蚀、电化学腐蚀和水垢等四大问题。

冷却液是水与防冻剂的混合物。因为水的来源不同,其成分和清洁度也不同,所以在加注冷却液时,要注意以下几个方面:

① 不要加井水、污水:水按其是否溶解有矿物质,可分为硬水和软水两种。硬水中含有铁、钙、镁等离子,未经处理的井水、泉水就属于硬水,如果向发动机中加注这类硬水,那么经发动机加热蒸发后,就会产生碳酸钙、硫酸钙等化合物,沉淀后形成水垢。一方面,水垢是热的不良导体;另一方面,当水垢增加到一定程度时,就会使管路变窄,水流量减少,进而会影响发动机散热,造成发动机过热。而污水中含有泥沙和腐烂的有机物,易腐蚀水箱和缸体水套,影响其使用寿命。

② 不要不管不问:发动机加注长效冷却液工作一段时间后,应打开水箱盖进行检查,当水箱出现水污、水锈和沉淀物时,应及时更换冷却液。

③ 不要缺水运行:天热行车,水箱内的冷却液蒸发加快,要时刻注意检查冷却液量,注意观察冷却液温度表。如果水箱不完全加满,那么冷却液在水套内循环就存在问题,水温容易升高造成"开锅"。有的车在加水时不易加满,是因为其水箱位置较发动机低,加水时水箱加水口显示已经加满,但实际上发动机水套内仍缺水。如贸然行车,水箱易"开锅"。对于这类车而言,正确的方法是:在加水口显示加满后,启动发动机,待发动机温度升高至节温器开启时,水套内空气排出,水面就会下降,此时再将水箱加满即可。轿车的冷却液液面应位于补偿水桶外表面"高"线和"低"线之间。

④ 水箱"开锅"时不要贸然开盖:因为"开锅"时,水箱内温度很高(至少100 ℃),压力大,突然开启水箱盖,滚开的水及水蒸气便会向外急速喷出,易烫伤加水者。出现"开锅"时一般应怠速运转,等发动机温度降下来后再开盖加注冷却液。若时间紧迫,则可先用湿布盖住水箱盖,再用湿毛巾包住手,然后慢慢地将水箱盖打开。另外,加冷却液速度不宜过快,应缓缓注入。

⑤ 加水时不要将水洒到发动机上,水洒到发动机的火花塞孔座、高压线插孔、分电器上都可能对跳火有影响;水溅到传动带上可能导致其打滑;水洒到机体上还有可能导致机体变形甚至产生裂纹。

⑥ 不要忘记向冷却液中加防冻剂:有的车主认为,夏季冷却液中不需要加注防冻剂。这种想法是错误的。因为防冻剂可防止冷却液过早沸腾,提高了冷却液的沸点,可防止水箱过早出现"开锅"现象。另外,防冻剂中还含有防锈剂和泡沫抑制剂。防锈剂可延缓或阻止发动机水套壁和散热器的锈蚀、腐蚀;冷却液中的空气在水泵叶轮的搅动下会产生很多泡沫,这些泡沫将妨碍水套壁的散热,泡沫抑制剂能有效地抑制泡沫的产生。

⑦ 人体不要接触防冻液:防冻液及其添加剂均为有毒物质,请勿接触,并置于安全场所。放出的冷却液不宜再使用,应严格按照有关法规处理废弃的冷却液,否则易引发化学反应。

⑧ 不同型号的防冻液不要混合使用:不同型号的防冻液混合使用易生成沉淀或气泡,降低使用效果。在更换冷却液时,应先将冷却系统用净水冲洗干净,然后再加入新的防冻液和水。用剩的防冻液应在容器上注明名称,以免混淆。

2. 发动机润滑油

(1) 组成

机油即发动机润滑油,能对发动机起到润滑减磨、冷却降温、密封防漏、防锈防蚀、减震缓冲等作用。目前,市场上的机油因其基础油不同可简分为矿物油与合成油两种(植物油因

产量稀少故排除）。合成油又分为全合成油和半合成油。全合成机油是最高等级的机油。

机油由基础油和添加剂两部分组成。基础油是润滑油的主要成分，决定着润滑油的基本性质。添加剂则可弥补和改善基础油性能方面的不足，赋予其某些新的性能，是润滑油的重要组成部分。

矿物基础油应用广泛，用量很大（超过95%），但有些应用场合则必须使用合成基础油调配的产品，所以合成基础油得到了迅速发展。

（2）机油的作用

① 润滑减磨：活塞和气缸之间、主轴和轴瓦之间均存在着快速的相对滑动，若要防止零件过快磨损，则需要在两个滑动面间建立油膜。足够厚度的油膜将相对滑动的零件表面隔开，从而达到减少磨损的目的。

② 冷却降温：机油能够将热量带回机油箱，再散发至空气中，帮助水箱冷却发动机。

③ 清洗清洁：好的机油能够将发动机零件上的碳化物、油泥、磨损金属颗粒通过循环带回机油箱，通过润滑油的流动，冲洗了零件工作面上产生的脏物。

④ 密封防漏：机油可以在活塞环与活塞之间形成一个密封圈，减少气体的泄漏，防止外界污染物的进入。

⑤ 防锈防蚀：润滑油能吸附在零件表面，防止水、空气、酸性物质及有害气体与零件接触。

⑥ 减震缓冲：当发动机气缸口压力急剧上升，活塞、活塞屑、连杆和曲轴轴承上的负荷很大时，经过轴承的传递润滑，可减缓或降低承受的冲击负荷。

在选购机油时，正确的机油级别是要首先考虑的因素。

（3）机油特性

发动机作为一种机械，对润滑油的要求与一般机械相比，有着共通的一面，如有适当的黏度，一定的抗氧、抗磨、防腐蚀与黏温等性能要求。但是，发动机又是一种特殊的机械，它对润滑油的要求也有其特殊的一面，其特殊性主要有：

① 除了摩擦热之外，还要受到燃烧热的影响，所以摩擦面的温度很高，使润滑油黏度下降，油膜形成较困难。

② 燃烧室内高温高压的燃烧气体会通过活塞、活塞环和缸套之间的间隙泄漏到曲轴箱，这些燃烧气体包含燃油和少量润滑油的完全燃烧或未完全燃烧产生的气体和某些颗粒物，通常成为曲轴箱窜气的主要成分，它会污染润滑油，更会在一定条件下促使其氧化。

③ 燃烧室周围需要的润滑油是通过活塞和缸套间的间隙、气门杆和气门导管间的间隙进入的，因此供油较为困难。

④ 活塞和气门等零件在工作时做往复运动，故在上、下止点处相对速度为0，使油膜难以形成；活塞销和衬套做摆动运动，使油膜难以形成。

⑤ 发动机在停车和长时间运转时，温度相差很大，再加上零件的热膨胀和热变形，使一些摩擦副不变的间隙很难控制，既可能因间隙过小产生黏着烧结，也可能因间隙过大而产生冲击和震动，从而造成损坏。在这些情况下，油膜难以附着。

⑥ 发动机中有多种摩擦副，如活塞和缸套、曲轴轴颈和轴承、凸轮和随动件、齿轮等，尽管它们对润滑油的润滑性能要求是不同的，但在一台发动机中只能用一种润滑油（大型船用柴油机除外），因此选用润滑油时要兼顾多种润滑状态。

⑦ 车用发动机的使用环境复杂，如气温、湿度、大气压力、尘土等因素变化较大。同时，

因为机油中往往含有硫、铅等元素,所以会促使某种零件腐蚀磨损。

(4) 机油等级划分

① 黏度等级:在机油的外包装上,经常会看到 SAE 和 API。SAE 是美国汽车工程协会的简称,API 是美国石油协会的简称。SAE 后边的标号标明机油的黏度值,而 API 后边的标号则标明机油的质量级别。

10W40 就是 SAE 的标准黏度值,这个黏度值首先表示这个机油是多级机油,W 代表 WINTER(冬天),W 前面的数字代表倾点温度,简单来说就是结冰点温度,数值越小越好。W 后面的数字代表机油在 100 ℃时的运动黏度,数值越大说明黏度越高。

四冲程机油的黏度等级分类适用 SAE 分类。

SAE 润滑油黏度分类的冬季用油牌号分别为 0W、5W、10W、15W、20W、25W,符号 W 代表冬季,W 前的数字越小,其低温黏度越小,低温流动性越好,适用的最低气温越低。

SAE 润滑油黏度分类的夏季用油牌号分别为 20、30、40、50,数字越大,其黏度越大,适用的最高气温越高。

SAE 润滑油黏度分类的冬夏通用油牌号分别为 5W/20、5W/30、5W/40、5W/50、10W/20、10W/30、10W/40、10W/50、15W/20、15W/30、15W/40、15W/50、20W/20、20W/30、20W/40、20W/50,代表冬季部分的数字越小(适用的最低气温越低),代表夏季部分的数字越大(适用的最高气温越高),则适用的气温范围越大。

② 质量等级划分:SF/SL 表示汽油机使用;CF/CG 表示柴油机使用。

API 等级代表发动机油质量的等级,它采用简单的代码来描述发动机机油的工作能力。

API 发动机机油分为两类:"S"开头系列代表汽油发动机用油,规格有 API SA、SB、SC、SD、SE、SF、SG、SH、SJ、SL、SM;"C"开头系列代表柴油发动机用油,规格有 API CA、CB、CC、CD、CE、CF、CF2、CF4、CG4、CH4、CI4。当"S"和"C"两个字母同时存在时,表示此机油为汽柴通用型。

在"S"或"C"后面的字母表示的意义是:从"A"至"M"或"A"至"I",每递增一个字母,机油的性能都会提升,机油中会有更多用来保护发动机的添加剂。字母越靠后,质量等级越高,国际品牌中的机油级别多在 SF 级别以上。例如,壳牌非凡喜力是 API SM 级,而壳牌红色喜力机油则是 API SG 级,这说明非凡喜力的质量等级高于红色喜力。

3. 燃料

(1) 汽油

汽油为无色液体,具特殊臭味,易挥发,易燃。主要成分为 C4~C12 脂肪烃和环烃类,并含少量芳香烃和硫化物。

① 汽油的性能:

汽油最重要的性能为蒸发性、抗爆性、安定性和腐蚀性。

a. 蒸发性是指汽油在汽化器中蒸发的难易程度。它对发动机的启动、暖机、加速、气阻、燃料耗量等有重要影响。汽油的蒸发性由馏程、蒸气压、气液比三个指标综合评定。

馏程指汽油馏分从初馏点到终馏点的温度范围。航空汽油的馏程范围要比车用汽油的馏程范围窄。

蒸气压指在标准仪器中测定的 38 ℃蒸气压。它是反映汽油在燃料系统中产生气阻的倾向和发动机起机难易的指标。车用汽油要求有较高的蒸气压,航空汽油要求的蒸气压比车用汽油低。

气液比指在标准仪器中,液体燃料在规定温度和大气压下,蒸气体积与液体体积之比。气液比是温度的函数,用它评定、预测汽油气阻倾向,比用馏程、蒸气压更为可靠。

b. 抗爆性是指汽油在各种使用条件下抗爆震燃烧的能力。车用汽油的抗爆性用辛烷值表示。辛烷值是这样规定的:异辛烷的抗爆性较好,辛烷值定为100;正庚烷的抗爆性差,定为0。汽油辛烷值的测定是以异辛烷和正庚烷为标准燃料,使其产生的爆震强度与试样相同,标准燃料中异辛烷所占的体积百分数就是试样的辛烷值。辛烷值高,抗爆性好。汽油的等级是按辛烷值划分的。高辛烷值汽油可以满足高压缩比汽油机的需要。汽油机压缩比高,则热效率高,可以节省燃料。汽油抗爆能力的大小与化学组成有关。带支链的烷烃以及烯烃、芳烃通常具有优良的抗爆性。提高汽油辛烷值主要靠增加高辛烷值汽油组分比,但也会通过添加四乙基铅等抗爆剂来实现。

c. 安定性是指汽油在自然条件下长时间放置的稳定性。用胶质、诱导期和碘价表征。胶质越低越好,诱导期越长越好,碘价表示烯烃的含量。

d. 腐蚀性用总硫、硫醇、铜片和酸值表征。

② 汽油标号:97号汽油就是97%的异辛烷、3%的正庚烷。压缩比高的发动机应采用高辛烷值汽油。否则会引起不正常燃烧,造成震爆、耗油及行驶无力等现象。

汽油标号的高低只是表示汽油辛烷值的大小,应根据发动机压缩比的不同来选择不同标号的汽油。压缩比在8.5~9.5的中档轿车一般应使用93号汽油;压缩比大于9.5的轿车应使用97号汽油。目前,国产轿车的压缩比一般都在9以上,最好使用93号或97号汽油。

高压缩比的发动机如果选用低标号汽油,那么会使气缸温度剧升,汽油燃烧不完全,机器强烈震动,从而使输出功率下降,机件受损。低压缩比的发动机若要用高标号油,则会出现"滞燃"现象。

车辆越高档对燃油质量的要求也越高。例如,30万元以上的中高档车,只能加95号或97号汽油,95号和97号代表的只是汽油中的辛烷值能量的大与小,并不能说97号汽油比95号汽油清洁。高档汽车对汽油的清洁度要求极高,如果汽油的标号不够,那么对车辆的影响很快就能表现出来,如加完油后马上出现加速无力的现象;如果汽油杂质过多,对汽车的影响就要一段时间后才能反映出来,因为积炭或胶质增多到一定程度时才会影响汽车行驶。

国家对车用汽油有严格的标准,不仅要求汽油有一定的辛烷值(俗称汽油标号),同时对汽油中各种化学成分的含量都有严格规定。如果烯烃的含量过高,那么汽油就不能完全燃烧,从而产生一种胶状物质,并聚积在进气歧管及气门导管部位。在发动机处于正常工作温度时,无异常现象,但在发动机熄火冷却一段时间后,这些胶质会把气门黏在气门导管内。这时启动发动机,就会发生顶气门现象。汽油并不是标号越高越好,要根据发动机压缩比合理选择汽油标号。

(2) 轻柴油

轻柴油是柴油汽车、拖拉机等柴油发动机的燃料。同车用汽油一样,柴油也有不同的牌号。划分柴油牌号的依据是凝固点,国内应用的轻柴油按凝固点分为6个牌号:10#柴油、0#柴油、-10#柴油、-20#柴油、-35#柴油和-50#柴油。选用柴油的依据是使用时的温度。

柴油汽车主要选用后5个牌号的柴油,温度在4℃以上时选用0#柴油;温度在-5~

4 ℃时选用-10♯柴油;温度在-14～-5 ℃时选用-20♯柴油;温度在-29～-14 ℃时选用-35♯柴油;温度在-44～-29 ℃时选用-50♯柴油。柴油的牌号如果低于上述温度,那么发动机中的燃油系统就可能结蜡,堵塞油路,影响发动机的正常工作。

柴油的主要性能如下:

① 着火性:高速柴油机要求柴油喷入燃烧室后迅速与空气形成均匀的混合气,并立即自动着火燃烧,因此要求燃料易于自燃。从燃料开始喷入气缸到开始着火的间隔时间被称为滞燃期或着火落后期。燃料的自燃点(在空气存在下能自动着火的温度)低,则滞燃期短,即着火性能好。一般以十六烷值作为评价柴油自燃性的指标,也可以用柴油指数或十六烷指数表示。

② 十六烷值:十六烷值是指与柴油自燃性相当的标准燃料中所含正十六烷的体积百分数。标准燃料是正十六烷与2-甲基萘按不同体积百分数配成的混合物。正十六烷自燃性好,设定其十六烷值为100,2-甲基萘自燃性差,设定其十六烷值为0。

十六烷值测定是在实验室的标准单缸柴油机上按规定条件进行的。十六烷值高的柴油容易启动,燃烧均匀,输出功率大;十六烷值低,则着火慢,工作不稳定,容易发生爆震。一般用于高速柴油机的轻柴油,其十六烷值以40～55为宜;中、低速柴油机用的重柴油十六烷值可低至35以下。柴油十六烷值的高低与其化学组成有关,正构烷烃的十六烷值最高,芳烃的十六烷值最低,异构烷烃和环烷烃居中。当十六烷值高于50后,继续提高十六烷值对缩短柴油的滞燃期的作用已不大;相反,当十六烷值高于65时,由于滞燃期太短,燃料未及时与空气均匀混合便着火自燃,以致燃烧不完全,部分烃类热分解而产生游离碳粒,并随废气排出,造成发动机冒黑烟和油耗增大,功率下降。加添加剂可提高柴油的十六烷值,常用的添加剂有硝酸戊酯或己酯。

③ 流动性:凝点是评定柴油流动性的重要指标,它表示燃料不经加热而能输送的最低温度。柴油的凝点是指油品在规定条件下冷却至丧失流动性时的最高温度。柴油中正构烷烃含量多且沸点高时,凝点也高。一般选用柴油的凝点低于环境温度3～5 ℃,因此,随季节和地区的变化,需使用不同牌号,即不同凝点的商品柴油。在实际使用中,柴油在低温下会析出结晶体,晶体长大到一定程度就会堵塞滤网,这时的温度被称为冷滤点。与凝点相比,它更能反映柴油的实际使用性能。对于同一油品而言,一般冷滤点比凝点高1～3 ℃。采用脱蜡的方法,可降低凝点,得到低凝柴油。

4. 驱动电机冷却

驱动电机能够将动力电池输出的电能转换为车轮上的机械能,驱动新能源汽车行驶,并能够在汽车减速制动时,将车轮的动能转化为电能充入动力电池,是电动汽车的关键组成部分。它以驾驶人的操作为输入信号,经过驱动系统的电控计算后,将输出转矩给定值提供给电机逆变器,最终电机逆变器根据这个给定值控制驱动电机输入功率,从而使新能源汽车以驾驶人预期的状态行驶。

北汽EV160纯电动汽车的C33DB型永磁同步电机依靠内置传感器来提供电机的工作信息,这些传感器包括旋转变压器、温度传感器,如图3.42所示。

北汽EV160纯电动汽车的发热部件主要有动力电池、驱动电机、电机控制器、车载充电机、AC/DC变换器等。这些部件产生的热量如果不能及时散发出去,那么将导致车辆限转矩运行,甚至损坏零部件。冷却系统的功用是保证其在要求温度范围内稳定高效地工作。

北汽EV160纯电动汽车的冷却系统可以采用风冷和水冷,如图3.43所示。一般情况下,驱动电机和电机控制器要求水冷,其他部件则可以采用风冷。

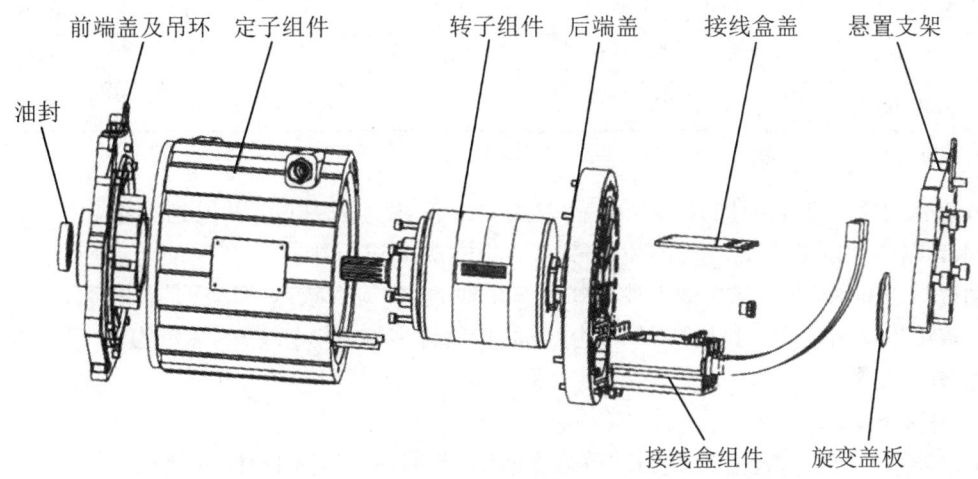

图 3.42　北汽 EV160 纯电动汽车 C33DB 型永磁同步电机结构

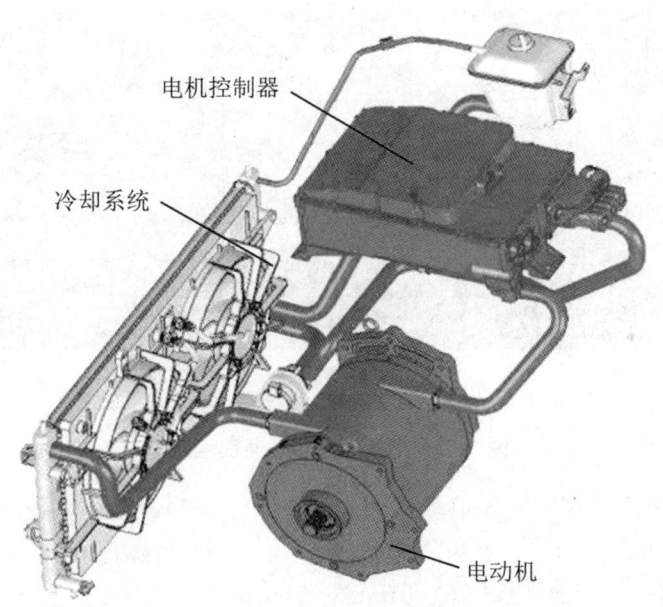

图 3.43　北汽 EV160 纯电动汽车的冷却系统

(1) 电机控制器的维护

① 测量电机控制器低压插接件端子 24 引脚与 1 引脚之间的电压,此电压应为 9～16 V;

② 检查高压插接件是否插接牢固;

③ 对电机控制器进行表面清洁。

(2) 减速驱动桥的维护

对于初次维护而言,减速器磨合后,建议行驶 3000 km 或使用 3 个月后更换润滑油,以后再进行定期维护。进行定期维护的建议维护周期如表 3.5 所示。

表 3.5 建议维护周期

行驶里程(km)	10000	20000	30000	40000	50000	60000
使用月数	6	12	18	24	30	36
维护方式	B	H	B	H	B	H

注:B 为在维护检查必要时更换润滑油,H 为更换润滑油。

减速驱动桥定期维护周期根据里程表读数或使用月数判断,以先到为准。表 3.4 为 60000 km 以内的定期维护,超过 60000 km 按相同周期进行维护。在换油之前应先检查减速驱动桥是否漏油,进行非换油作业而举升车辆时,也应检查减速驱动桥是否漏油。

要求更换润滑油为 GL-4 75W-90 合成油,持续许用温度≥140 ℃,油量为 1.8~2.0 L。

① 更换润滑油:

a. 整车下电;

b. 水平举升车辆,检查减速驱动桥是否漏油,若漏油,则查明原因并处理;

c. 拆下减速驱动桥放油螺栓,排放润滑油,放油螺栓的位置如图 3.44 所示;

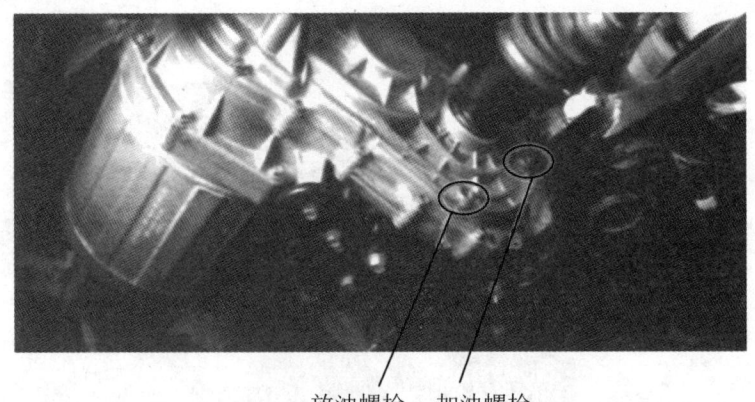

放油螺栓　　加油螺栓

图 3.44　加油螺栓与放油螺栓位置

d. 在放油结束后按规定力矩(12~18 N·m)拧紧。有需要时可以在放油螺栓上涂抹少量密封胶;

e. 拆下加油螺栓,加油螺栓位置如图 3.44 所示;

f. 加注润滑油,直至加油螺栓孔有油液流出,表明油位合适,停止加注;

g. 按规定力矩(12~18 N·m)拧紧加油螺栓;

h. 用抹布擦净监视器底部润滑油;

i. 试车运行一段时间后,重新检查减速驱动桥是否漏油。

② 减速驱动桥总成漏油及液位检查:

a. 整车下电。

b. 举升车辆,检查内、外侧半轴球笼防尘套有无裂纹、油污,若有,则建议更换防尘罩,如图 3.45 所示。

c. 检查减速驱动桥总成是否漏油,若有漏油,则查明原因并处理。

d. 拆下放油螺栓,检查油位。如果润滑油能从加油螺栓孔缓慢流出,那么表明油位正常。否则,应补充规定的润滑油,直至加油螺栓孔有油液流出为止。

(3)冷却系统的维护

① 检查风扇及水泵是否工作正常:

a. 检查风扇叶片的角度和叶片数是否符合厂家的规定;

b. 检查风扇叶片和散热器的距离,在正常情况下风扇叶片应有1/3左右被包在风扇罩内;

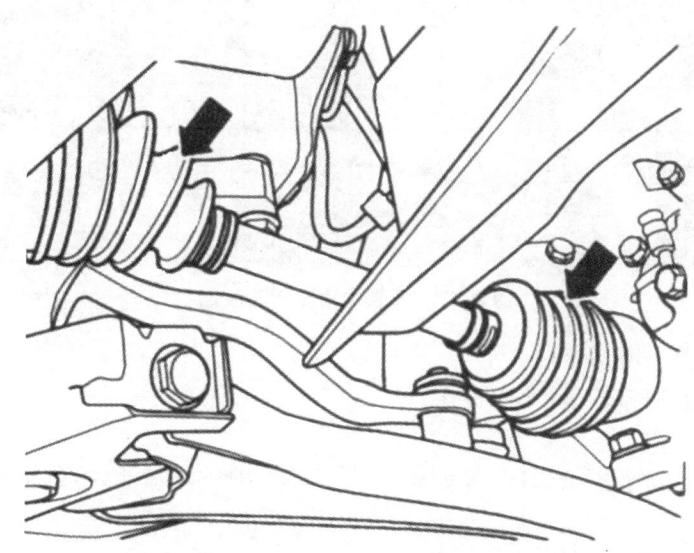

图 3.45　内、外侧半轴球笼防尘罩

c. 检查水泵工作时是否有异响。

② 冷却液渗漏及液位检查:

a. 按规定进行下电操作;

b. 举升车辆;

c. 检查水泵及各水管接头有无渗漏,若有渗漏,则视情况进行处理,如图 3.46 所示;

图 3.46　水泵位置

d. 降下车辆;

e. 检查膨胀水箱的冷却液液位,液位应该在"MIN"和"MAX"之间并靠近"MAX"位置,如图 3.47 所示;

f. 根据情况适量添加冷却液。

③ 更换冷却液：冷却液建议更换频次为每两年进行一次完全更换。建议选择冰点为 -40 ℃的冷却液型号，整车加注量：风冷车载充电机车型为 3.8 L，水冷车载充电机车型为 4.5 L。建议使用专用的冷却液自动更换机进行加注。手工加注流程为：

图 3.47　膨胀水箱冷却液液位

a. 按规定进行下电操作；
b. 缓慢拧开膨胀水箱盖（小心烫伤）；
c. 举升车辆；
d. 拧松冷却液排放螺栓，其位置如图 3.48 所示，排放冷却液，冷却液排放干净后拧紧冷却液排放螺栓；

图 3.48　冷却液排放螺栓位置

e. 降下车辆；
f. 将指定型号的冷却液注入膨胀水箱，待液面高度位于"MIN"和"MAX"刻线之间时停止加注；
g. 拧上膨胀水箱盖，并对其进行清洁；
h. 按规定进行上电操作，并试车一段时间；
i. 举升车辆，检查冷却液排放螺栓处有无渗漏；
g. 降下车辆，再次检查冷却液液面高度，若高度低于最低液面，则添加适量冷却液至液位接近"MAX"刻线处。

注意：手工加注冷却液可能会导致实际加入量低于标准值，因为在此过程中，存在驱动电机和控制器中的冷却液无法彻底排除的情况；在冬季或其他寒冷环境下，车辆在加注完冷却液后要对其冰点进行测试，保证冷却系统中冷却液冰点能满足使用要求。

④ 冷却液冰点测试：

a. 冰点测试仪(图 3.49)调零。

将冰点测试仪前部对准光亮的方向,用调节手轮调节目镜的折光度,直至能看到清楚的刻度。

打开盖板,在棱镜的表面滴 1～2 滴蒸馏水,盖上盖板并轻轻压平。

调节螺钉,使明暗分界线和"0"刻度线一致。

b. 测试冷却液冰点。

打开冰点测试仪盖板,将棱镜表面和盖板上的水分用纱布擦拭干净。

打开膨胀水箱盖,吸取少许冷却液。

滴 1～2 滴冷却液到棱镜表面,盖上盖板并轻轻压平。

从明暗分界线的刻度上读出数值,该数值就是冷却液的冰点。

测量完成后,将棱镜和盖板表面的液体擦干净,等棱镜和盖板表面变干后,将冰点测试仪收好。

盖好膨胀水箱盖。

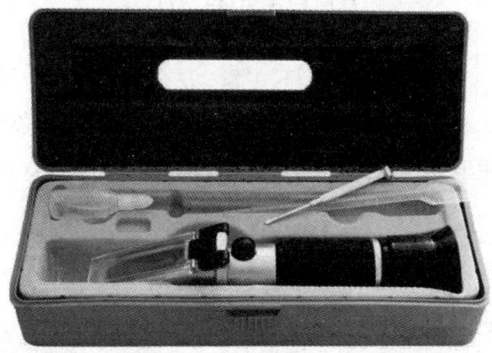

图 3.49 冷却液冰点测试仪

项目 4

汽车底盘养护

项目描述

汽车底盘能确保汽车在不同使用条件下正常、安全、舒适地行驶。如果汽车底盘上的零部件发生故障,那么汽车就不能正常、安全、舒适地行驶。因此,必须对汽车底盘进行养护。汽车底盘养护的项目主要包括传动系统的养护、转向系统的养护、行驶系统的养护和制动系统的养护等。

项目目标

1. 专业能力要求

(1) 重视劳动保护与安全操作;

(2) 对离合器踏板自由行程进行检查与调整;

(3) 正确对自动变速器的油液进行检查与更换;

(4) 对转向盘自由行程进行检测;

(5) 正确检测车辆的四轮定位;

(6) 对汽车轮胎进行保养与选配;

(7) 对制动踏板自由行程进行检查与调整;

(8) 正确排放液压制动系统中的空气;

(9) 实施相关的汽车养护计划。

2. 社会能力要求

(1) 具有较强的口头与书面表达能力、人际沟通能力;

(2) 具有团队精神和协作精神;

(3) 与客户建立良好、持久的关系;

(4) 能融入动态的工作中,并提出自己的合理见解。

3. 方法能力要求

(1) 独立检索汽车底盘维护的相关资料,包括网上检索、维修手册检索等;

(2) 培养记录的习惯，将想法以书面形式记录下来；
(3) 完成就车观察或企业考察工作，通过观察、询问了解必要的相关信息；
(4) 能够制订、评价、修订计划，并选取最佳工作方案；
(5) 能够对整个项目的实施进行总结。

4. 个人能力要求

(1) 具有良好的心理素质和克服困难的能力；
(2) 能进行自我批评；
(3) 具有工作责任感；
(4) 具有继续学习的能力；
(5) 注重环境保护。

5. 重点和难点

(1) 正确实施汽车底盘养护作业项目；
(2) 掌握汽车底盘养护作业的工艺。

项目引入

汽车底盘可确保汽车在不同的使用条件下能正常、安全、稳定地行驶，所以必须对汽车底盘进行养护。本项目重点介绍汽车底盘的养护。

一辆帕萨特新领驭轿车行驶了59800 km，进行60000 km维护。汽车底盘的养护项目主要有传动系统的养护、转向系统的养护、行驶系统的养护和制动系统的养护等。

任务4.1 传动系统的养护

汽车传动系统的功用是将发动机输出的动力和扭矩传递给驱动轮，推动汽车行驶。普通传动系统包括离合器、变速器、万向传动装置和驱动桥等部分。传动系统的主要养护内容包括离合器的养护、变速器的养护、万向传动装置和驱动桥的养护。

4.1.1 离合器的养护

离合器位于发动机和变速器之间，是汽车传动系统中直接与发动机相连的总成。通常离合器与发动机曲轴飞轮组的飞轮安装在一起，是发动机与汽车传动系统之间切断和传递动力的部件。

离合器的作用是使发动机与传动系统平顺地接合，保障汽车平稳起步，变速器换挡平顺，并且防止传动系统过载。对于机械式离合器操纵机构，离合器踏板一般通过拉索或机械杆件与分离拨叉臂相连；对于液压式或气压式离合器操纵机构，离合器踏板与离合器总泵相连。

离合器养护的主要项目有检查与调整离合器踏板的自由行程、检查离合器液位和泄漏、排除离合器液压系统中的空气、检查离合器踏板的状况等。

1. 检查与调整离合器踏板的自由行程

（1）检查

汽车离合器踏板自由行程包括自由行程和有效行程，如图4.1所示。自由行程是指分离轴承与分离杠杆之间的间隙，此间隙随着从动盘摩擦片的磨损而逐渐变小。间隙太小甚至没有间隙，则分离轴承会与分离杠杆长时间接触，导致迅速磨损，从而发生损坏，离合器在结合期就会出现打滑故障；反之，间隙过大，将会出现分离不彻底的故障。因此，应该定期检查调整离合器踏板的自由行程。

用手指按压踏板并用测量标尺测量踏板的自由行程量，检查踏板自由行程是否处于标准范围内。若超出标准值范围，则调整踏板的高度，如图4.2所示。踏板自由行程标准值为6～13 mm。同时，还应检查离合器踏板的行程。标准值为140±3 mm（汽油机）。

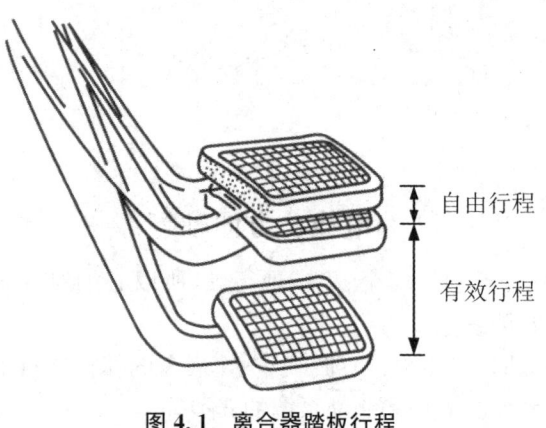

图4.1　离合器踏板行程

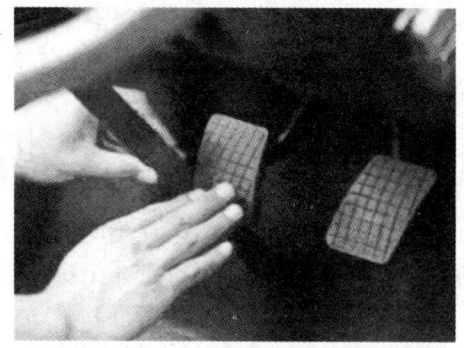

图4.2　测量离合器踏板的自由行程

（2）调整

① 离合器踏板高度的调整：

a. 松开限位螺栓，锁止螺母；

b. 转动限位螺栓，直到踏板高度正确；

c. 拧紧限位螺栓，锁止螺母。

② 离合器踏板自由行程的调整：

a. 松开推杆，锁止螺母；

b. 转动踏板推杆，直到踏板自由行程正确；

c. 拧紧推杆，锁止螺母；

d. 调整好踏板自由行程后，检查踏板高度。

2. 检查离合器的液位和泄漏

检查储液罐中液面的高度，应位于"MAX"和"MIN"刻度线之间，如图4.3所示（注意：多数轿车的离合器储液罐和制动液储液罐共用）；检查离合器总泵，确保液体不会渗漏到总泵室中；检查总泵端口处、储液罐、离合器软管、分泵进油口等部位是否存在漏油现象。

3. 排除离合器液压系统中的空气

离合器踏板的自由行程调整好后，若分泵推杆的行程过小，则说明液压系统或管路中渗入了空气，缩短了推杆的行程。此时，应排除液压系统中的空气，否则会造成离合器分离不彻底的故障。排除空气的方法及步骤如下：

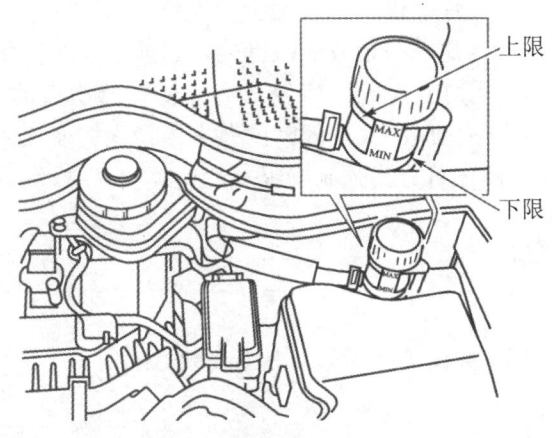

图 4.3 检查离合器的液位

（1）拆下分离叉回位弹簧；
（2）旋松工作缸推杆锁紧螺母；
（3）顺时针旋进工作缸推杆，消除原有的间隙；
（4）在贮油罐中加注规定油液至上限；
（5）踏几下离合器踏板，使系统充满油液；
（6）在放气螺钉上接好导油管和接油容器；
（7）将离合器踏板踩下保持不变，松开工作缸放气阀，放出油和气的混合物，并立即拧紧放气阀，然后放开踏板，如此操作 3～5 次，直至没有气泡时为止。

4. 检查离合器踏板的状况

启动发动机，连续踩下离合器踏板，检查离合器踏板的工作状况。离合器踏板不应有回弹无力的情况；踩踏时应无异常噪声、过度松动的情况；每次踩踏踏板时，不应有沉重感。

4.1.2 变速器的养护

汽车上广泛使用的是活塞式内燃机，其转矩和转速变化范围很小，而汽车行驶时复杂的道路条件和使用条件要求汽车的驱动力和车速能在相当大的范围内变化。为此，在汽车的传动系中设置了变速器。

1. 变速器的功用

（1）在较大的范围内改变汽车的行驶速度和汽车驱动轮上的转矩。
（2）在发动机旋转方向不变的情况下，利用倒挡实现汽车倒向行驶。
（3）在发动机不熄火的情况下，利用空挡中断动力传递后，可以使驾驶员松开离合器踏板、离开驾驶位置，且便于汽车启动、怠速、换挡和动力输出。

2. 变速器的分类

按传动比变化方式的不同，变速器可分为有级式、无级式和综合式三种。
（1）有级式变速器应用最为广泛，采用齿轮传动（包括普通齿轮传动和行星齿轮传动）。有级式变速器具有若干个数值一定的传动比，其传动比呈阶梯式或跳跃式变化。目前，大部分轿车和轻、中型载货汽车装用的有级式变速器都具有 3~6 个前进挡和一个倒挡。

（2）无级式变速器分为电力式和液力式两种，传动部件分别为直流串励电动机和液力变矩器。无级式变速器的传动比在一定数值范围内可以连续多级变化。

（3）综合式变速器是由液力变矩器和齿轮式有级变速器组成的液力机械式变速器，其传动比可以在最大值和最小值之间的几个间断的范围内做无级变化。

按操纵方式不同，变速器还可分为强制操纵式变速器、自动操纵式变速器和半自动操纵式变速器三种类型。

3. 手动变速器的养护

（1）检查渗漏情况

检查各区域的渗漏情况，如图 4.4 所示。检查部件包括：

① 壳的接触面处；
② 轴和拉索伸出的区域；
③ 油封处；
④ 加油口塞和放油口塞处。

（2）检查手动变速器油液

手动变速器油液一般每 40000 km 或 4 年更换一次。具体参照维修资料，视车型或使用条件的不同而不同。

① 用举升机举升车辆，并使其安全固定；
② 用适当的扳手拧松加油口塞，再用手拧下加油口塞；
③ 放入 L 形油标尺，检查变速器油是否在末端部位，如图 4.5 所示；

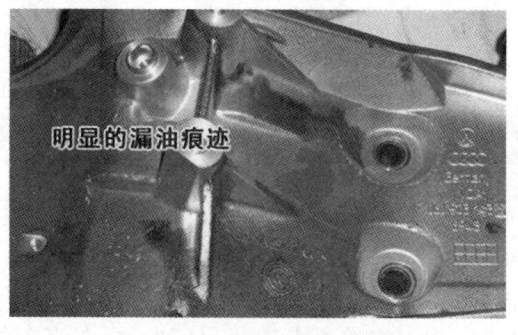

图 4.4　检查变速器的渗漏情况

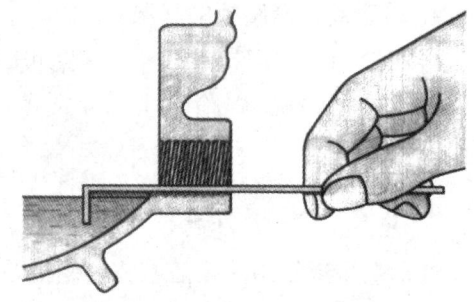

图 4.5　检查变速器的液面高度

④ 变速器油高度达不到规定位置时，添加规定油至 L 形油标尺末端；
⑤ 先用手拧紧加油口塞，然后用扳手按规定扭矩拧紧；
⑥ 操纵举升器，将车辆放到地上。

（3）检查油质情况

松开放油口塞，用专用容器接取部分油液，观察排出油液的情况（油液是否存在异味，是否浑浊）。用手指触摸油液，油液中没有细小的金属颗粒。若油液有变质情况，则应进行更换。

（4）更换变速器油

① 排放变速器油：

a. 启动发动机，使变速器升温；

b. 关闭发动机,拆卸放油塞,排空变速器油,如图 4.6 所示;

c. 在放油口塞上加上衬垫,再安装到变速驱动桥上,并拧紧到规定扭矩。

② 加注变速器油:

a. 拆卸注油口塞,加注新变速器油,直到油位到达注油口塞安装孔的规定极限附近;

b. 加注完毕,检查机油油位,在注油口塞上加上衬垫,再安装到变速驱动桥上,并拧紧到规定扭矩。

注意:应采用规定的变速器油(SAE 75W/85,API GL-4),油量为 1.9 L。

4. 自动变速器的养护

自动变速器油一般每 100000 km 更换一次,条件恶劣时,每 40000 km 更换一次。具体参照维修资料,视车型或使用条件的不同而不同。

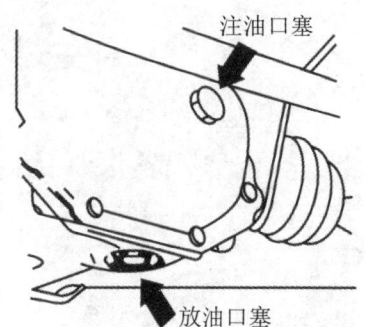

图 4.6 放油口塞及注油口塞的位置

变速箱油有很多种类,应尽量选用原厂的 ATF,不能错用、混用自动变速器油。

(1) 检查渗漏情况

检查各区域的渗漏情况,主要检查以下各处:

① 壳的接触面处;

② 轴和拉索伸出的区域;

③ 油封处;

④ 加油口塞和放油口塞处。

(2) 检查自动变速器油

① 油面高度检查:自动变速器油面的高低对自动变速器的工作有很大的影响。油面过低时,空气可能进入油泵内部,与油液混合并导致油液分解,同时产生气阻使得油压难以建立或油压过低,导致离合器和制动器打滑;油面过高同样会使油液分解,因为行星齿轮在过高的液面下转动,空气同样会被压入油液,被分解的油液可能会产生泡沫、过热或氧化等现象,所有这些问题都会令各种阀门、离合器、伺服机构等部件因压力不够而出现故障。

自动变速器油的油面检查分热机和冷机两种方式,如图 4.7 所示。自动变速器油的标尺刻有"COOL"(冷)和"HOT"(热)两个范围。"COOL"在更换自动变速器油时作为参考,检查液面高度应以热态为准,液面高度必须处于"HOT"范围内。其检查方法如下:

a. 将车辆停放在平坦的路面上,拉紧驻车制动器。

b. 启动发动机热车,使变速器油温度达到 70～80 ℃,发动机保持运转状态。

c. 踩住制动踏板,将换挡手柄从"P"位依次挂入每一个挡位后回到"P"位,使油液进入阀体和变速器壳体。

d. 拔出油尺,用干净的抹布擦净后重新插入,接着拔出检查。

e. 检查时应注意,油面高度应达到油尺规定的上限刻度。这是因为油尺上的冷态范围(COOL)用于常温下的检测,而热态范围(HOT)才是比较标准的。若超出或未达到允许范围,则要添加或排出部分油液。

f. 检查完毕后,牢固地插入油尺。

注意:测量自动变速器油油量时,应在发动机温度达到正常温度后测量。但不要被散热器和排气装置烫伤。

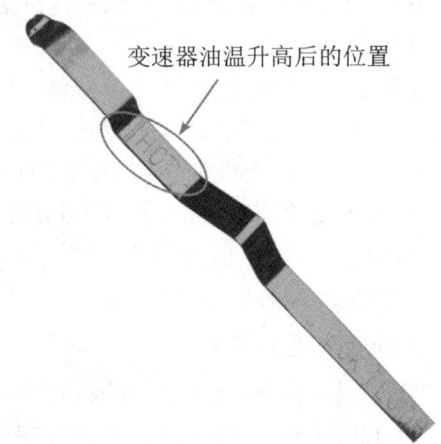

图 4.7　自动变速器油标尺

② 油质的检查：正常情况下，油液应该清爽，并保持原来的粉红色。如果变脏、变色或者有粉末，就说明自动变速器内部有损坏。油液的品质可用检测仪器进行检查。若无检测设备，则可从外观上判断，如用手指捻一捻油液，感觉一下黏度；用鼻子闻一闻有无特殊的气味。若发现油液变质，则应及时更换新油。

③ 油温的检查：油温是影响自动变速器油和自动变速器使用寿命的重要因素之一。油温过高将使油液黏度下降，性能变差，产生油膏沉淀物和积炭堵塞细小孔道，阻滞控制滑阀，降低润滑、冷却效果，破坏密封件等，最终导致故障。而影响油温的主要因素有液力变矩器故障，离合器、制动器打滑或分离不彻底，单向离合器打滑及油冷却器堵塞等。

（3）自动变速器油液的更换

如果发现自动变速器油液变质或达到规定时限，那么应及时更换，具体过程如下：

① 分离连接自动变速器的各个软管（散热器内侧）。

② 启动发动机并排出液体（运行条件在 N 挡、发动机怠速状态）。

注意：启动后 1 min 内停止发动机（若之前排出液体，则应在那时停止发动机）。

③ 将汽车举升至一定高度，从变速器壳底部拆卸放油口塞，并在其下部安放接油容器，然后进行变速器油的排放。

④ 油液排放完毕后，利用衬垫安装放油口塞，用规定力矩（35～45 N·m）拧紧。

⑤ 通过加油管路添加新的液体。

注意：如不能注入液体的全部容量，则停止注入。

⑥ 重复步骤②（参考：检查旧液是否被污染。如果已被污染，那么重复步骤⑤和步骤⑥）。

⑦ 通过加油管路注入新液体。

⑧ 重新连接步骤①中分离的软管，稳固更换油液位表（在更换的情况下，将油液标尺周围的污渍清除干净，再将其插入注油管里）。

⑨ 启动发动机，怠速运转 1～2 min。

⑩ 将变速杆在各挡位移动，然后设置到"N"位或"P"位。

⑪ 驱动汽车直到变速器油液温度上升到正常温度（70～80 ℃），然后再次检查液位。液位必须在"HOT"位置。

⑫ 将油位计插入到机油滤清器管内。

（4）ATF 滤清器的更换

在进行预防性维护时，ATF 滤清器通常被遗忘。在大部分情况下，ATF 滤清器并不像润滑油、空气或燃油滤清器那样易于更换。除非该滤清器的堵塞已经影响到自动变速器的正常工作，否则通常会被忽略。因为 ATF 滤清器是对自动变速器进行保护的装置，所以应该保持其清洁，或者按照其制造商推荐的更换周期及时进行更换。

自动变速器通常采用纸质滤清器、毡质滤清器或滤膜滤清器来滤除其油液中的杂质。亚洲的汽车制造商喜欢使用滤膜滤清器，而欧美的汽车制造商则倾向纸质或毡质滤清器。

（5）检查手动选挡机构

手动选挡机构从选挡杆到手动阀是通过连杆或拉索连接起来的，均有调整部位。手动手柄的位置应与自动变速器内的弹簧卡片位置一一对应，若不对应则须调整。手动选挡机构的调整往往被忽视，有时自动变速器修理结束后，由于没有调整选挡机构，最后导致换挡冲击力过大，甚至造成事故。

（6）制动带的调整

自动变速器的制动带为可调结构的均须调整，以补偿其正常磨损。制动带的调整应遵照厂家的技术规定，调整后可通过道路试验判断调整的结果。制动带调整的作业位置，随变速器的型号不同而不同。

（7）停车挡的制动性能检查

在坡道上停车，应将选挡杆扳入"P"位，此时松开制动踏板，汽车不会自行滑下。在需要将选挡杆从"P"位移开时，应记住必须先踩下制动踏板，否则挡杆会摘不下来，因此在停车挡无制动性能时应进行检查维修。

5. 万向传动装置的养护

（1）后驱传动轴的检查与润滑

① 检查传动轴的技术状况：传动轴在使用中出现异响，通常是因万向节缺少润滑油、万向节内球及球的轨道磨损等原因造成的。因此，应拆检传动轴，必要时更换万向节。

② 检查传动轴和万向节防尘套：如果防尘套破损，那么将使润滑油流失、尘土污染物等进入万向节内，导致万向节磨损加剧、过早损坏。因此，在汽车维护时应认真检查传动轴防尘套是否破损，发现传动轴防尘套破损时，应拆检传动轴万向节，发现万向节磨损时应予更换；若仅是万向节脏污，则可更换防尘套。

③ 润滑：在万向节、中间支承等有黄油嘴的地方，要按照有关规定进行定期加注润滑脂。向万向节加注润滑脂的操作方法是：将黄油枪出油口紧压在黄油嘴上；不断操作黄油枪，使润滑脂在压力作用下通过黄油嘴进入十字轴内部油道；继而到达十字轴的4个轴颈端面，并充满各滚针轴承，同时将滚针轴承内残留变质的润滑脂及杂质从油封处挤出；待各个轴承内变质的润滑脂及杂质全部挤出后（见到新鲜润滑脂被挤出），作业完成。如作业时润滑脂不能被压入到轴承内，则应更换黄油嘴或拆卸十字轴并清洗油道，再行加注，以确保行车安全。

（2）前驱车辆驱动轴的养护

① 内、外万向节的检查包括外座圈及内球座的滚道是否有麻坑或因损伤而发卡。若万向节因磨损使间隙过大，换挡时有撞击现象，则必须更换万向节，大修时必须更换万向节的润滑脂。

② 检查驱动轴是否有扭曲和裂纹,头部花键是否变形;检查防护套、防尘套是否损坏或老化;检查支承轴承是否能自由转动,无噪声无磨损;检查支承轴承支架是否有裂纹。必要时更换损坏的零件。

6. 驱动桥的养护

(1) 驱动桥齿轮油的检查

驱动桥对润滑的条件要求较高。如果使用中润滑油不足或变质,那么会导致零件工作表面的润滑条件大大下降,工作温度升高,加速齿轮磨损。因此,应定期检查驱动桥齿轮油,具体检查方法如下:

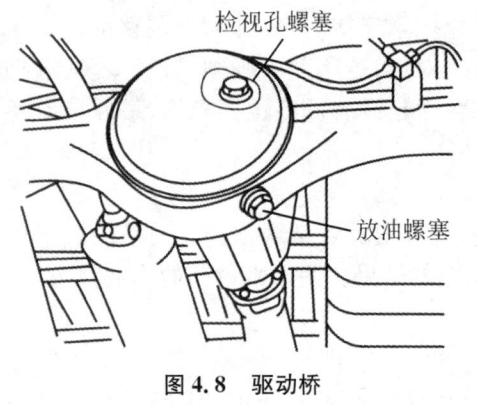

图 4.8 驱动桥

① 拧下油位检视孔螺塞,如图 4.8 所示;
② 检查油位是否比油位检视孔边低 0~15 mm;
③ 同时还应检查各部位是否漏油,通气孔是否畅通;
④ 如油量不足,则应补充齿轮油,直到齿轮油从油位检视孔向外滋出时为止。

(2) 驱动桥齿轮油的更换

按车辆用户手册或维修手册上规定或推荐使用的齿轮油型号选择齿轮油。更换步骤如下:

① 启动汽车并行驶一段距离,使驱动桥内的齿轮油升温;
② 找到驱动桥放油螺塞和油位检视孔螺塞,清除油位检视孔螺塞周围的泥土和灰尘,并擦拭干净;
③ 先拧下油位检视孔螺塞,再拧下放油螺塞,将旧齿轮油放净;
④ 放油螺塞装回拧紧后,从油位检视孔处加注符合要求的齿轮油,直至油液从孔下边缘流出时为止;
⑤ 拧紧油位检视孔螺塞;
⑥ 启动发动机并运行数分钟,检查是否漏油;
⑦ 更换齿轮油后,清洁桥壳上的通气孔,使其保持通畅。

任务 4.2 转向系统的养护

4.2.1 转向系统的功能及要求

转向系统是用来改变或恢复汽车行驶方向的专设机构。汽车转向性能的好坏直接影响汽车行驶的安全性和操纵性,因此对转向系统有如下要求:

(1) 必须有良好的操纵性能,操纵轻便并准确灵活。
(2) 应尽可能衰减源自路面不平所引起的冲击震动,使其不至于传到转向盘上,同时也要保证使驾驶员有一定的路感。

(3) 应尽可能保证转向时左、右转向轮轴线的延长线和后轴的延长线相交于一点。

(4) 应有合适的刚度,使汽车对微小的转向修正也有快捷的反应。当放松转向盘时,车轮应能自动回到直线位置,并能稳定在这个位置。

4.4.2 转向系统的组成及分类

汽车转向系统包括转向操纵机构、转向器和转向传动机构三个基本组成部分。转向操纵机构是驾驶员操纵转向器的工作机构,主要由转向盘、转向轴、转向管柱等组成。转向器是将转向盘的转动变为转向摇臂的摆动或齿条轴的直线往复运动,并对转向操纵力进行放大的机构。转向器一般固定在汽车车架或车身上,转向操纵力通过转向器后一般还会改变传动方向。转向传动机构是将转向器输出的力和运动传给车轮,并使左右车轮按照一定关系进行偏转的机构。

汽车转向系统按转向动力源的不同,分为机械转向系统和动力转向系统两大类。机械转向系统以驾驶员的体力作为转向动力源;动力转向系统除了驾驶员的体力外,还以汽车的动力作为辅助转向动力源,且可细分为液压式动力转向系统、气压式动力转向系统和电动式动力转向系统。

其常见的养护项目有常规检查、转向器的调整、转向盘自由行程检查、转向角度检查、转向盘自动回位检查、横拉杆球头预紧力检查、动力转向油液检查、动力转向系统的密封性检查、转向助力泵的压力检查等。

4.2.3 常规检查

(1) 让汽车保持直线行驶状态,检查转向盘的游隙是否恰当,转向盘游隙为0~30 mm,是否有"咔嗒"声,如图4.9所示。

(2) 检查螺栓及螺母是否已拧紧,必要时重新拧紧。如有损伤部件,应予维修或更换。

(3) 检查转向杆是否有松动和损坏。如有损伤部件,应予维修或更换。

(4) 检查转向杆保护罩和转向齿轮箱罩是否有损坏(泄漏、脱开、撕裂等)。如发现有损坏,应更换新罩,如图4.10所示。

图4.9 检查转向盘游隙

图4.10 检查防尘套

(5) 检查转向轴、万向节是否有"咔嗒"声和损坏。如有"咔嗒"声和损坏,应更换新部件。

(6) 检查转向盘能否左右自如转向,能否自动回位。如转动不良,应予维修或更换。

(7) 检查螺栓和螺母是否拧紧,必要时,应重新拧紧。如有任何损伤,应予维修或更换。

(8) 检查转向盘是否校准。
(9) 检查助力转向泵工作情况。

4.2.4　转向器的调整

转向器总成经拆装后或在安装了新转向器总成后,须对其进行调整。调整按以下步骤进行:
(1) 使车轮位于直线行驶位置;
(2) 将自锁调整螺钉小心地拧进约 20°,如图 4.11 所示;
(3) 进行道路试验;
(4) 转向器如能自行回到直线位置,则把调整螺钉拧松一点;
(5) 若转向器还有间隙,则将调整螺钉拧紧一点。

图 4.11　自锁调整螺钉位置图

4.2.5　转向盘自由行程检查

(1) 将前轮摆正,在转向盘周边加 5 N 的力。
(2) 向左右轻轻转动转向盘,测量转向盘行程,标准自由行程为 0～30 mm,如图 4.12 所示。

图 4.12　检查转向盘自由行程

(3) 如自由行程大于标准值,则应检查转向轴的连接部位和横拉杆球头的间隙。

4.2.6　转向角度检查

(1) 将前轮置于转角盘上,检查车轮转向角,最大转向时,内侧车轮转向角标准值为 40.7°±2°,外侧车轮转向角标准值为 32.4°,如图 4.13 所示。

(2)若超出标准值,则进行前束调整,再测量转向角。

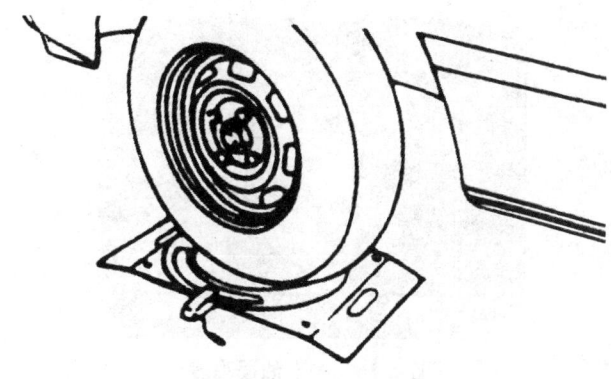

图 4.13　测量转向角

4.2.7　转向盘自动回位检查

(1)检查转向盘回正力时,无论快慢转动转向盘,左右两侧的回正力都应相同,如图4.14所示。

(2)车速在23～30 km/h 打转向盘90°,保持1～2 s,放松后转向盘应回到70°以上位置,快速转动转向盘时可能在瞬间感到转向盘沉重,这不属于故障。

4.2.8　横拉杆球头预紧力检查

(1)使用专用工具拆下转向横拉杆和转向节。
(2)将球头销转动几次后带上螺母,再检查预紧力,如图4.15所示。
(3)规定预紧力为0.5～2.5 N·m,如超过,则应更换横拉杆球头。

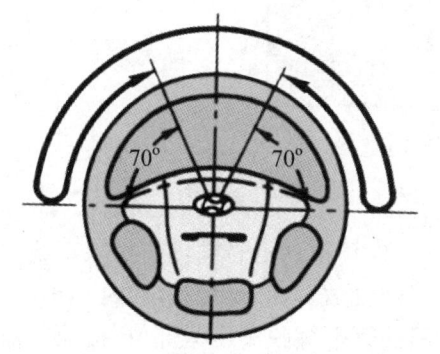

图 4.14　检查转向盘回正力

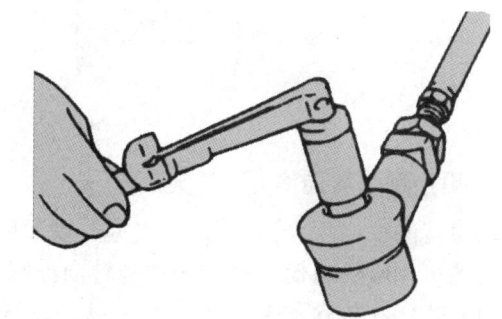

图 4.15　检查球头预紧力

4.2.9　动力转向油液检查

日常维护中检查:根据行驶里程或规定的行驶时间实施检查,一般每10000 km 或6个月实施检查。

1. 检查油液的油面高度

检查发动机启动后和停止后的储油罐液面之差。正常液位应处于上刻度线"MAX"与下标度线"MIN"之间。若液面高于"MAX"刻线,则应用吸管将多余油液吸出;若液面低于

"MIN"刻线,则在确认系统无泄漏后及时进行添加,如图4.16所示。

图4.16 检查油面高度

(1) 将车辆停放在平坦地面。
(2) 启动发动机,空挡状态下转动转向盘数次,使转向油油温上升到50～60 ℃。
(3) 在发动机怠速状态下数次转动转向盘至左右极限位置。
(4) 确认储油罐的转向油是否有泡沫或混浊。
(5) 检查发动机启动后和停止后的储油罐液面之差,如果油面差超过5 mm,那么应进行排气;熄火后如液面迅速上升,则说明放气不彻底;如果系统内有空气,那么助力泵和控制阀会发出噪声,这将降低油泵性能,如图4.17所示。

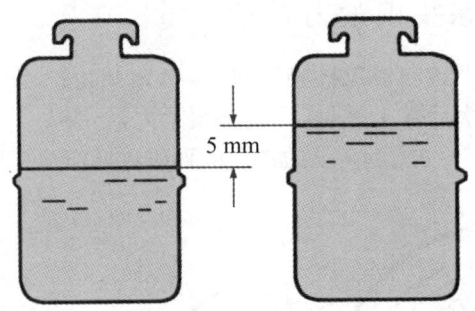

图4.17 动力转向油储油罐

2. 更换助力转向油

动力转向油出现变白、浑浊或气泡等现象时,应及时更换动力转向油。排除系统内的动力转向油可用吸管将储液罐内的动力转向油吸出,并将油放置在专门的容器内。

(1) 举升汽车至合适位置,用鲤鱼钳将转向器回油管卡箍脱离压紧部位,接油容器置于油泵下方;
(2) 拉出回油管,将动力转向油接入接油容器中,排净后,用软管一头连接回油管,另一头连接接油容器;
(3) 启动发动机并怠速运转,反复地左右转动转向盘至极限位置,使转向系统内的动力转向油注入接油容器中;
(4) 当无动力转向油排出时,重新连接回油管至储液罐,发动机停止运转,并将转向盘回位到中间位置;
(5) 使用动力转向油填充储液罐,反复地左右转动转向盘至极限位置,直到转向盘回位到中间位置；

(6) 使液位达到规定位置,并给动力转向系统放气。

3. 液压动力转向系统放气

拆开发动机高压线分几次启动起动机,同时转动方向盘到极限位置5~6次(15~20 s),此时观察储油罐中的油面,油面不能下降到储液罐内过滤器下端,应随时加转向油。在怠速状态下放气时,空气有可能被油吸收,因此在启动时应进行放气。

(1) 插好高压线后启动发动机。

(2) 左右转动转向盘,直到储液罐内无气泡,转向盘在极限位置不要超过10 s。

(3) 确认转向油是否混浊,油面高度是否高于规定值。

(4) 左右转动转向盘时,确定油面高度无变化,如有变化应重新放气。发动机熄火时油面突然上升,表明系统内有空气。如果系统内有空气,那么从助力泵可以听到噪声,控制阀也会发出异常噪声。

4. 动力转向油油管

检查动力转向油油管接头是否漏油、破裂、磨损、扭曲等。

4.2.10 动力转向系统的密封性检查

动力转向系统的密封性检查应在热车时进行。检查按以下步骤进行：

(1) 将转向盘快速向左、右两侧转至极限位置,并保持不动,此时可使系统内压力达到最大值；

(2) 目测检查转向控制阀、齿条密封、叶片泵(转向助力泵),油管接头是否有漏油现象,如有渗漏,则应更换密封件；

(3) 检查储油罐中是否缺少转向助力油,如缺少,则应检查动力转向系统的密封性是否完好；

(4) 如果动力转向器壳体中的齿轮齿条密封件不密封,那么助力转向油液就可能流入波纹管套里,此时,应拆开转向机构,更换所有密封环；

(5) 检查动力转向系统的油管接头处是否有渗漏现象,如有,应查明原因并重新接好。

4.2.11 转向助力泵的压力检查

(1) 拆下叶片泵的压力管；

(2) 将管接头 VAG1402/1A 接到叶片泵上,将检查仪器 VAG1402 和管接头 VAG1402/2 连接好；

(3) 启动发动机,观察储液罐内的液位,必要时添加动力转向器用油；

(4) 使发动机怠速运转,关闭阀门并读取压力值,该压力值应在8.5~9.5 MPa范围内。

(5) 如果该压力值超过了规定位,那么必须更换叶片泵。

任务 4.3　行驶系统的养护

汽车行驶系统的结构形式随车型及行驶条件不同而不同,不同形式的行驶系统的基本组成有所不同。大多数汽车采用轮式行驶系统,其结构特点是通过轮胎直接与地面接触,通过车轮支撑整个车辆,并通过车轮的滚动驱动汽车行驶。

行驶系统的功用如下:

(1) 接受发动机经传动系统传来的力矩,利用驱动车轮与路面之间的附着作用产生驱动力以保证汽车行驶;

(2) 支撑全车并传递和承受各种力、力矩;

(3) 缓和冲击、衰减震动,保证汽车行驶的平顺性;

(4) 保证车轮相对车架的运动轨迹,实现汽车行驶方向的正确控制,保证汽车操纵的稳定性。

轮式行驶系统一般由车架(或承载式车身)、车桥(前/后车桥)、车轮和悬架(前/后悬架)等组成,如图 4.18 所示。车架是全车装配与支撑的基础,它将汽车的各相关总成连接成一个整体,并与行驶系统共同支撑汽车的质量,车轮与车架分别安装在前桥和后桥上,支撑着车桥和整车。为了减少汽车在行驶中受到的各种冲击与振动,车桥与车架之间通过弹性系统(悬架)进行连接。

汽车行驶系统的类型包括轮式、半履带式、全履带式和车轮一履带式等。

行驶系统常见的养护项目主要有悬架系统的维护、轮胎的维护、四轮定位的检测与调整等。

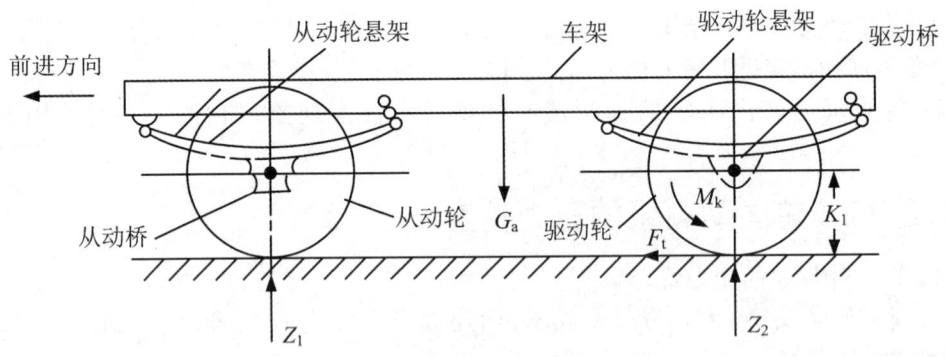

图 4.18　轮式行驶系统的组成和受力情况

4.3.1　悬架系统的维护

1. 汽车倾斜情况的检查

将汽车平稳地停在举升机上,并使各轮胎气压保持一致,目测汽车是否有倾斜,如图 4.19 所示。

2. 减震器减震力检查

通过上下摇动车身确定减震器的缓冲力大小,并且检查车身停止摇动所需要的时间,时间应尽量少,如图4.20所示。

图4.19 检查汽车的倾斜情况

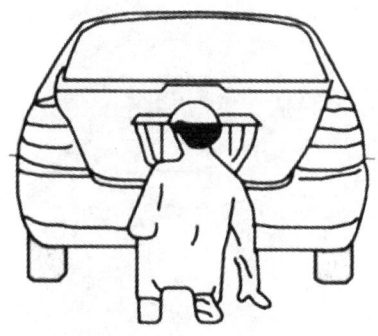

图4.20 减震器减震力检查

3. 减震器的检查

(1) 目视检查前/后减震器有无漏油压痕或衬套上的其他损坏;检查支座端是否有损伤。如有损伤部件,则应予更换,如图4.21所示。

(2) 在压减震器所处的车身部位,看此部位上下运动的频率。如运动频率过快、运动幅度太大,则证明此减震器已经失效。

(3) 路面行驶测试。在路况不好的情况下,如发现车身上下运动异常,则说明减震器基本失效。

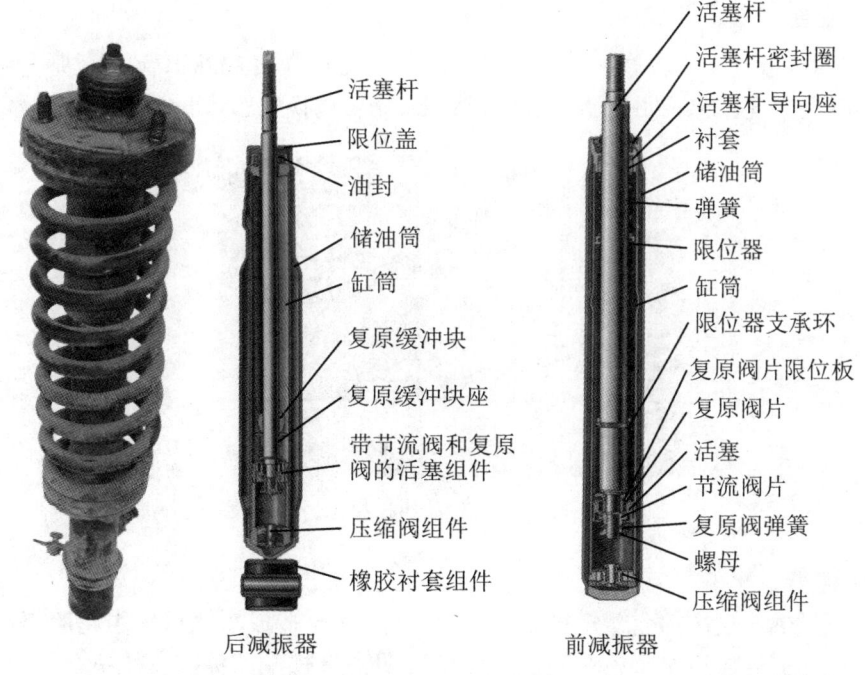

图4.21 减震器图

4. 检查车轮轴承的工作情况

举升车辆,用手上下、左右扳动轮胎,检查有无旷动情况。旋转车轮,检查有无异响,如有,则表明轴承磨损过大,如图 4.22 所示。

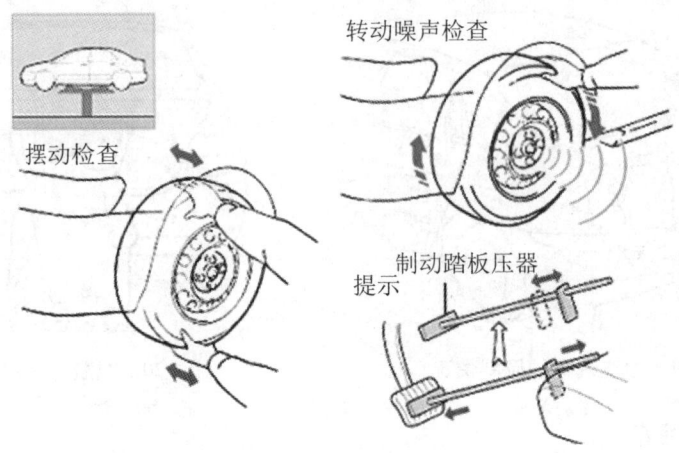

图 4.22　车轮轴承检查

5. 检查车桥和悬架连接

车桥与悬架系统各部分之间的连接应良好,无松动现象。检查悬架球节有无润滑脂泄漏,检查球节防尘罩有无裂纹或其他损坏。

4.3.2　轮胎的维护

1. 磨损检查

每 10000 km 或 6 个月检查一次。如果轮胎胎面花纹深度达到 1.6 mm,那么轮胎表面的磨损标志就会出现。它表明轮胎已磨损到极限,需要更换轮胎,如图 4.23 所示。

图 4.23　轮胎磨损标记

2. 气压检查与补充

轮胎气压过低或过高都会缩短轮胎的使用寿命,甚至造成车辆行驶中轮胎爆破而酿成重大事故。轮胎的气压应按照该车型汽车使用说明书上规定的标准气压执行(包括备胎),也可以查看该车燃油箱盖内侧规定的标准执行,如图 4.24 所示。如轮胎气压过低,则应进行充气,如图 4.25 所示。

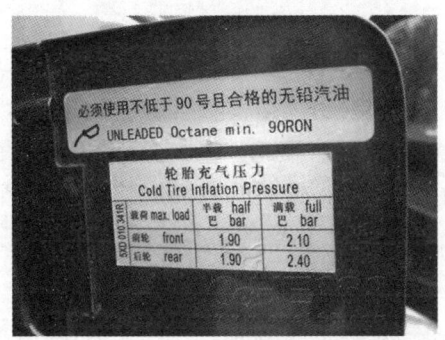
图 4.24 燃油箱盖内胎压标准

图 4.25 测量轮胎气压

轮胎充气时应注意如下问题：

（1）注意安全。充气中应随时用气压表检查轮胎气压，以免因充气过多，造成轮胎爆破。

（2）注意胎温。刚行驶的车辆须等轮胎散热后再充气，因车辆行驶时胎温会上升，对气压有影响。

（3）注意检查气门嘴。气门嘴和气门芯如果配合不平整，有凸出凹进的现象及其他缺陷，都不便于充气和测量轮胎气压。

（4）注意清洁。充入的空气不能含有水分和油液，以防内胎橡胶变质损坏。

（5）注意充气标准。不能超标准充气，否则会引发帘线过度伸张，降低其强力，影响轮胎的寿命。

3. 气门嘴漏气情况检查

用手旋下轮胎气门嘴的防尘帽，将轮胎气压加到规定要求，在气门嘴上涂抹一层肥皂水，目视检查气门嘴是否存在漏气现象，如图 4.26 所示。

4. 胎面检查

经常检查轮胎胎面有无破损，沟槽间有无异物嵌入。如轮胎表面有裂纹、变形等缺陷，则应及时更换。如有异物嵌入，则应及时清除。

5. 轮圈检查

检查轮胎钢圈有无变形、腐蚀及裂纹等损坏情况，如存在，则应更换轮胎，如图 4.27 所示。

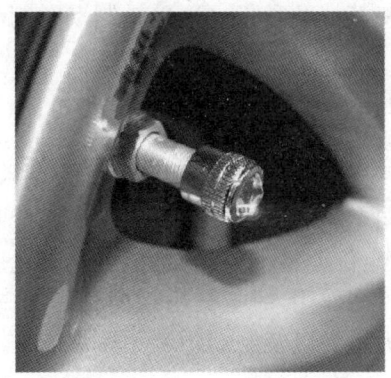
图 4.26 检查气门嘴漏气情况

图 4.27 检查轮圈情况

6. 轮胎异常磨损的检查

轮胎的磨损主要是由于轮胎与地面间滑动产生的摩擦力造成的。汽车起步、转弯及制动等行驶条件不断变化,转弯速度过快、起步过急、制动过猛,轮胎的磨损就快。另外,轮胎的磨损还与汽车的行驶速度有关,行驶速度越快,轮胎磨损越严重。路面的质量直接影响轮胎与地面的摩擦力,路面较差时,轮胎与地面滑动加剧,轮胎的磨损加快。以上情况产生的轮胎磨损,基本上是均匀的,属于正常磨损。若轮胎使用不当或前轮定位不准,则会产生故障性不正常磨损,如图 4.28 所示。

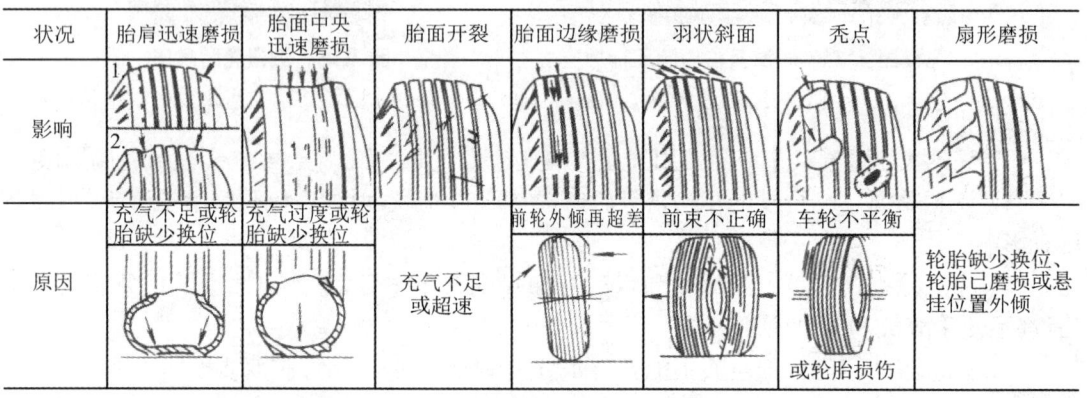

图 4.28 轮胎异常磨损示意图

(1) 胎肩迅速磨损

主要是由轮胎长时间气压不足所致。胎压不足凭外观检视便一目了然。胎压严重不足时,外胎能在轮辋上窜动,内胎很快损坏。胎压不足,会加大汽车行驶时的滚动阻力,使油耗大幅度增加。另外轮胎也很容易发热。由于胎温增高,导致外胎脱层、帘布层分离,特别是在重荷、高速和坏路上行驶,胎温升高更为显著,轮胎常常发生过热爆裂。

当胎肩严重磨损、车速超过某一速度时将会发生"驻波"现象或雨天发生"水滑"现象,从而招致车祸。

(2) 胎面中央迅速磨损

主要是由轮胎长时间气压过高所致。轮胎气压过高,不但破坏乘坐的舒适性,而且由于轮胎的接地印迹小,单位接地面积的压力增大,胎冠中部加剧磨损。胎体内的帘线受到过度应力,当汽车驶过障碍物时,将不能承受高负荷,很易断裂。最为令人害怕的是,汽车行驶稳定性下降、驾驶条件恶化(增加驾驶员的疲劳感和使其神经紧张),这也是制动时制动力不足的一个原因。

(3) 胎面干裂

多为充气不足、橡胶老化、长时间的日晒雨淋或超速所致。

(4) 胎面单侧面边缘磨损和胎面磨损成羽状斜面

多为前轮外倾超差或前束调整不当所致。转向车轮的稳定性首先与转向车轮和主销的装配角度有关,其次与轮胎的横向弹性有关。前轮定位调整不正确,不但会引起轮胎的异常磨损,而且对行驶安全也很不利,行驶中车轮稍受外力作用,时常会出现前轮摆振(转向盘抖动、向一方夺转向盘)、转向盘回正不良、转向操纵力增大以及制动跑偏等异常情况。

(5) 胎面局部磨出秃点

多为车轮动不平衡所致。

（6）扇形磨损

主要是由轮胎缺少换位或悬挂位置外倾所致。轮胎是一种消耗品，使用一段时间后，应予以更换，但是四轮同时更换很不经济，合理的做法是以一个备用轮胎与另外四个轮胎进行定期换位，交替使用。

（7）胎面某一部位早期严重磨损

多为经常紧急制动、冲撞障碍物或急剧起步所致。

（8）单侧锯齿状磨损

主要原因是经常频繁紧急制动所致。

7. 轮胎的换位

为了防止轮胎偏磨损，延长轮胎的使用寿命，每行驶 10000 km 时按图 4.29 或图 4.30 所示顺序变换轮胎的位置。

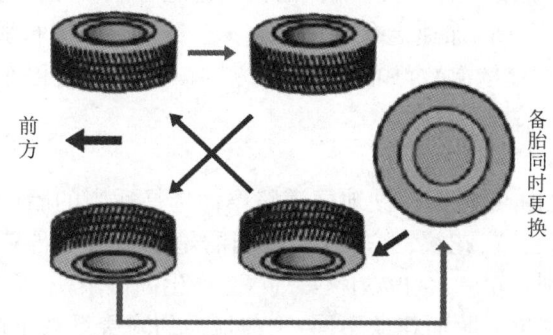

图 4.29 备胎同时更换轮胎的换位方式

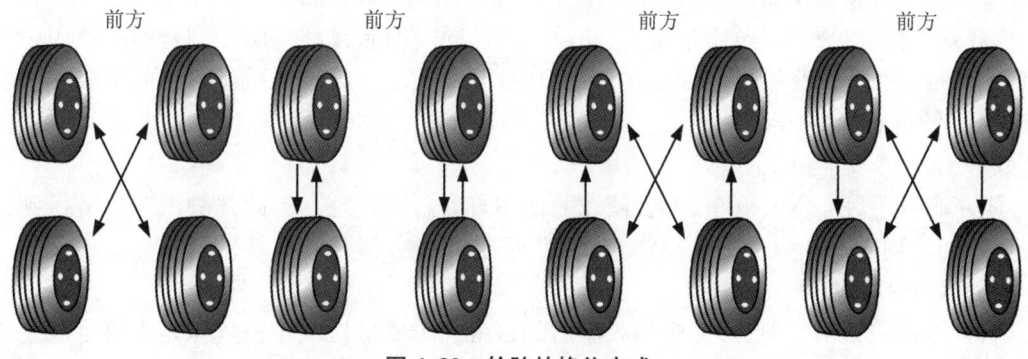

图 4.30 轮胎的换位方式

进行轮胎换位时应注意以下几点：

（1）轮胎换位应结合二级维护周期进行，换位的方法选定后，不应随意变动；

（2）对有方向性花纹的轮胎，换位后不能改变旋转方向；

（3）轮胎换位后，应按规定重新调整轮胎气压；

（4）若行驶路面拱度较大或在炎热季节，轮胎磨耗差别较大时，可增加换位次数。

8. 轮胎在使用中应注意的事项

（1）保持气压正常

轮胎充气压力是决定轮胎使用寿命和工作好坏的主要因素。轮胎制造厂在设计各种规格的轮胎时,都规定了其最大负荷量和相应的充气压力,使用时应按轮胎规定的气压标准进行充气,否则将造成轮胎早期磨损和损坏。

气压过低时,胎体变形增大,造成内应力增加,并过度升热升温;胎面接触面积增大,磨损加剧,特别是胎肩的磨损加剧;滚动阻力增大,燃料消耗增加;双胎中一胎气压过低还会使另一胎因超载损坏。气压过高时,使胎冠部分磨损加剧,动载荷增大,易产生胎冠爆破。

(2) 严禁轮胎超载

当汽车超载或装载不均衡时,会引起轮胎超载。轮胎超载时对轮胎损坏影响较大。超载行驶时,轮胎变形增大,帘布和帘线应力增大,容易造成帘线折断、松散和帘布脱层。同时,接地面积增大会增加胎肩的磨损,尤其在遇到障碍物时,由于受到冲击,会引起爆破。因此,要注意货物装载平衡,防止车辆行驶时发生货物移动及倾斜。

(3) 掌握车速,控制胎温

随着车速的增加,轮胎的变形频率、胎体的振动也随之增加,当车速达到某一速度时,使轮胎的工作温度和气压升高,加速老化。因此,一定要坚持中速行驶,胎体温度不得超过 100 ℃。夏季行驶应增加停歇次数,如轮胎发热或内压增高,则应停车休息散热。严禁放气降低轮胎气压,也不要泼冷水。

(4) 合理搭配轮胎

轮胎应按照车型配装,并根据行驶地区道路条件选择适当的胎面花纹。要求在同一轴上装用厂牌、尺寸、帘线层数、花纹、磨耗程度相同的轮胎。同一名义尺寸的不同厂牌的轮胎,其实际尺寸有所差别。轮胎尺寸大小不一致,会产生高低不一、承受负荷不均衡、附着力不一样、磨耗不均匀等现象。胎面花纹不同,则与地面的附着系数不同,同样会造成磨耗程度的差别,还会使制动和转向性能变坏。

应尽量实行整车换胎,搞好轮胎换位。备胎是用于临时替用的轮胎,且长时间挂在车上,橡胶易老化,应选择一条质量相当、花纹一致的同类旧胎或翻修胎。翻修胎在使用中,应注意其质量等级。翻修胎一般都装在后轴上使用,前轴上装新胎或质量可靠的甲级翻修胎,以确保行车安全。

(5) 精心驾驶车辆

不正确或不经心驾驶汽车,都会使轮胎使用寿命急剧缩短。为此驾驶汽车时应做到:起步平稳、加速均匀、中速行驶、选择路面、减速转向少用制动。

(6) 做好日常维护

日常维护包括出车前、行车中和收车后的检视。主要是检视轮胎气压是否符合规定;检查轮胎螺母有无松动;清理轮胎夹石;处理有无不正常的磨损和损伤,并及时消除造成不正常磨损和损伤的因素。

(7) 保持汽车技术状况良好

保持车况完好,尤其是底盘机件技术状况良好,是防止轮胎早期损坏的有效措施。当底盘机件装配不当或出现故障时,轮胎不能平稳滚动,产生滑移、摆振,使轮胎遭到损坏;机件漏油时,会使油滴落到轮胎上并侵蚀橡胶,也会造成轮胎早期损坏。

4.3.3 轮胎平衡检测

车轮的平衡度对汽车的转向和行驶性能影响很大,如车轮不平衡,则在其高速旋转时,不平衡质量将引起车轮上下跳动和横向振摆,不但影响汽车的行驶平顺性、乘坐舒适性和操

纵稳定性,而且车辆还难以控制,影响汽车的行驶安全。

1. 车轮静不平衡和动不平衡

车轮不平衡表现为静不平衡和动不平衡。

(1) 车轮静不平衡

支起车轴,调整好轮毂轴承预紧度,用手轻轻转动车轮,使其自然停转。停转后在车轮离地最近处做一明显标记,然后多次重复上述试验,如每次试验标记都停在离地最近处,则车轮静不平衡。车轮上所做的标记点称为不平衡点或垂点。反之,若车轮经几次转动自然停转后所做标记的位置各不一样,或者强迫停转消除外力后车轮不再转动,则车轮是静平衡的。

静平衡的车轮,其重心与旋转中心重合;而静不平衡的车轮,其重心与旋转中心不重合,在旋转时产生离心力。

车轮静不平衡将引起轮胎异常磨损,旋转时造成跳动,使前轮出现摆振现象,当左、右前轮的不平衡质量相互处于180°位置时,前轮摆振最为严重。

(2) 车轮动不平衡

静平衡的车轮由于质量分布相对车轮纵向中心面不对称,也可能造成动不平衡,如图4.31所示。静平衡而动不平衡点的离心力合力为0,而离心力的合力矩不为0,旋转时会产生方向反复变动的力偶,使车轮处于动不平衡中。

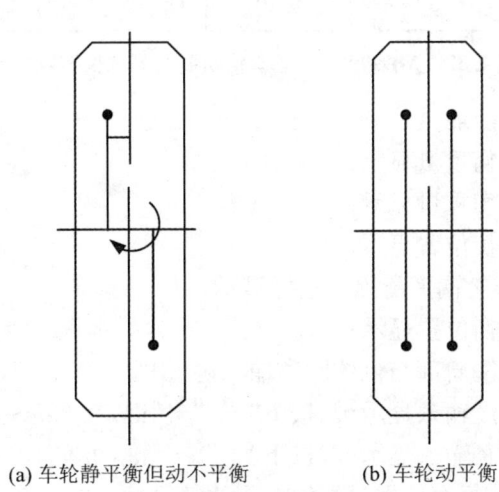

(a) 车轮静平衡但动不平衡　　(b) 车轮动平衡

图 4.31　车轮平衡示意图

动不平衡的前轮绕主销摆振,而动平衡的车轮肯定是静平衡的,因此车轮应主要进行动平衡检测。

2. 车轮不平衡的故障原因分析

(1) 轮毂、制动鼓(盘)加工时定心定位不准、加工误差大、非加工面铸造误差大、热处理变形、使用中变形或磨损不均;

(2) 轮胎螺栓质量不等;

(3) 轮辋质量分布不均或径向圆跳动、端面圆跳动太大;

(4) 轮胎质量分布不均、尺寸或形状误差过大、使用中变形或磨损不均;

(5) 使用翻修胎或垫、补胎;

（6）并装双胎的充气嘴未相隔180°安装,单胎的充气嘴未与不平衡点标记相隔180°安装(经过平衡试验的新轮胎,往往在胎侧标有红、黄、白或浅蓝色的"□""△""○""◇"符号,用来表示不平衡点位置);

（7）轮毂、制动鼓(盘)、轮胎螺栓、轮辋、内胎、衬带、轮胎等组装成车轮后,累计的不平衡质量或形位误差过大,破坏了原来的平衡。

3. 车轮平衡的检测方法

通常采用车轮动平衡仪来检测车轮的平衡度,而车轮动平衡仪又分为离车式和就车式,两种动平衡仪的检测原理及安装、调整方式均不相同。下面以MD999USA型车轮动平衡测试仪为例,介绍动平衡仪的使用及车轮平衡的检测方法。

MD999USA型车轮动平衡测试仪属于离车式车轮动平衡仪,其控制面板如图4.32所示。

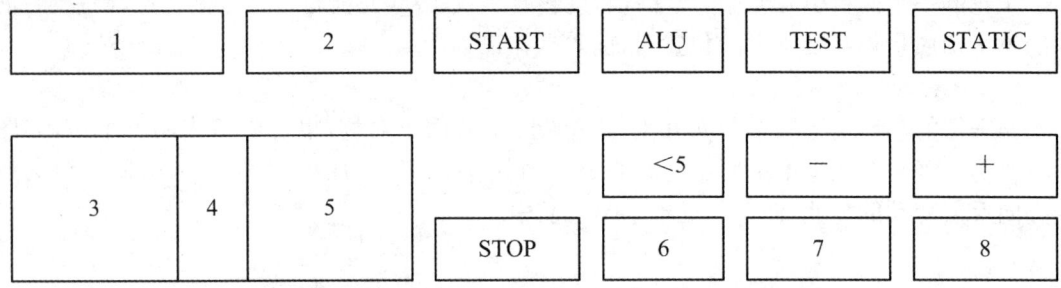

图4.32 MD999USA型车轮动平衡测试仪控制面板

（1）控制面板及按键功能

① "1"车轮外侧不平衡重量显示;

② "2"车轮内侧不平衡重量显示;

③ "3"车轮外侧不平衡位置显示;

④ "4""ALU"铝合金轮辋平衡程序选择显示;

⑤ "5"车轮内侧不平衡位置显示;

⑥ "6"车轮安装后轮辋肩部与机体距离输入键,用"＋""－"键,可在0～6之间调节;

⑦ "7"被平衡车轮宽度输入显示键,按下"＋""－"键,在3.5～12之间调节;

⑧ "8"被平衡车轮直径输入显示键,按下"＋""－"键,可在10～21之间调节;

⑨ "START"启动键,每次使用时必须按下此键;

⑩ "ALU"铝合金轮辋平衡程序专用键,共有四种不同位置的平衡块可供选择;

⑪ "TEST"为检测键,用于自动校准,可编字符输入等;

⑫ "STATIC"为静态平衡专用键,用于测量静态不平衡值;

⑬ "＋"为增量键,按下此键,使被平衡车轮直径、宽度或距离值增加;

⑭ "－"为减量键,按下此键,使被平衡车轮直径、宽度或距离值减小;

⑮ "<5"为小于5g不平衡显示键,平衡完毕,按下此键,可了解小于5g不平衡值;

⑯ "STOP"为急停键,在车轮动平衡检测过程中,若出现意外,则按下此键,使电机停转。

（2）操作步骤

① 仪器功能自动检测。打开仪器电源开关,按下"START"键,传动部分开始运转,1 s

后再立即按下"TEST"键,此时显示板会顺序显示"888"及全部点阵符,6 s后会熄灭并自动再显示一遍,这说明电脑及显示器工作正常。

② 安装车轮。如图 4.33 所示,首先选择与此被平衡车轮轮辋内孔相对应的锥体,依次装好弹簧、锥体、车轮、压盖,然后用快速螺母锁紧。也可以按如图 4.34 所示的锥体反向装入法进行。需要特别注意的是,无论用哪种方法,快速螺母一定要锁紧,以防止车轮在旋转过程中窜动。

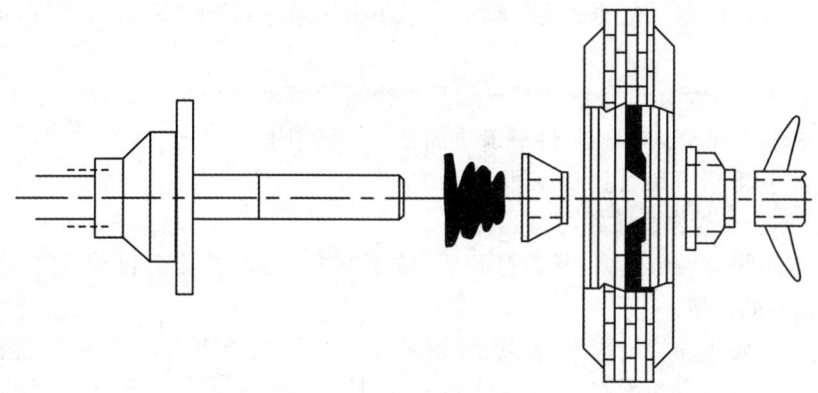

图 4.33 轮胎安装示意图

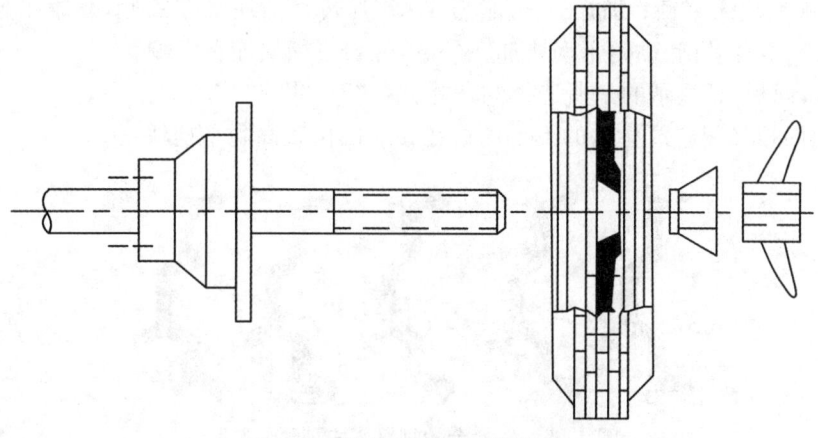

图 4.34 锥体反向装入法示意图

③ 车轮动平衡检测:

a. 安装好车轮,打开机箱右侧的电源开关,显示板会显示"MD999USA"。

b. 用专用卡规测量出被平衡车轮轮辋的直径和宽度,分别按下"8"键和"7"键,面板即显示出一个初始数值,再按下"+"或"-"键使之显示实际测量轮辋的直径和宽度值。

c. 拉出测量标尺,测量出轮辋肩部到机箱的距离,按照标尺的读数,按下"6"键,在面板"1"的位置显示轮辋肩部到机箱的距离初始值,再按下"+"或"-"键使之显示实际测量值。

d. 按下"START"键,此时平衡采样开始,传动部分带动车轮旋转,待自动停稳后,其结果即显示在显示板上。在显示板上,车轮的外侧不平衡量由面板上的"1"显示,内侧不平衡量由"2"显示,比较面板上"1"和"2"显示的数值,优先对失重较大的一侧进行平衡。

查找外侧不平衡量的位置,可用手缓慢地转动车轮,面板"3"上的字符会提示车轮旋转方向,当面板"1"出现"点阵符"同时听到制动的声音时,即停止转动车轮,此时,垂直于轴线上方的外侧轮辋的位置,是应配重量的位置。找出相应重量的平衡块,打在相应的位置上。查找内侧不平衡量位置方法与此相同,只是要根据面板"5"提示的方向观察面板上的"2"处。

e. 因为被平衡车轮并不是一个等力矩的圆,所以第一次配加平衡块后会产生一个新的不平衡量,一般进行 1~2 次调整即可平衡到 10 g 以下。当不平衡量小于 5 g 时,显示"00"及"OK",则认为合适。有些情况下可凭经验在产生第二次不平衡时,如差 10 g 左右,稍微移动一下平衡块的位置,即可达到满意的效果。

④ 车轮静平衡检测。在动平衡检测中显示不平衡量时,按下"STATIC"键,即显示静不平衡量。

a. 在面板上,"1"显示 3 条线,"2"显示静平衡量,"3"显示"ST","5"显示不平衡位置。

b. 静平衡显示不分内、外侧,将平衡块加在内、外侧均可。

c. 再次按下"STATIC"键,程序即可复原。

⑤ ALU 铝合金轮辋的平衡方法:

a. 测试方法同动平衡检测,开关打开后,按下"ALU"键,仪器会自动选择标准功能,即和普通轮辋相同的位置。

b. 根据平衡块所加的位置不同,须连续按"ALU"键,选择图 4.35 所示位置相适应的一种功能。图 4.35 中五种情况自左向右分别表示以下功能:标准——平衡一般的轮辋时,用弹簧平衡块,将配重加在轮辋边缘;功能 1——将黏附平衡块加到轮辋肩部;功能 2——用暗藏外部黏附平衡块来平衡;功能 3——组合平衡、弹簧平衡块加在外侧,黏附平衡块加在内侧;功能 4——组合平衡、黏附平衡块加在外侧,弹簧平衡块加在内侧。

c. 此时,面板"4"显示的是所选择的功能:"1""2""3"或"4"。

d. 按照面板"1"与"2"显示的不平衡量在相应的位置黏附平衡块。

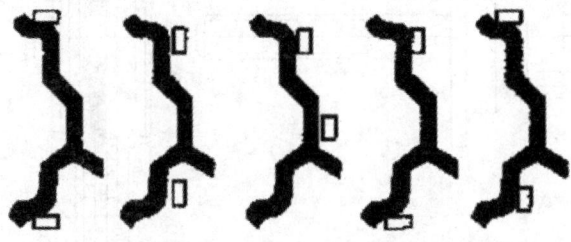

图 4.35 铝合金轮辋平衡块黏附位置图

(3) 操作注意事项

① 操作时一定要精心保护"匹配器"及轴部;

② 装卸车轮时,一定要轻拿轻放,安装要牢固可靠,安装不正会引起严重的不平衡;

③ 每当重新开启电源进行操作时,要重新输入直径、宽度和距机箱距离值;

④ 本测试中所有测量数据均以英寸为单位;

⑤ 连接好电源后,一定注意接地线要良好。

4.3.4 四轮定位的检测与调整

为了满足高速汽车对操纵稳定性、舒适性及良好的转向特性的要求,现代轿车不仅要具有前轮定位,还要具有后轮定位,即四轮定位。前轮定位包括前轮外倾、前轮前束、主销后倾和主销内倾,是前轴技术状况的重要诊断参数。后轮定位主要有后轮外倾、后轮前束等。车轮定位正确与否将直接影响汽车的操纵稳定性、安全性、燃油经济性,以及轮胎等有关机件的使用寿命。因此,对高速汽车进行四轮定位检测就显得尤为重要,四轮定位仪的使用也越来越广泛。

四轮定位仪是专门用来检测车轮定位参数的设备,其检测项目包括前轮前束、前轮外倾角、主销后倾角、主销内倾角、后轮前束、后轮外倾角、轮距、轴距、转向20°时的前张角、推力角和左右轴距差等,如图4.36所示。下面以"SUN"汽车四轮定位仪为例,说明四轮定位仪的使用方法和四轮定位参数的检测过程。

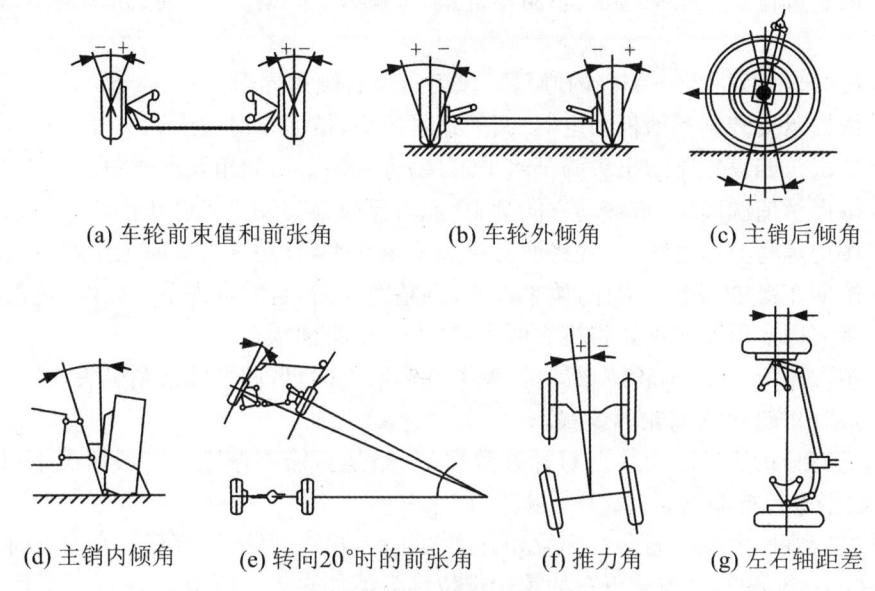

图 4.36 四轮定位的检测项目

"SUN"汽车四轮定位仪属于电脑式静态检测车轮定位仪,主要由主机(计算机主机、显示器、打印机)、测试光学机头、传感器连接线、机头固定夹具、四柱举升机等组成。此仪器可以记录有关测试信息,并存储于本机内,以便下次调用;还可以提供有关帮助信息,以便于调整和操作。该仪器储存了许多常见车型的四轮定位参数的标准数据,使用者可随时调用,以便与实测数据进行比较,从而做出正确判断。具体操作步骤如下:

(1) 将待测车辆置于四柱举升机上,停放平直,车轮位置要合适,拉紧驻车制动。
(2) 在四只轮胎上,分别装上四轮定位机头,接好传感器连接线。
(3) 接通仪器电源,开机进入"SUN"主界面,选择四轮定位测试,系统开始自检。
(4) 按"ENTER"键,发出提示音,显示器出现"SUN"字样。
(5) 按"ENTER"键,仪器进入基本功能选择,显示器显示:开始定位操作、设定、定位机操作说明、保养定位机、档案库管理(以上功能可通过上/下光标键进行选择)。
(6) 选择设定功能,按回车键确认,进入定位机设定选项,此时显示器显示:工作台设定、系统配置设定、修改设定、文字及车辆规格数据库设定、测量单位设定、日期/时间设定(以上功能可通过上/下光标键进行选择,按"F6"键返回基本功能选择界面)。
(7) 选择文字及车辆规格设定,按回车键确认,显示"荧屏文字"和"车辆规格选项"。
(8) 选择车辆规格,按回车键确认,进入汽车规格资料库。
(9) 选择正确的车辆制造商,按回车键,进入车型规格界面。

（10）按"F6"键返回基本功能选项，并选择"开始定位机操作"，显示器出现清机指令：开始新的定位（归零），所有定位数值归零；继续现行定位，保存现有数值。

（11）选择开始新定位，进入定位功能，显示器显示：高级四轮定位、前轮定位（方向盘可能不正）、快速测读、车轮定位故障诊断等选项。

（12）选择高级四轮定位，进入系统，并进入顾客登记。

（13）输入顾客相关资料，按回车键确定，进入车辆详细资料界面。

（14）选择相应车辆制造商、汽车年款等选项，按回车键确定。

（15）依次进行定位预备检查、轮胎检查、刹车检查、车底检查等，按回车键确认，进入钢圈补偿。

（16）按"F9"键，进入"SAI"（内倾角）、包容角及后倾角界面。

（17）依提示安装刹车踏板固定器、调平锁紧机头，按回车键进入调平机头。

（18）依次将四只轮胎的机头调至水平，自动进入测量后倾角及内倾角。

（19）按提示依次向左、右转动方向盘10°左右至仪器自动进入转正前轮。

（20）按提示将方向盘转正，并将所有机头调至水平，自动进入目前工作跑台位置。

（21）按回车键进入下一操作，调平机头；调整完毕后，自动进入下一操作，转正前轮。

（22）将方向盘再次转正并将机头调平，进入后轮测读状态。

（23）按回车键，进入前轮测量准备，调平并锁紧方向盘，调平并锁紧机头。

（24）按"F9"键进入前轮测读状态。

（25）进行分析比较测读数据与标准数据，判断是否需要调整。一般情况下，仪器能根据数据库数据进行自动判断。

（26）按"帮助"中提示的调整部位和方法调整后，再进行测试，直至符合要求时为止。

大众 Golf、Bora 轿车与旅行车的车轮定位参数值如表 4.1 所示。

表 4.1 Golf 和 Bora 轿车与旅行车的车轮定位参数

车桥	驱动形式	总前束	外倾角	20°时左右锁止位置前束最大允许偏差	后倾角（不可调）
前桥	前轮驱动	0±10′（未受压）	−30′±30′左右 最大允差 30′	−1°30′±20′	+7°40′±30′
	四轮驱动	0±10′（未受压）	−33′±30′左右 最大允差 30′	−1°31′±20′	+7°15′±30′
后桥	前轮驱动	+20′±10′ 最大允差 20′	−1°27′±10′左右 最大允差 30′		
	四轮驱动	+25′±10′最大允差 20′	−1°27′±10′左右 最大允差 30′		

任务 4.4　制动行驶系统的养护

汽车制动系统的功用是：按照需要使汽车减速或在最短的距离内停车；下坡行驶时限制

车速；保证汽车停放可靠，不致自动滑溜。行车制动系统按传力介质不同，分为液压制动系统和气压制动系统，图4.37所示为奥迪100轿车真空助力式液压制动系统的组成，图4.38所示为CA1092汽车双管路气压制动系统的组成。液压制动系统主要由制动主缸、制动轮缸、真空助力器、制动器及液压管路组成；气压制动系统主要由空气压缩机、制动控制阀、制动气室、制动器及气压管路组成。

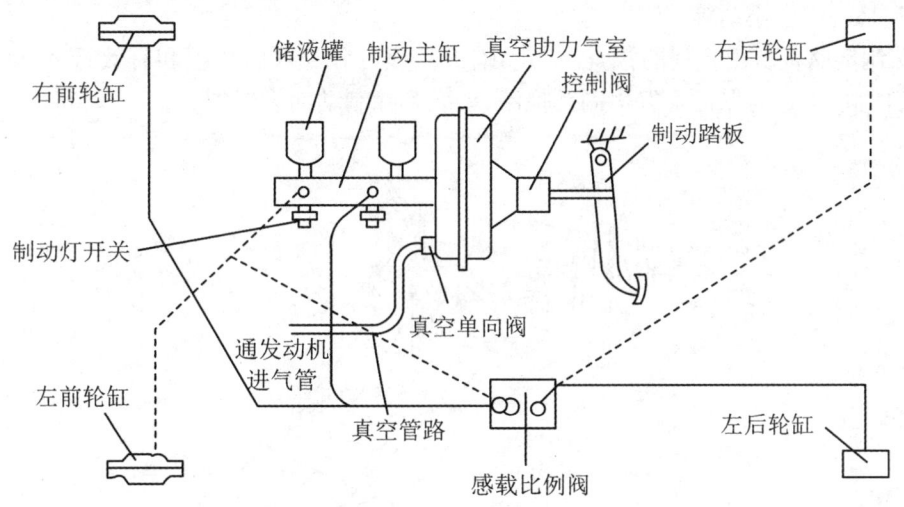

图4.37 奥迪100轿车真空助力式液压制动系统的组成

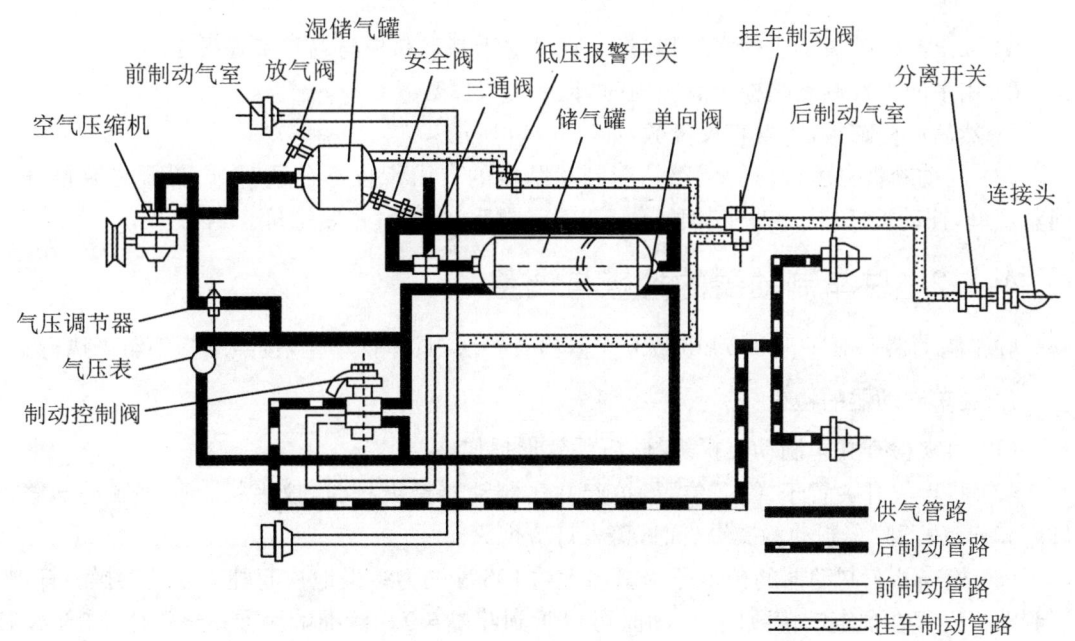

图4.38 CA1092汽车双管路气压制动系统的组成

制动系统养护的主要项目有制动踏板的检查与调整、驻车制动器的检查与调整、制动液的更换、制动系统的排气、制动管路的检查、真空助力器的检查、盘式制动器的检查、鼓式制动器的检查。

4.4.1 制动踏板的检查与调整

制动踏板一般每 10000 km 或 6 个月检查一次,具体视车型,按照维修手册来执行。

(1) 关闭发动机后踩几次制动踏板,检查制动踏板是否有变形等损伤。踩下制动踏板数次,释放真空助力器中残余的真空度。通过踩踏制动踏板检查踏板是否反应灵敏、有无异常噪声和是否过度松动等。

(2) 制动路板自由行程的检查。制动踏板行程可分为自由行程和有效行程,如图 4.39 所示。自由行程是为保证不发生制动拖滞、彻底解除制动而设置的。

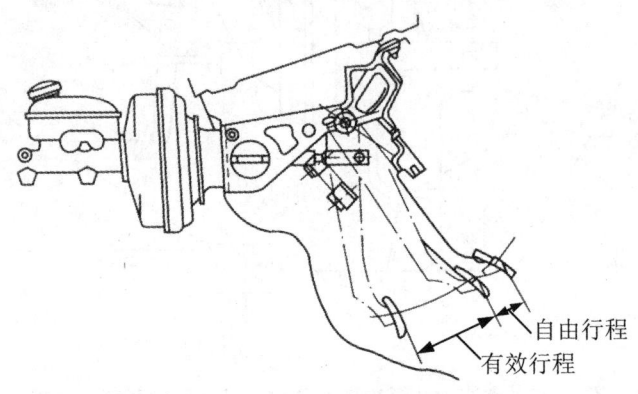

图 4.39 制动踏板的行程

① 取出制动踏板下方的底板垫,将一直尺立于制动踏板与驾驶室底板之间。
② 用手向下按制动踏板至有阻力时,记下直尺读数。
③ 然后放松踏板,再看直尺读数,如图 4.40 所示。

(3) 制动踏板自由行程的调整。当制动踏板的自由行程不合适时,可松开总泵推杆的锁紧螺母,拧动推杆,从而改变其长度。调整完毕后,再拧紧锁紧螺母。

4.4.2 驻车制动器的检查与调整

驻车制动器一般每 10000 km 或 6 个月检查一次,具体视车型,按照维修手册来执行。

1. 驻车制动器的检查

(1) 目视检查驻车制动器操纵杆,应无变形损伤。

(2) 将点火开关置于"ON"位置,拉起驻车制动器操纵杆时,仪表板上驻车制动器警告灯应亮起;放下驻车制动器操纵杆时,警告灯应熄灭。

(3) 检查驻车制动器的预定行程。用大约 196 N 的力缓慢地拉起驻车制动器操纵杆,驻车制动杆行程在预定的槽数内(拉动时可以听到咔哒声)。标准响声是 5~7 响,如图 4.41 所示。

(4) 检查驻车制动器棘爪的锁定性能。将变速杆挂入空挡位置,然后将汽车举起离地一定的高度(不低于 20 cm),拉起驻车制动器的操纵杆,最后转动两后车轮。后车轮无法转动时,棘爪锁止功能可靠,如图 4.42 所示。

(5) 检查驻车制动器的解除锁定性能。按下操纵杆前端按钮,操纵杆能快速复位时,按钮性能正常。同时,转动两后车轮,后车轮应转动灵活,如图 4.43 所示。

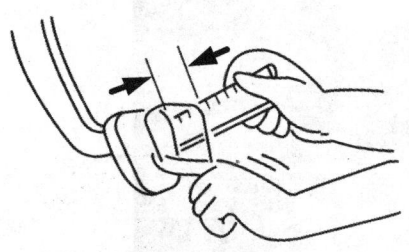
图 4.40 踏板自由行程的检查

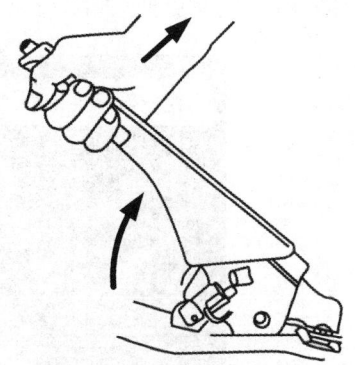
图 4.41 检查驻车制动器

图 4.42 检查驻车制动器棘爪的锁定性能

图 4.43 检查驻车制动器的解除锁定性能

2. 驻车制动器的调整

在调节拉锁之前,应确保制动系统内无残留空气,制动踏板行程恰当、后制动蹄磨损不超过极限范围。然后通过拧松或拧紧驻车制动器螺母,调节驻车制动杆的行程,如图 4.44 所示。

4.4.3 制动液的更换

制动液会吸收空气中的水分,降低沸点。当制动产生过多的热量时,制动液可能沸腾,产生气泡。当产生气泡时,它们吸收了施加在制动分泵上的液压力,使制动效能下降。空气中的水分还会在制动分泵上产生锈蚀,使制动液在密封圈出现泄漏。

制动液一般每 10000 km 或 6 个月检查一次。在日常维护中应每次都检查一下制动液面。每 40000 km 或 2 年更换一次,具体视车型,按照维修手册来执行。

(1) 关闭点火开关,拔下安装在储液罐上的液位传感器的电插头,旋下储液罐盖。观察制动

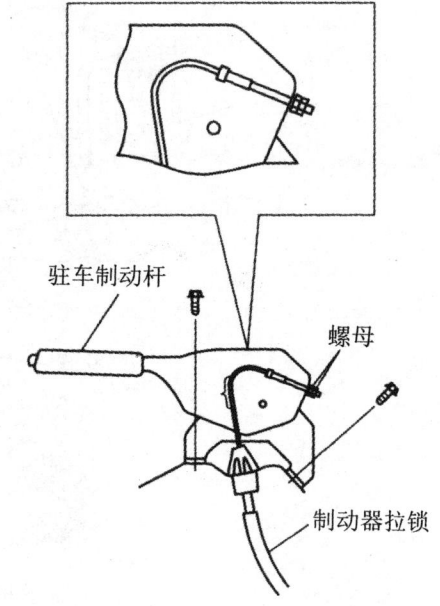
图 4.44 调节驻车制动杆的行程

液的颜色,如变色,则应更换,如图 4.45 所示。

图 4.45　检查制动液

(2)在检查制动液时,要检查制动液是否脏污,制动液是否位于"MIN"和"MAX"之间,若液量不足,则应及时补充制动液至规定位置。如制动液液位非正常下降,则可能是制动器摩擦片和制动衬片磨损,或者制动液从液压制动系统中泄漏造成的。

(3)对变质的制动液进行更换。通常在更换制动液时需要两人配合进行。一人踩踏制动踏板,给液压制动系统加压,另一人打开制动分泵上的放气阀,排出制动系统中的空气和制动液。

一人(甲)进入驾驶室内,关闭车门,降落车窗玻璃,放松驻车制动器操纵杆。另一人(乙)将车举升至适当高度,锁止举升机,并将右后车轮制动分泵放气阀上的防尘帽取下,同时,将一根塑料软管的一端插入制动轮缸的放气阀上,另一端插入接油容器中,并用排气专用扳手拧松制动轮缸放气阀,如图 4.46 所示。驾驶室内甲要随乙的口令踩踏制动踏板,乙负责观察制动液的排放情况,当无油液排出时,拧紧放气阀,取下塑料软管,至此右后车轮轮缸内的制动液排放完毕。按此过程分别将左前、左后、右前车轮分泵内的制动液排放完。

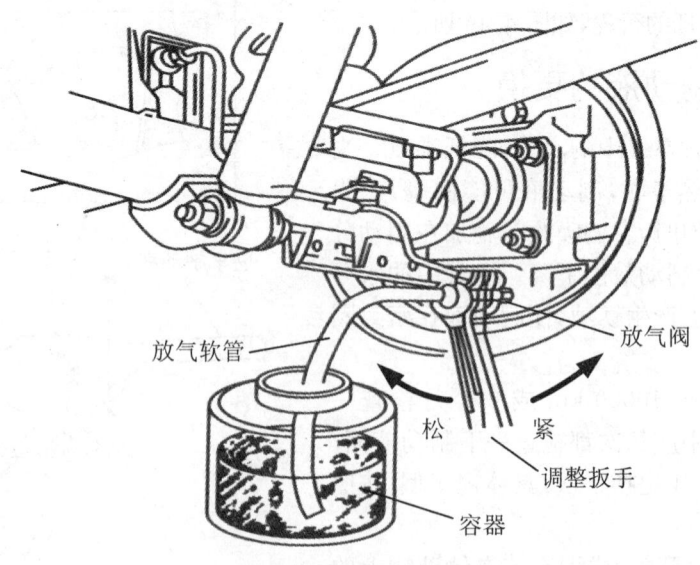

图 4.46　车轮轮缸放气

制动液排放完毕后,应进行必要的制动管路清洗。将汽车降至地面,旋下储液罐盖,在储液罐加油口周围放好一块干净的抹布,然后将新的制动液缓慢倒入储液罐内,直到达到规定要求为止,最后旋紧储液罐盖。按照排放制动液的方法将该部分制动液排出,直至排出的制动液的色泽鲜亮清澈,然后,再次给储液罐内加注制动液,直至规定要求。

4.4.4　制动系统的排气

液压制动系的排气必须按规定顺序进行,大众轿车制动系统排气顺序为:右后轮缸→左后轮缸→右前轮缸→左前轮缸。排气时,加满制动液,接通专用"充液-放气"装置 VW1238/1,按此顺序打开放气螺栓,并用排液瓶盛放排出的制动液。如果没有专用设备,那么可按以下步骤进行排气:

(1) 将软管的一端接到排气螺钉上,另一端插入排液瓶。

(2) 一人连续踩制动踏板数次,直至踏板再也踏不下去为止,并用力踩住踏板不放。另一人将制动轮缸的排气螺钉稍稍松开,让制动系统内的空气连同一部分制动液一起排出;当制动踏板被踩到底后,立即旋紧排气螺钉。排气顺序同上。

(3) 重复上述过程,直至放出的完全是制动液,排出的制动液里无气泡为止。

(4) 在排气过程中,必须观察储液罐的液面高度,必要时添加制动液。

4.4.5　制动管路的检查

(1) 检查制动主缸(前端)、油管(接口处)是否有泄漏,管路是否有破损,储油罐有无裂纹。

(2) 将汽车举升至适当高度,锁止举升机,检查各制动管路是否存在泄漏,油管与车身底板是否有摩擦痕迹、压痕等。

(3) 检查制动管路软管是否有老化、裂纹、扭曲、凸起或其他损坏。

(4) 检查制动器管道和软管的安装是否牢固。

(5) 检查制动轮缸处是否存在泄漏。

(6) 转动车轮,观察车轮内侧是否与制动管路发生摩擦或干涉。

4.4.6　真空助力器的检查

1. 助力性能的检查

将发动机熄火,用力踩制动踏板数次,消除真空助力器中残留的空气,用适中的力踏下制动踏板,并保持在一定位置不动。然后再启动发动机。若感到制动踏板位置有明显的自动下沉(增力作用),则说明真空助力器良好。若踏板毫无反应或感觉不明显,则说明真空助力器失效,应更换真空助力器。

2. 真空助力器单向阀的检查

单向阀的工作性能可用压缩空气检查,按阀体上的箭头方向压缩空气应能通过,反之,则通不过;也可用嘴吸法检查其单向通过性。单向阀密封不良时应更换真空管总成。

4.4.7　盘式制动器的检查

1. 制动器摩擦片厚度检查

(1) 使用直尺直接测量外制动器摩擦片的厚度。

（2）通过制动卡钳内的检查孔目测检查内制动器摩擦片的厚度。

（3）确保制动器摩擦片没有不均匀磨损。

（4）若制动器摩擦片的厚度低于磨损极限，则更换制动器摩擦片。

2. 制动器磨损和损坏检查

检查制动盘上是否有刻痕、不均匀磨损、异常磨损、裂纹或其他损坏。进行盘式转子厚度和跳动检查，若盘式转子出现异常磨损、裂纹或其他损坏，则应拆卸制动卡钳并进行检查，内容包括盘式转子厚度检查（见图 4.47(a)）和转动盘跳动量检查（见图 4.47(b)）。

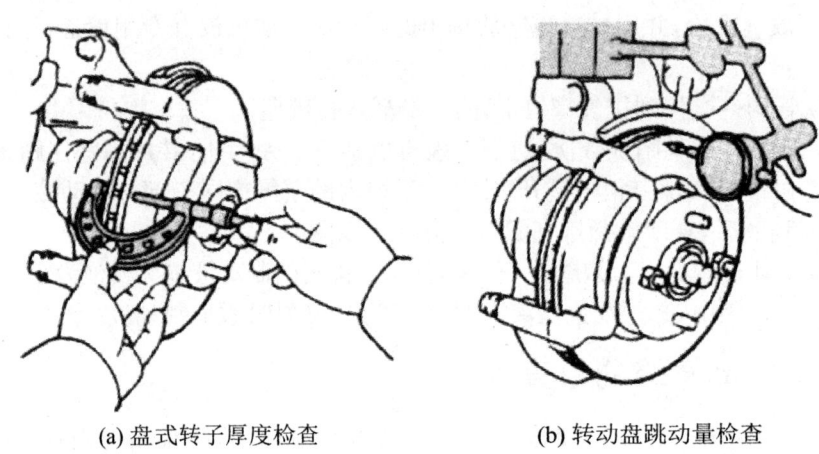

(a) 盘式转子厚度检查　　(b) 转动盘跳动量检查

图 4.47　盘式制动器检查

3. 制动液渗漏检查

检查制动卡钳中是否有液体渗漏，若制动液溅出或粘在油漆上，则应立即清洁干净，否则将损坏油漆表面。

4. 后制动盘内径检查

使用一个制动鼓规或类似器具测量后制动盘的内径，同时检查后制动盘是否有任何磨损或损坏，如图 4.48 所示。

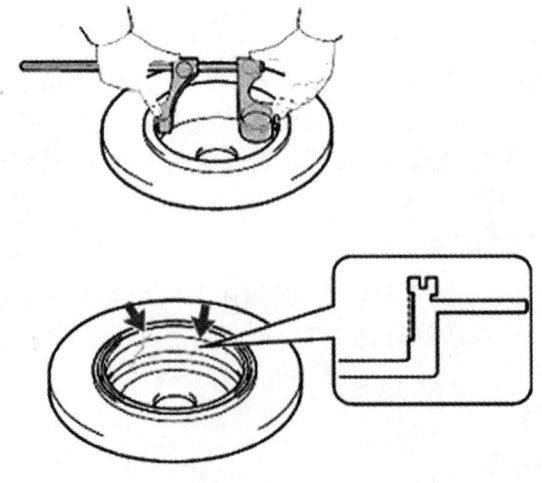

图 4.48　后制动盘内径检查

5. 盘式制动器摩擦片厚度检查

盘式制动器摩擦片厚度为每 10000 km 或 6 个月检查一次。当制动器摩擦片的剩余厚度不足 7.0 mm 时,应进行更换,具体视车型,按照维修手册来执行,如图 4.49 所示。

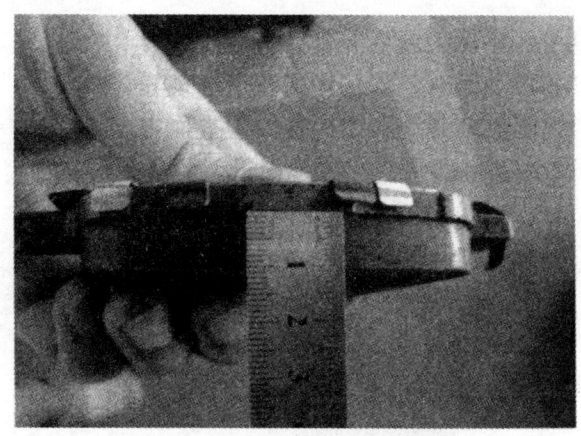

图 4.49　制动器摩擦片厚度检查

4.4.8　鼓式制动器的检查

1. 检查和更换间隔

根据行驶里程或规定的行驶时间进行检查、更换,也可以通过日常目视进行检查,一般为每 20000 km 或 1 年检查一次,具体视车型,按照维修手册来执行。当衬片的剩余厚度小于维修手册规定的磨损极限时,应进行更换。

2. 检查项目

(1) 制动蹄片、背板、固定件检查:检查制动蹄片与背板和固定件之间的接触面是否有磨损;检查制动蹄片、背板和固定件是否生锈。

(2) 制动衬片的厚度检查:使用一把直尺测量制动衬片的厚度,若厚度低于磨损极限,则更换制动蹄片。

(3) 制动衬片检查:检查制动衬片是否有裂纹、蜕皮和损坏。

(4) 检查制动液渗漏:检查车轮制动分泵缸中是否有液体渗漏。注意:如果制动液溅出或者粘在车身漆面上,那么应立即清洁干净。否则,制动液将损坏油漆表面。

(5) 制动鼓内径检查:使用一个制动鼓测量规或类似器具测量制动鼓内径。

(6) 磨损和损坏检查:检查制动鼓是否有磨损和损坏。

(7) 清洁检查:使用砂纸清洁制动蹄衬片并清除油污,如有必要,则应同时清洁制动鼓的内表面。

任务 4.5　新能源汽车的底盘养护

新能源汽车底盘主要包括转向系统、制动系统和行驶系统。其中,转向系统关系到汽车的操纵稳定性,制动系统直接关系到汽车的制动性,它们都是汽车主动安全的重要评价指标,因此通过维护将其保持在良好的工作状态有助于保障汽车行驶的安全性。行驶系统主要关系到行驶的平顺性,表现在乘坐时的舒适程度上。在追求安全、舒适的今天,对底盘进行维护是非常必要的。

4.5.1　北汽 EV160 纯电动汽车转向系统

北汽 EV160 纯电动汽车采用的是电动助力转向系统(EPS),如图 4.50 所示,它由转矩传感器、齿轮齿条式转向器、助力电机总成和电子控制单元等组成。

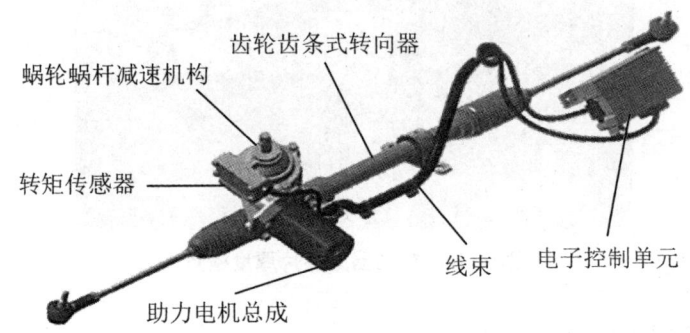

图 4.50　北汽 EV160 纯电动汽车电动助力转向系统

安装在转向器上的助力电机总成由一个蜗轮蜗杆减速机构和一个直流电机组成。转矩传感器由两个带孔圆环、线圈及电路板组成,它检测方向盘上操作力的大小和方向信号,并把它们转化成电信号传递到 EPS 电子控制单元。

电子控制单元根据各传感器输出的信号计算所需的转向助力,并通过功率放大模块控制助力电机的转动,通过减速机构降速增扭后驱动齿轮齿条机构产生相应的转向运动。

4.5.2　北汽 EV160 纯电动汽车行驶系统

北汽 EV160 纯电动汽车的前悬架为麦弗逊式独立悬架,如图 4.51 所示,它由螺旋弹簧、减震器、下摆臂和横向稳定杆组成,其具有结构紧凑、车轮跳动时前轮定位参数变化小、良好的操纵稳定性等优点。

图 4.51　北汽 EV160 纯电动汽车的前悬架系统

北汽 EV160 纯电动汽车的后悬架为纵臂扭转梁式独立悬架,由螺旋弹簧、减震器、纵臂和扭力梁组成,其具有结构简单、重量轻、占用空间小、直线行驶稳定性好等优点。

前后轮以及备胎采用的都是型号为 185/65R14 86H 的子午线轮胎,如图 4.52 所示,其标准胎压为 0.23 MPa。

图 4.52　北汽 EV160 纯电动汽车的轮胎

4.5.3　北汽 EV160 纯电动汽车制动系统

北汽 EV160 纯电动汽车的制动系统为电动真空助力系统,如图 4.53 所示。

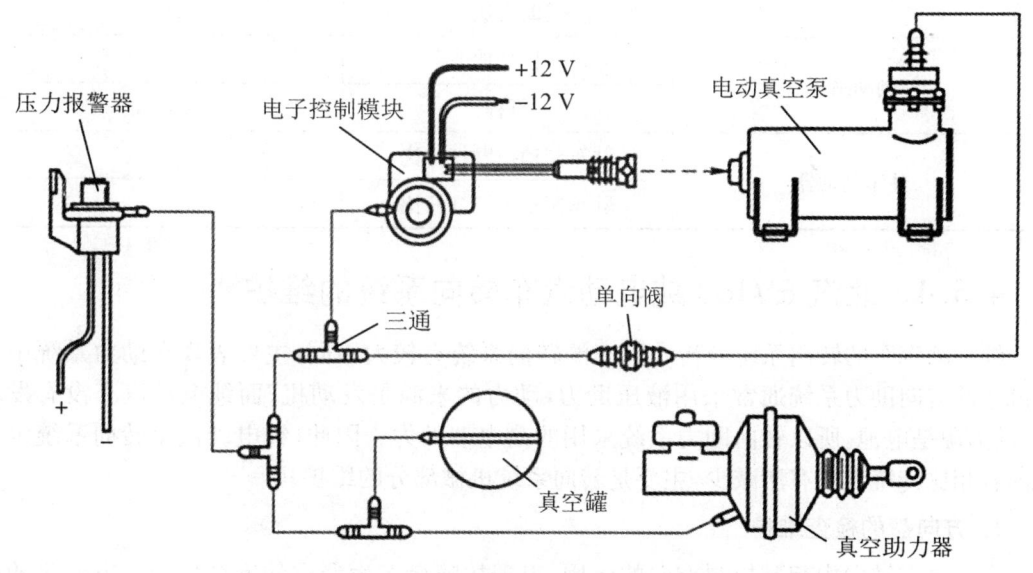

图 4.53　北汽 EV160 纯电动汽车的电动真空助力系统

北汽 EV160 纯电动汽车的制动系统主要由制动器、ABS 控制器、真空助力器、电动真空泵、真空罐和制动管路等组成。此制动系统采用的制动器是"前盘后鼓式"的结构,在保证了制动效能的前提下,降低了使用成本。制动系统的主要参数如表 4.2 所示。

电动真空助力系统的真空度控制原理是:当驾驶人启动汽车时,只要 12 V 电源接通电子控制系统模块就开始自检,如果真空罐内的真空度小于设定值,那么真空压力传感器输出相应电压至控制器,控制器控制电动真空泵开始工作,当真空度达到设定值后,真空压力传感器输出相应电压至控制器,控制器控制电动真空泵停止工作;当真空罐内的真空度因制动消耗而小于设定值时,电动真空泵再次开始工作,如此循环。

表 4.2　制动系统的主要参数

	制动器形式	浮动钳通风盘式
前制动器参数	制动盘有效半径	104 mm
	摩擦因数	0.38
	轮缸直径	54 mm
	制动摩擦片面积	8000 mm^2
后制动器	制动器形式	领从蹄鼓式
	制动鼓内径	228.6 mm
	制动蹄片包角	110°
	制动蹄片宽度	45 mm
	制动轮缸直径	20.64 mm
真空助力器及制动主缸	真空助力器规格	9英寸单膜片
	主缸内径	22.22 mm
	主缸行程	18 mm+18 mm
	助力比	5.0
制动踏板	杠杆比	3.4
	行程	120 mm
驻车制动器	驻车制动拉臂杠杆比	5.6
	驻车制动手柄杠杆比	7.1

4.5.4　北汽 EV160 纯电动汽车转向系统的维护

纯电动汽车的转向系统与传统汽车的转向系统有较大不同,主要表现在助力系统中传统汽车的转向助力系统通常采用液压助力,动力的来源是发动机;而纯电动汽车没有发动机,动力源是电池,所以转向助力系统采用的是电动助力。因此,纯电动汽车转向系统维护的内容相比传统汽车有所减少,主要是转向系统机械部分的维护。

1. 方向盘的检查维护

方向盘在转向中起到控制方向的作用,出现故障会产生严重的安全事故。方向盘的维护内容主要是其自由行程的检查。自由行程过大会使车辆行驶跑偏、方向盘抖动等,从而会影响到正常行驶。

2. 转向系统基础检查维护

转向系统基础检查维护主要是检查各个连接处是否牢固,各防尘套是否开裂等。
(1) 检查转向管柱万向节固定螺栓(其位置见图4.54)力矩,标准力矩为 30 N·m。
(2) 检查转向管柱防尘套有无松脱、老化,如有,则视情况处理。
(3) 检查转向器固定螺栓有无松动。

(4)检查转向横拉杆防尘套是否有开裂、漏油等,如有则更换。

3. 转向横拉杆球头检查

(1)检查转向横拉杆球头及球头固定螺母开口销,如图4.55所示。

图4.54 转向管柱万向节固定螺栓

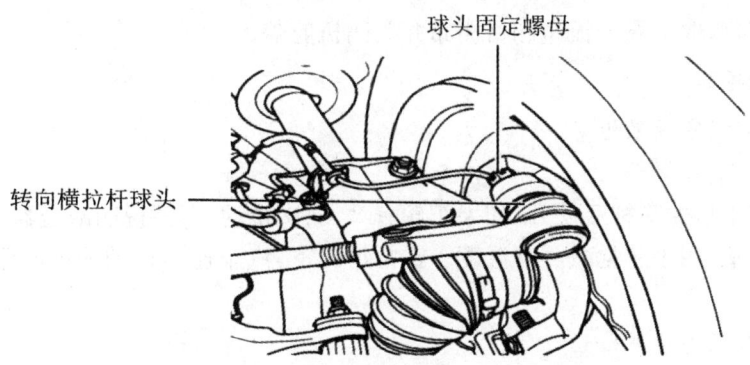

图4.55 转向横拉杆球头及球头固定螺母

(2)通过摆动车轮和转向横拉杆来检查转向横拉杆球头间隙,如有松旷则更换转向横拉杆球头。

4.5.5 北汽EV160纯电动汽车行驶系统的维护

北汽EV160纯电动汽车行驶系统维护内容主要包括:前/后悬架减震效果及使用情况检查,轮胎检查。

1. 悬架检查

(1)前悬架减震效果检查

① 打开机舱盖,安装翼子板布和格栅布。

② 用力按下前保险杠后松开,如果车轮有2~3次跳动,那就说明减震器工作良好。

③ 举升车辆,用手感觉减震器温度。正常情况下,汽车连续行驶一段时间后,减震器应该发热。

(2)前悬架使用状况检查

① 检查减震器有无漏油,如有漏油则更换减震器。

② 检查减震器防尘套,如损坏则更换防尘套。

③ 检查减震弹簧,如损坏则更换弹簧。

④ 检查弹簧座胶套,如损坏则予以更换。
⑤ 检查下摆臂球头、胶套,如损坏则予以更换,下摆臂球头、胶套如图 4.56 所示。
⑥ 检查横向稳定杆胶套,如损坏则予以更换,横向稳定杆胶套如图 4.56 所示。

下摆臂胶套　横向稳定杆胶套　下摆臂球头

图 4.56　下摆臂球头、胶套及横向稳定杆胶套的位置

⑦ 降下车辆,取下翼子板布和格栅布并关闭机舱盖。

2. 后悬架检查

(1) 后悬架减震效果检查

① 打开行李箱。
② 用力按下后保险杠后松开,如果车轮有 2~3 次跳动,那就说明减震器工作良好。
③ 举升车辆,用手感觉减震器温度。正常情况下,汽车连续行驶一段时间后,减震器应该发热。

(2) 后悬架使用状况检查

① 检查减震器有无漏油,如有漏油则更换减震器。
② 检查减震器防尘套,如损坏则更换防尘套。
③ 检查减震弹簧,如损坏则更换弹簧。
④ 检查减震器胶套,如损坏则予以更换。
⑤ 检查弹簧座胶套,如损坏则予以更换。
⑥ 降下车辆,关闭行李箱。

(3) 轮胎检查

① 举升车辆。
② 检查轮胎有无鼓包,如有鼓包,则应更换轮胎。
③ 检查胎面老化,如轮胎表面普遍出现裂纹,则应更换轮胎。
④ 检查胎面磨损程度,如胎面磨损至磨损标志,则应更换轮胎。
⑤ 检查轮胎有无偏磨(偏磨现象见图 4.57),如有偏磨,则应检查四轮定位。
⑥ 检查轮胎表面有无嵌入或刺入异物,如嵌入异物则应清理,如有刺入异物则应补胎或更换轮胎。
⑦ 检查气门嘴帽有无缺失。
⑧ 用胎压表检查胎压,应为 230 kPa。
⑨ 若胎压过高,则进行放气,放到 230 kPa。
⑩ 若胎压过低,则用气泵加到 230 kPa。

⑪ 降下车辆。

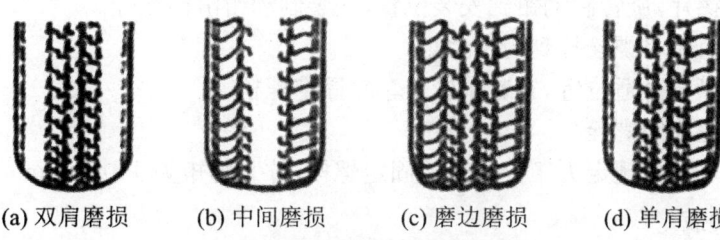

(a) 双肩磨损　　(b) 中间磨损　　(c) 磨边磨损　　(d) 单肩磨损

图 4.57　轮胎偏磨示意图

4.5.6　北汽 EV160 纯电动汽车制动系统的维护

制动系统的维护主要集中在查看制动总泵储液罐的液面高度是否符合要求、制动踏板行程是否符合标准。

1. 制动真空系统检查

制动真空系统检查需要两个人互助进行,所以在作业过程中应注意遵守操作规程,避免发生事故。

(1) 维修工乙进入驾驶室后,维修工甲举升车辆。

(2) 维修工乙将点火钥匙置于"ON"位,并连续 3 次完全踩下制动踏板。

(3) 维修工甲观察制动真空泵(真空泵及真空罐位置见图 4.58)工作情况,并记录制动真空泵启动时刻。如不能正常启动,则应进行相应的维修作业。

(4) 从制动真空泵启动到真空罐内的真空度达到设定值应不超过 10 s,当真空罐内的真空度达到设定值时电动真空泵停止工作。如果电动真空泵启动 10 s 后仍然工作,那就说明制动真空系统有漏气故障,应进行相应的维修作业。

(5) 维修工乙连续踩动制动踏板,使制动真空泵运转 5 min。

(6) 维修工甲检查真空泵有无异响、异味,各连接线和插接件有无变形发热。如有上述现象,则可能是真空泵内部严重磨损。

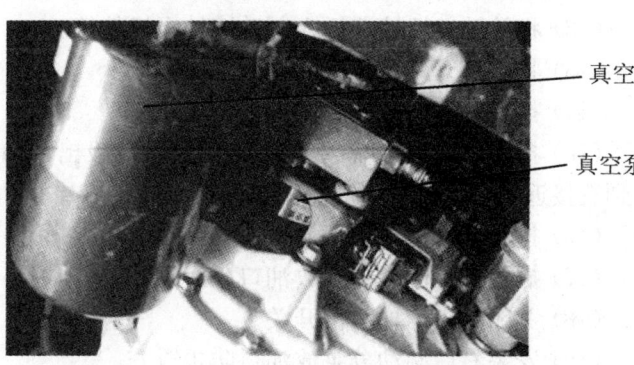

图 4.58　真空泵及真空罐位置

(7) 维修工甲降下车辆。

2. 前轮制动摩擦片的更换

如检查发现前轮制动摩擦片磨损严重,则应建议客户进行更换。其作业流程为:

(1) 松开车轮固定螺栓。

(2) 举升车辆至合适的高度,拆下车轮固定螺栓,拆下车轮。

(3) 举升车辆至某一较高高度,并锁止。

(4) 松开两个制动钳滑销螺栓。

(5) 旋转制动钳,取下摩擦片。如制动钳与摩擦片之间的间隙过小,则应用相应工具将制动轮缸活塞轻轻推入制动轮缸中。在此过程中不能用力过猛,以防止活塞密封圈漏油。

(6) 安装摩擦片,旋转制动钳到安装位置,安装制动钳滑销螺栓。

(7) 用扭力扳手将螺栓拧到规定力矩。

(8) 降下车辆至合适位置,安装车轮及车轮固定螺栓。

(9) 拧紧车轮固定螺栓。

(10) 降下车辆,按规定力矩拧紧车轮固定螺栓,拧紧力矩为 110 N·m。

3. 更换制动液

北汽 EV160 纯电动汽车用的制动液型号为 DOT4,不同型号的制动液不能混用。更换制动液的步骤为:

(1) 打开车门安装三件套。

(2) 打开机舱盖,安装翼子板布及前格栅布。

(3) 打开制动液储液罐加注口并去除滤网。

(4) 清洁吸液管路表面后,将抽吸机软管插入制动液储液罐。

(5) 按下制动液抽吸机开关,将储液罐里的制动液抽出。

(6) 补充新制动液至储液罐的适宜高度。

(7) 将适量 DOT4 型制动液加入加注罐。

(8) 安装制动液加注罐。

(9) 举升车辆。

(10) 取下右后制动分泵放油口防尘罩。

(11) 将放油扳手套在制动分泵放油螺塞上。

(12) 将放油口插接器插入制动液抽吸机软管。

(13) 将吸液管路连接到制动分泵放油口上。

(14) 拧松放油口螺栓。

(15) 按下制动液抽吸机开关,将旧制动液吸出,此时吸液管路呈黄色或浑浊的颜色,当看到有接近透明的新制动液流出时即可。

(16) 拧紧放油口螺栓至规定力矩。

(17) 插接器与制动分泵放油口分离,取下放油扳手。

(18) 关闭制动液抽吸机开关。

(19) 安装右后制动分泵放油口防尘罩。

(20) 用同样的方法更换其余三个车轮制动管路中的制动液。

(21) 降下车辆。

(22) 踩下制动踏板数次,应感觉制动踏板沉重。如感觉不沉重,则说明制动系统有空气,需要重复上述过程来排气。

(23) 举升车辆。

(24) 检查各轮制动分泵放油口有无漏油,如有漏油则视情况给予处理。

(25) 降下车辆。

(26) 取下制动液加注罐。

(27) 取下液罐加注盖。

(28) 取下翼子板布及前格栅布,关闭机舱盖。

(29) 取下三件套。

项 目 实 施

任务工单 4.1

任务名称		离合器的养护			
班级		姓名		学号	
组别		实训场地		日期	
任务载体		一辆大众帕萨特轿车行驶了 50000 km,离合器踏板比原来低了一些,检查后发现离合器的自由行程变大,调整自由行程后踏板的高度恢复正常。			

一、资讯
在实车上查找并填写如下信息： 生产年份_____,车牌号码_____,车型_____,行驶里程_____,汽车识别代码（VIN）_____,发动机型号和排量_____。
二、计划与决策
请根据任务要求,确定所需的检测仪器、工具,制订详细的作业计划。 1.作业计划   2.作业中的注意事项   3.需要的检测仪器及工具
三、实施
1. 检查离合器踏板状况 2. 检查与调整离合器踏板自由行程 3. 检查离合器液位和泄漏 4. 排除离合器液压系统中的空气

四、检查与评估

1. 自我评价：依据本学习任务时的表现，在"评分表"中进行自我评价。

评分表

考核项目	评分标准	配分
任务方案	是否合理	10
操作过程	1. 防护五件套的安装 2. 保养里程的清零 3. 工具及设备的整理	30
任务完成情况	是否圆满完成	10
操作规范	是否标准	10
安全生产	有无安全隐患	10
现场 6S	是否做到	10
团队合作	是否和谐	5
活动参与	是否主动	5
劳动纪律	是否严格遵守	5
工单填写	是否完整、规范	5
得分		

2. 在实施的过程中，是否存在一些安全隐患？请找出容易忽视的地方。

3. 指导教师对小组的工作情况进行总体点评。

五、评价反馈

请在小组实习结束后，将本小组成员的工作情况填写在下表中。

序号	姓名	组内职责	完成情况评价

六、环境保护

废料和废品处理：

任务工单 4.2

任务名称	手动变速器的养护				
班级		姓名		学号	
组别		实训场地		日期	
任务载体	一辆奇瑞艾瑞泽 5 轿车行驶了 40000 km,需要更换变速器油。				

一、资讯

在实车上查找并填写如下信息:
生产年份_____,车牌号码_____,车型_____,行驶里程_____,汽车识别代码(VIN)_____,发动机型号和排量_____。

二、计划与决策

请根据任务要求,确定所需的检测仪器、工具,制订详细的作业计划。

1. 作业计划

2. 作业中的注意事项

3. 需要的检测仪器及工具

4. 本小组成员分工

三、实施

1. 检查渗漏情况

2. 检查手动变速器油液

3. 更换变速器油

四、检查与评估

1. 自我评价：依据本学习任务时的表现，在"评分表"中进行自我评价。

评分表

考核项目	评分标准	配分
任务方案	是否合理	10
操作过程	1. 防护五件套的安装 2. 保养里程的清零 3. 工具及设备的整理	30
任务完成情况	是否圆满完成	10
操作规范	是否标准	10
安全生产	有无安全隐患	10
现场 6S	是否做到	10
团队合作	是否和谐	5
活动参与	是否主动	5
劳动纪律	是否严格遵守	5
工单填写	是否完整、规范	5
得分		

2. 在实施的过程中，是否存在一些安全隐患？请找出容易忽视的地方。

3. 指导教师对小组的工作情况进行总体点评。

五、评价反馈

请在小组实习结束后，将本小组成员的工作情况填写在下表中。

序号	姓名	组内职责	完成情况评价

六、环境保护

废料和废品处理：

任务工单 4.3

任务名称		自动变速器的养护			
班级		姓名		学号	
组别		实训场地		日期	
任务载体		一辆帕萨特新领驭轿车行驶了50000 km,需对自动变速器进行维护。			

一、资讯

在实车上查找并填写如下信息：
生产年份 _____ ,车牌号码 _____ ,车型 _____ ,行驶里程 _____ ,汽车识别代码（VIN）_____ ,发动机型号和排量 _____ 。

二、计划与决策

请根据任务要求,确定所需的检测仪器、工具,制订详细的作业计划。

1. 作业计划

2. 作业中的注意事项

3. 需要的检测仪器及工具

4. 本小组成员分工

三、实施

1. 检查渗漏情况

2. 检查自动变速器油液

3. 更换自动变速器油

四、检查与评估

1. 自我评价:依据本学习任务时的表现,在"评分表"中进行自我评价。

评分表

考核项目	评分标准	配分
任务方案	是否合理	10
操作过程	1. 防护五件套的安装 2. 保养里程的清零 3. 工具及设备的整理	30
任务完成情况	是否圆满完成	10
操作规范	是否标准	10
安全生产	有无安全隐患	10
现场 6S	是否做到	10
团队合作	是否和谐	5
活动参与	是否主动	5
劳动纪律	是否严格遵守	5
工单填写	是否完整、规范	5
得分		

2. 在实施的过程中,是否存在一些安全隐患?请找出容易忽视的地方。

3. 指导教师对小组的工作情况进行总体点评。

五、评价反馈

请在小组实习结束后,将本小组成员的工作情况填写在下表中。

序号	姓名	组内职责	完成情况评价

六、环境保护

废料和废品处理:

任务工单 4.4

任务名称		转向系统的养护			
班级		姓名		学号	
组别		实训场地		日期	
任务载体	一辆帕萨特新领驭轿车行驶198000 km时,发现转向盘自由行程比原来增加了一倍。经检查发现是转向球头松旷,更换后恢复正常。				

一、资讯

在实车上查找并填写如下信息:
生产年份_____,车牌号码_____,车型_____,行驶里程_____,汽车识别代码(VIN)_____,发动机型号和排量_____。

二、计划与决策

请根据任务要求,确定所需的检测仪器、工具,制订详细的作业计划。

1. 作业计划

2. 作业中的注意事项

3. 需要的检测仪器及工具

4. 本小组成员分工

三、实施
1. 转向系统常规检查
2. 调整转向器
3. 检查转向盘自由行程
4. 检查转向角度
5. 检查转向盘自动回位
6. 检查横拉杆球头预紧力
7. 检查动力转向油液
8. 检查动力转向系统的密封性
9. 检查转向助力泵的压力

四、检查与估

1. 自我评价：依据本学习任务时的表现，在"评分表"中进行自我评价。

评分表

考核项目	评分标准	配分
任务方案	是否合理	10
操作过程	1. 防护五件套的安装 2. 保养里程的清零 3. 工具及设备的整理	30
任务完成情况	是否圆满完成	10
操作规范	是否标准	10
安全生产	有无安全隐患	10
现场6S	是否做到	10
团队合作	是否和谐	5
活动参与	是否主动	5
劳动纪律	是否严格遵守	5
工单填写	是否完整、规范	5
得分		

2. 在实施的过程中，是否存在一些安全隐患？请找出容易忽视的地方。

3. 指导教师对小组的工作情况进行总体点评。

五、评价反馈

请在小组实习结束后，将本小组成员的工作情况填写在下表中。

序号	姓名	组内职责	完成情况评价

六、环境保护

废料和废品处理：

任务工单 4.5

任务名称	行驶系统的养护				
班级		姓名		学号	
组别		实训场地		日期	
任务载体	一辆奇瑞艾瑞泽 5 轿车在行驶过程中发现右前侧比其他部位要低一些，经检查发现是减震器失效所致。更换右前减震器，车辆恢复正常。				

一、资讯

在实车上查找并填写如下信息：
生产年份 _____，车牌号码 _____，车型 _____，行驶里程 _____，汽车识别代码（VIN）_____，发动机型号和排量_____。

二、计划与决策

请根据任务要求，确定所需的检测仪器、工具，制订详细的作业计划。

1. 作业计划

2. 作业中的注意事项

3. 需要的检测仪器及工具

三、实施

1. 悬架系统的检查

2. 车桥和车架的检查

四、检查与评估

1. 自我评价:依据本学习任务时的表现,在"评分表"中进行自我评价。

评分表

考核项目	评分标准	配分
任务方案	是否合理	10
操作过程	1. 防护五件套的安装 2. 保养里程的清零 3. 工具及设备的整理	30
任务完成情况	是否圆满完成	10
操作规范	是否标准	10
安全生产	有无安全隐患	10
现场 6S	是否做到	10
团队合作	是否和谐	5
活动参与	是否主动	5
劳动纪律	是否严格遵守	5
工单填写	是否完整、规范	5
得分		

2. 在实施的过程中,是否存在一些安全隐患?请找出容易忽视的地方。

3. 指导教师对小组的工作情况进行总体点评。

五、评价反馈

请在小组实习结束后,将本小组成员的工作情况填写在下表中。

序号	姓名	组内职责	完成情况评价

六、环境保护

废料和废品处理:

任务工单 4.6

任务名称	轮胎的维护				
班级		姓名		学号	
组别		实训场地		日期	
任务载体	一辆大众朗逸轿车需要做二级维护,在二级维护时对轮胎进行换位。				

一、资讯

在实车上查找并填写如下信息:
生产年份_____,车牌号码_____,车型_____,行驶里程_____,汽车识别代码(VIN)_____,发动机型号和排量_____。

二、计划与决策

请根据任务要求,确定所需的检测仪器、工具,制订详细的作业计划。

1. 作业计划

2. 作业中的注意事项

3. 需要的检测仪器及工具

4. 本小组成员分工

三、实施

1. 磨损检查

2. 检查与补充气压

3. 检查气门嘴漏气情况

4. 检查轮胎异常磨损

5. 轮胎的换位

6. 轮胎平衡检测

四、检查与评估

1. 自我评价:依据本学习任务时的表现,在"评分表"中进行自我评价。

评分表

考核项目	评分标准	配分
任务方案	是否合理	10
操作过程	1. 防护五件套的安装 2. 保养里程的清零 3. 工具及设备的整理	30
任务完成情况	是否圆满完成	10
操作规范	是否标准	10
安全生产	有无安全隐患	10
现场 6S	是否做到	10
团队合作	是否和谐	5
活动参与	是否主动	5
劳动纪律	是否严格遵守	5
工单填写	是否完整、规范	5
得分		

2. 在实施的过程中,是否存在一些安全隐患?请找出容易忽视的地方。

3. 指导教师对小组的工作情况进行总体点评。

五、评价反馈

请在小组实习结束后,将本小组成员的工作情况填写在下表中。

序号	姓名	组内职责	完成情况评价

六、环境保护

废料和废品处理:

项目综合评价

项目名称							
班级			姓名		学号		
组别			时间		成绩		
考核能力	考核项目	评分标准	满分值	学生自评（30%）	小组互评（30%）	教师评价（40%）	平均分小计
专业能力	相关知识	是否正确	25				
	技能实训	是否掌握	30				
社会能力	团队合作	是否和谐	5				
	劳动纪律	是否严格遵守	5				
	沟通讨论	是否积极	5				
方法能力	制订计划	是否合理	5				
	学习新技术能力	是否具备	5				
	总结能力	能否正确总结	5				
个人能力	适应能力	是否具备	5				
	创新能力	是否具备	5				
	责任心	是否很强	5				

知识与能力拓展

1. 汽车底盘常用的润滑材料

（1）润滑脂

① 作用：润滑脂是一种半固体状的润滑材料，在汽车上主要用于轮毂、万向节等轴承部位，具有润滑、防锈和密封作用。

使用时应选择与用脂部位工作条件相适应的润滑脂的品种和稠度牌号。工作条件包括工作温度、运作速度、负荷和工作环境污染状况。

② 润滑脂的稠度等级：润滑脂的稠度等级有000、00、0、1、2、3、4、5、6等九个级别。000号最稀软，呈液态；6号最硬稠，几乎呈固态。汽车常用1、2、3号润滑脂。

③ 润滑脂使用注意事项：汽车轮毂是最主要的用脂部位，建议全年使用2号脂（南方），或冬季用1号脂，夏季用2号脂（北方），在炎热季节重负荷车辆上可以使用3号脂。用脂过稠会增加轮毂轴承转动阻力，使油耗增大，不利于节能；用脂过稀则会造成轮毂油封漏油，甩到制动蹄摩擦片上，造成制动失灵。汽车轮毂轴承润滑应采用空毂润滑的方式，即只在轴承内装满润滑脂，轮毂内腔仅薄薄地涂抹一层润滑脂防锈即可。

（2）齿轮油

① 齿轮油的作用：汽车齿轮油用于手动变速器、主减速器和转向器中齿轮传动的润滑，其作用是减少摩擦、降低磨损、冷却零部件、缓和震动与冲击、防锈和清洗。

② 齿轮油的分类：齿轮油的分类也是采用SAE黏度标准和API使用性能标准。

a. SAE黏度等级有70 W、75 W、80 W、85 W、90 W、140 W、250 W等。数值越大，适用温度越高。带"W"的为冬季用油，不带"W"的为夏季用油，也有多级油80 W/90和85 W/90等。

b. API使用性能等级有GL3、GL4、GL5等。

③ 齿轮油的使用注意事项：

a. 齿轮油应按照制造厂家的规定合理选用。

b. 不同性能级别的齿轮油不能混用，不同厂家相同黏度级别的齿轮油不能混用，添加剂不同的也不能混用。只有使用性能级别、黏度级别、添加剂等全部相同的齿轮油才能混合使用。

c. 依据使用环境温度确定齿轮油的黏度等级。齿轮油的标号75 W、80 W、85 W、90 W、140 W分别适用于最低气温为-40 ℃、-20 ℃、-12 ℃、-10 ℃、10 ℃的地区，应当对照当地冬季最低气温合理选用。

d. 根据齿轮的类型和工作条件选择齿轮油的质量等级。

2. 自动变速器的免解体维护

自动变速器是高度精密的动力传输装置，有许多精密部件，如液力变矩器、太阳轮、行星轮和复杂而细小的油道等，它们对污染物和温度的变化非常敏感。

据统计，90%的汽车自动变速器故障是由传动液被污染劣化、失去保护功能造成的。在不规范维护的情况下,极易出现工作粗暴、换挡迟缓等状况。

借助专业的清洗更换设备,对自动变速器的维护能够达到彻底清洗、更换、深化维护的效果:把系统中的漆膜、金属磨粒、油泥和所有的旧自动变速器油彻底排出系统,避免新的 ATF 加入后被污染劣化;恢复变速器油封和垫片的弹性,增强密封性能,防止系统出现渗漏;提高 ATF 的性能,延长自动变速器和 ATF 的使用寿命。定期使用自动变速器清洗更换设备和相配套的产品进行维护,就能真正达到不解体清洗、全寿命使用的维护目标。

(1) 自动变速器的清洗循环

对自动变速器免解体维修时,要将自动变速器出油管从管接头处拆开(从回油管的管接头外拆开也是一样的),用清洗和注油用油管将自动变速器油路与维修设备连接起来。当机油泵转动时,会带动自动变速器液压油进行体外循环。此时在自动变速器量油尺孔(加油孔)加注一瓶自动变速器清洗剂,清洗剂就会在液压油废油循环过程中与原来的废油充分混合,并彻底清洗自动变速器内的各个部位。

清洗过程中,应不断将变速杆置于"D"和"R"等挡位,踏住制动踏板并拉紧驻车制动;变换节气门开度,使自动变速器各挡都能得到清洗。清洗循环时,可用液压油流量调节阀调节流量,且可以从机械转动的指示器中看到液压油的流动。当液压油受到污染而全变黑时,指示器窗孔就变黑了,看不见叶轮转动,但用手摸时可以感受到热量,用手摸清洗注油管也能感受到热量和油流波动。废油油量表指示废油流量,油量随着调节阀开度大小的变化而变化。适当控制流量调节阀的开度,对废油和清洗液的循环有利,可以在较短的时间内清洗好自动变速器。当废油油量表显示"0.00"时,表明循环液中有堵塞之处,适当开启和关闭调节阀可将堵塞处冲开,从而恢复油流循环,直到将自动变速器清洗好为止。

(2) 新 ATF 加注

新 ATF 加注的工作原理是将新 ATF 用机油泵压入自动变速器,同时顶出自动变速器中的废 ATF。

当自动变速器清洗完毕后,将清洗加注设备上的"换油"开关按下,此时内部油路的电磁阀动作,油路自动切换。新 ATF 油箱与进油管相连,废 ATF 油箱与出油管相连,而新 ATF 油箱与废 ATF 油箱是彼此分开的。当 ATF 泵转动时,新 ATF 从进油管流进自动变速器,并逐渐顶出自动变速器中的废 ATF。

当换油开始时,可从透明的进油管上看到黑色的废 ATF 逐渐被红色的新 ATF 所代替;当换油快要结束时,出油管就变得透明并完全变红了,但此时还有间断的黑色油液;继续进行换油,顶出废 ATF,直到出油管全部变红并透明,自动变速器中的脏物随废油排出,直至在废油油箱侧面的玻璃管油面高度指示器的下部呈现新 ATF 为止。此时,废油和脏物几乎全部排出。

强制换油的油量应略高于自动变速器的油量容积,如自动变速器的油量容积为 6 L 时,换油量应为 8 L;油量容积为 8 L 时,换油量应为 10 L。

换油的流量可由新 ATF 流量调节和指示装置进行调节和显示,通过数字式流量表显示具体数字。调节阀门可以改变油量。当进油量略小于出油量时,可将新 ATF 刚好加注到油尺的最小刻度和最大刻度之间,几乎不用重新加注和排油。

(3) 管路连接

清洗注油设备与自动变速器连接的管路的形式各有不同,这是由于各种车型的自动变速器的冷却油管的直径和形式不同所致。

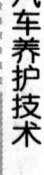

自动变速器进、出油管的接头要依原车管路和接头的形式而定,而与清洗注油设备连接处只有一种形式即可,并应采用快换接头连接。与自动变速器连接的管接头直径应一致,以能够刚好紧密连接为宜,然后用卡箍固定住,以防漏油。快换接头都被设计成不漏油的形式。

清洗管和注油管宜选用透明的耐油树脂塑料,因为这样可以看清油流在管路中的流动,给清洗和注油过程带来一个可视的动态效果,能够看清清洗和注油的全过程,以便于排除液压系统的故障,对维修十分有利。

清洗和注油作业是在汽车上进行的,作业前应用衬垫防护汽车车身,以防止污染。要注意清洗液不要滴落在车身表面的油漆上,如不慎滴落,应及时用棉纱擦拭干净。连接和松开管接头时,要防止油液滴落在发动机和排气管上,如不慎滴落,应及时擦拭干净。滴落在排气管上的油滴,在发动机启动和运转时会变成蓝色烟雾,要仔细辨认,以免误判为发动机故障。

3. 自动变速器的性能试验

自动变速器的性能试验包括失速试验、时滞试验、油压试验和道路试验。

(1) 自动变速器的失速试验

失速试验是检查发动机、液力变矩器及自动变速器中有关的换挡执行元件的工作是否正常的一种常用方法。

失速试验的准备。行驶汽车,使发动机和自动变速器均达到正常工作温度,检查汽车的行车制动和驻车制动系统,并确认其性能良好,且自动变速器的油面高度正常。

失速试验的具体步骤:

① 将汽车停放在宽阔的水平地面上,前后车轮用三角木块塞住。

② 拉紧驻车制动,左脚用力踩住制动踏板。

③ 启动发动机,将选挡杆拨入"D"位。

④ 在左脚踏紧制动踏板的同时,用右脚将加速踏板踩到底,迅速读取此时发动机的最高转速。读取发动机转速后,立即松开加速踏板。

⑤ 将选挡杆拨入"P"或"N"位,使发动机怠速运转 1 min 以上,以防止自动变速器油因温度过高而变质。

⑥ 将选挡杆拨入"R"位,做同样的试验。

在选挡杆位于"D"或"R"位的同时踩下制动踏板和加速踏板,发动机处于最大转矩工况,行星齿轮变速器的输入、输出轴静止不动,因而变矩器涡轮也静止不动,只有变矩器壳及泵轮随发动机一起转动,这种工况属于失速工况,此时的发动机转速称为失速转速。

在失速工况下,发动机的动力全部消耗在液力变矩器油液的内部摩擦损失上,油液温度会急剧上升。因此,在失速试验中,加速踏板从踩下到松开整个过程的时间不得超过 5 s,否则会使自动变速器油因温度过高而变质,甚至损坏密封圈等零件。在一个挡位试验完成后,不要立即进行下一个挡位的试验,要等油温下降以后再进行。试验结束后不要立即熄火,应将选挡杆拨入空挡或停车挡,让发动机怠速运转几分钟,以使自动变速器油温度正常。如果在试验中发现驱动轮因制动力不足而转动,那么应立即松开加速踏板,停止试验。

不同车型的自动变速器都有其失速转速标准,若失速转速与标准值不相符,则说明自动变速器有故障。"D"和"R"位的失速转速均过高,可能是因为主油路油压过低、前进离合器打滑或倒挡执行元件打滑等;失速转速均过低,可能是因为发动机动力不足或变矩器导轮单向离合器打滑等;仅在"D"位失速转速过高,可能是因为前进挡油路油压过低或前进离合器打滑;仅在"R"位失速转速过高,可能是因为倒挡油路油压过低或倒挡执行元件打滑等。

(2) 自动变速器的时滞试验

在发动机怠速运转时,将选挡杆从空挡拨至前进挡或倒挡后,需要有一段短暂时间的迟滞或延时才能使自动变速器完成挡位的变换(此时汽车会产生一个轻微的振动),这一短暂的时间称为自动变速器换挡的迟滞时间。时滞试验就是测出自动变速器换挡的迟滞时间,根据迟滞时间的长短来判断主油路油压及换挡执行元件的工作是否正常,其试验步骤如下:

① 行驶汽车,使发动机和自动变速器达到正常工作温度。

② 将汽车停放在水平地面上,拉紧驻车制动。

③ 将选挡杆分别置于"N"位和"D"位,检查、调整怠速。

④ 将自动变速器选挡杆从"N"位拨至"D"位,用秒表测量从拨动选挡杆开始到感觉汽车振动为止所需的时间,该时间称为 ND 迟滞时间。

⑤ 将选挡杆拨至"N"位,使发动机怠速运转 1 min 后,再做一次同样的试验。共做 3 次试验,取平均值作为 ND 迟滞时间。

⑥ 按上述方法,将选挡杆由"N"位拨至"R"位,测量 NR 迟滞时间。

大部分自动变速器的 ND 迟滞时间小于 1.0 s、NR 迟滞时间小于 1.2 s。若 ND 迟滞时间过长,则说明主油路油压过低,前进离合器、制动器磨损过甚或间隙过大;若 NR 迟滞时间过长,则说明倒挡油路油压过低,倒挡离合器、倒挡制动器磨损过甚或间隙过大。

(3) 自动变速器的油压试验

油压试验是在自动变速器工作时,测量控制系统各个油路中的油压,为分析自动变速器故障提供依据,以便有针对性地进行检修。自动变速器正常工作的先决条件是控制系统的油压正常。油压过高,会使自动变速器出现严重的换挡冲击,甚至损坏控制系统;油压过低,会造成换挡执行元件打滑,加剧其摩擦片的磨损,甚至会烧毁换挡执行元件。油压试验的内容取决于自动变速器的类型及测压孔的设置,主要测试前进挡和倒挡的主油路油压。液控自动变速器还需测量调速阀油压。

① 行驶汽车,使发动机和自动变速器均达到正常工作温度,然后将汽车停放在宽阔的水平地面上,前后车轮用三角木块塞紧。

② 拆下自动变速器壳体上主油路测压孔或前进挡油路测压孔螺塞,接上高量程油压表。

③ 启动发动机,将选挡杆拨至前进挡"D"位,读出发动机怠速运转时的油压。该油压即为怠速工况下的前进挡主油路油压。

④ 用左脚踩紧制动踏板,同时用右脚将加速踏板完全踩下,在失速工况下读取油压。该油压即为失速工况下的前进挡主油路油压。

⑤ 将选挡杆拨至空挡或停车挡,使发动机怠速运转 1 min 以上。

⑥ 将选挡杆拨至各前进低挡"S""L"或"2""1"位置,重复操作,读出各前进低挡在怠速工况和失速工况下的主油路油压。

⑦ 将选挡杆拨至倒挡"R"位,在发动机怠速和失速工况下读取倒挡主油路油压。不同车型的自动变速器的主油路油压各不相同。主油路油压过低,可能是因为油泵供油不足、主调压阀卡死或弹簧过软、节气门拉线或节气门位置传感器调整不当、节气门阀卡滞、油压电磁阀损坏或线路故障、制动器或离合器活塞密封不良、油路密封圈破损等。

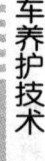

（4）自动变速器的道路试验

道路试验是诊断、分析自动变速器故障的最有效手段之一。试验内容主要有检查换挡车速、换挡质量及换挡执行元件有无打滑现象。在道路试验前，应先让汽车以中低速行驶5～10 min，使发动机和自动变速器都达到正常工作温度。在试验中，如无特殊需要，通常应将超速挡开关置于"ON"位置（即超速挡指示灯熄灭），并将模式开关置于"普通模式"或"经济模式"位置。

① 升挡过程和升挡车速的检查：将选挡杆拨至前进挡"D"位，踩下加速踏板，使节气门保持在1/2开度左右，让汽车起步加速，检查自动变速器的升挡情况。自动变速器在升挡时发动机会有瞬时的转速下降（转速表指针迅速回摆），同时车身有轻微的闯动感。一般四速的自动变速器在节气门开度保持在1/2时，由一挡升至二挡的升挡车速为25～35 km/h，由二挡升至三挡的升挡车速为55～70 km/h，由三挡升至四挡的升挡车速为90～120 km/h。升挡车速过低，一般是由控制系统的故障所致；升挡车速过高，可能是控制系统有故障，或换挡执行元件有故障。

② 升挡时发动机转速的检查：正常情况下，若自动变速器处于"经济模式"或"普通模式"，节气门保持在低于1/2开度范围内，则在汽车由起步加速直至升入高挡的整个行驶过程中，发动机转速都将低于3000 r/min。通常在即将升挡时发动机转速可达到2500～3000 r/min，在刚刚升挡后的短时间内发动机转速将下降至2000 r/min左右。如在整个行驶过程中发动机转速始终过低，加速至升挡时仍低于2000 r/min，则说明升挡时间过早或发动机动力不足；如在行驶过程中发动机转速始终偏高，升挡前后的转速在2500～3000 r/min，且换挡冲击明显，则说明升挡时间过迟；如在行驶过程中发动机转速过高，经常高于3000 r/min，在加速时达到4000～5000 r/min，甚至更高，则说明换挡执行元件（离合器或制动器）打滑。

③ 换挡质量的检查：换挡质量的检查主要是检查有无换挡冲击。正常的自动变速器只能有不太明显的换挡冲击，特别是电子控制自动变速器的换挡冲击应十分微弱。换挡冲击过大，可能是因为油路油压过高、换挡执行元件打滑、蓄压器或缓冲阀失效等，应做进一步检查。

④ 锁止离合器工作状况的检查：让汽车加速至超速挡，以高于80 km/h的车速行驶，并让节气门开度保持在低于1/2的位置，使变矩器进入锁止状态。此时，快速将加速踏板踩下至2/3开度，同时检查发动机转速的变化情况。若发动机没有太大变化，则说明锁止离合器处于接合状态；反之，若发动机转速升高很多，则表明锁止离合器没有接合，其原因通常是锁止离合器控制系统有故障。

⑤ 发动机制动作用的检查：将选挡杆拨至前进低挡（"S""L"或"2""1"）位置，在汽车以二挡或一挡行驶时，突然松开加速踏板，若车速立即随之而降，则表明有发动机制动作用。否则，就表明控制系统或相关的离合器、制动器有故障。

⑥ 强制降挡功能的检查：将选挡杆拨至前进挡"D"位，保持节气门开度在1/3左右，在以二挡、三挡或超速挡行驶时突然将加速踏板完全踩到底，检查自动变速器是否被强制降低一个挡位。在强制降挡时，发动机转速会突然上升至4000 r/min左右，并随着加速升挡，转速逐渐下降。若踩下加速踏板后没有出现强制降挡，则表明强制降挡功能失效。若在强制降挡时发动机转速异常升高至5000 r/min左右，并在升挡时出现换挡冲击，则表明换挡执行元件打滑，应检修自动变速器。

⑦ "P"位制动效果的检查：将汽车停在坡度大于9%的斜坡上，选挡杆拨入"P"位，松开

驻车制动,检查机械闭锁爪的锁止效果。

4. 制动液

(1) 制动液性能的要求

制动液是在液压制动系统中传递制动力的液体。汽车制动液的性能要求是黏温性好（黏度随温度变化小）、凝固点低、低温流动性好、沸点高（高温下不产生气阻）、使用中品质变化小,并且不会引起金属件和橡胶件的腐蚀与变质、吸湿性低。这些需要对制动液提出了很高的要求。中/小型乘用车上绝大多数使用DOT3、DOT4型制动液。

(2) DOT型制动液简介

DOT是美国运输部的英文名称缩写。美国运输部对汽车制动液制定了一系列标准,国际上已公认了DOT制动液标准（见表4.3）。

表 4.3　按 DOT 标准最低沸点

型号	材质	色泽	干沸点(℃)	湿沸点(℃)
DOT3	乙二醇基	无色或淡黄	≥205	≥140
DOT4	硼酸树脂基	无色或淡黄	≥221	≥160
DOT5	硅酮基	紫色	≥266	≥188

① DOT3制动液：具有良好的密封性和与橡胶配合性,优良的低温流动性和抗高温气阻性,凝固点低,使用中品质变化小,并且不会引起金属件和橡胶件的腐蚀和变质,吸湿性低,价格低等优点,目前采用最多。

② DOT4制动液：性能与DOT3相似,但它具有更高的干、湿沸点,价格高于DOT3制动液,主要用于欧洲。

③ DOT5制动液：沸点高,适用于频繁使用制动的汽车,性能高于DOT3、DOT4型制动液。但如果用它代替原厂规定用DOT3的车辆,那么却可能会降低制动性能和耐久性能。因此,不能改变原厂规定的制动液型号（见表4.4）。

表 4.4　部分车型推荐使用的制动液型号及其更换间隔

车型	更换间隔	型号
别克凯越	30000 km 或 18 个月（先到为准）	DOT3
大众帕萨特	24 个月	DOT4
大众桑塔纳	50000 km 或 24 个月	DOT4
丰田卡罗拉	40000 km 或 24 个月	DOT5

(3) 制动液的使用注意事项

① 制动液是直接关系到汽车运行安全的产品,使用中应严格遵从制造厂家的规定,使用正确牌号的制动液。

② 不同牌号的制动液不可混用。

③ 因为制动液具有很强的吸湿性,所以不能暴露在空气中。制动系统中的制动液应该定期更换,更换时必须对整个系统进行彻底的清洗。

汽车电气养护

项目描述

汽车电气是由电源系统、启动系统、点火系统、照明系统、仪表系统、信号系统、空调系统及其他辅助用电设备等组成的。汽车电气号称汽车中枢神经系统,其结构复杂,布置隐蔽,科技含量高,发展更新快,几乎遍布汽车全身,因此必须对汽车电气进行养护。汽车电气养护的项目主要有电源系统的养护、灯光及仪表系统的养护、空调系统的养护等。

项目目标

1. 专业能力要求

(1) 重视劳动保护与安全操作;
(2) 正确检查蓄电池的安装牢固程度;
(3) 正确对电解液相对密度进行检测;
(4) 对电解液液面高度进行检查;
(5) 正确进行蓄电池的充电;
(6) 对免维护蓄电池进行检查;
(7) 对发电机传动带张力进行检查;
(8) 对发电机V带的状况、发电机电刷组件进行检查,对定子、转子及整流器进行检查;
(9) 能实施相关的汽车养护计划。

2. 社会能力要求

(1) 具有较强的口头与书面表达能力、人际沟通能力;
(2) 具有团队精神和协作精神;
(3) 与客户建立良好、持久的关系;
(4) 能融入动态的工作中,并提出自己的合理见解。

3. 方法能力要求

(1) 独立检索汽车电气维护的相关资料,包括网上检索、维修手册检索;

(2) 培养记录的习惯,将想法以书面形式记录下来;
(3) 完成就车观察或企业考察工作,通过观察、询问了解必要的相关信息;
(4) 能够制订、评价、修订计划,并选取最佳工作方案;
(5) 能够对整个项目的实施进行总结。

4. 个人能力要求

(1) 具有良好的心理素质和克服困难的能力;
(2) 能进行自我批评;
(3) 具有工作责任感;
(4) 具有继续学习的能力;
(5) 注重环境保护。

5. 重点和难点

(1) 正确实施汽车电器养护作业项目;
(2) 掌握汽车电器养护作业的工艺。

项目引入

一辆江淮同悦轿车行驶了 59800 km,进行 60000 km 维护。本项目重点介绍汽车电气的养护。

汽车电源系统能够向汽车用电设备供电,包括蓄电池与交流发电机等,电源系统的养护主要包括蓄电池的养护和交流发电机的养护。

任务 5.1 电源系统的养护

5.1.1 蓄电池的养护

蓄电池是一种将化学能转换为电能,也能将电能转换为化学能的可逆低压直流电源,放电时将化学能转换为电能,充电时将电能转化为化学能。蓄电池能够在发动机启动时,向起动机和点火系统供电,当发电机不发电、电压较低及超载时向用电设备供电,同时还起到过载保护的作用。

蓄电池的寿命一般为 2~3 年,如果使用和保养得当的话,那么可以使用 4 年左右。如果使用和保养不得当,几个月就会损坏,那时只能换一块新的蓄电池了。

蓄电池的养护项目主要有检查蓄电池的安装牢固程度、检查蓄电池的清洁状况、检查蓄电池电解液的液面高度、检测蓄电池电解液的相对密度、蓄电池充电及检查免维护蓄电池的工作状况等。

1. 检查蓄电池的安装牢固程度

检查蓄电池在车上的安装是否牢靠,导线接头与电桩的连接是否牢靠。

2. 检查蓄电池的清洁状况

蓄电池外部的灰尘、污垢，接线处脏污、腐蚀等会影响蓄电池的正常工作，故应定期对蓄电池外部进行清洁。

用抹布清除蓄电池外部的灰尘和泥土，如表面有电解液溢出，则可用布块擦干；清洗口盖通气孔。

清除极柱柱头上的脏物和氧化物，如图 5.1 所示，擦干净连接线外部及夹头，清除安装架上的脏污。

3. 检查蓄电池电解液的液面高度

（1）对于透明壳体的蓄电池，我们可以直接观察到蓄电池内电解液的液面高度，其标准值应在上、下刻度线之间，如图 5.2 所示。若液面过低，则应及时加入蒸馏水或市面上销售的蓄电池补充液（注意：向蓄电池中加入自来水、井水或河水，会造成蓄电池自行放电；添加蓄电池电解液，会缩短蓄电池的使用寿命）。

图 5.1 蓄电池极柱上的氧化物　　　　图 5.2 电解液液面高度刻线

（2）对于有加液口的蓄电池，液面高度可用一根内径为 6～8 mm、长约 150 mm 的玻璃管测量，如图 5.3 所示。电解液液面应高出极板 10～15 mm，测量完毕后，将玻璃管内的电解液放入原单格，若电池中电解液不足，则应加注蒸馏水（注意：必须明确液面降低是由于电解液溅出引起的，否则一般不允许加入硫酸溶液）。

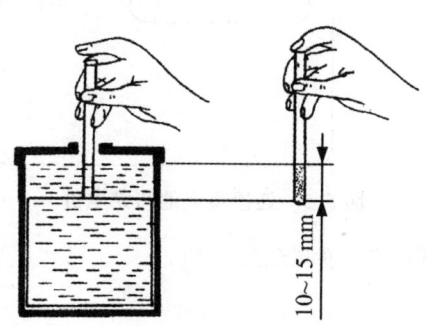

图 5.3 用玻璃管测量电解液的液面高度

4. 检测蓄电池电解液的相对密度

蓄电池电解液的相对密度可用吸式密度计测定，具体方法为：先用密度计吸入电解液，使密度计浮子浮起，电解液液面所在刻度即为相对密度值（注意：在强电流放电和加注蒸馏水后，由于电解液混合不匀，不宜立即测量电解液的相对密度），如图 5.4 所示。

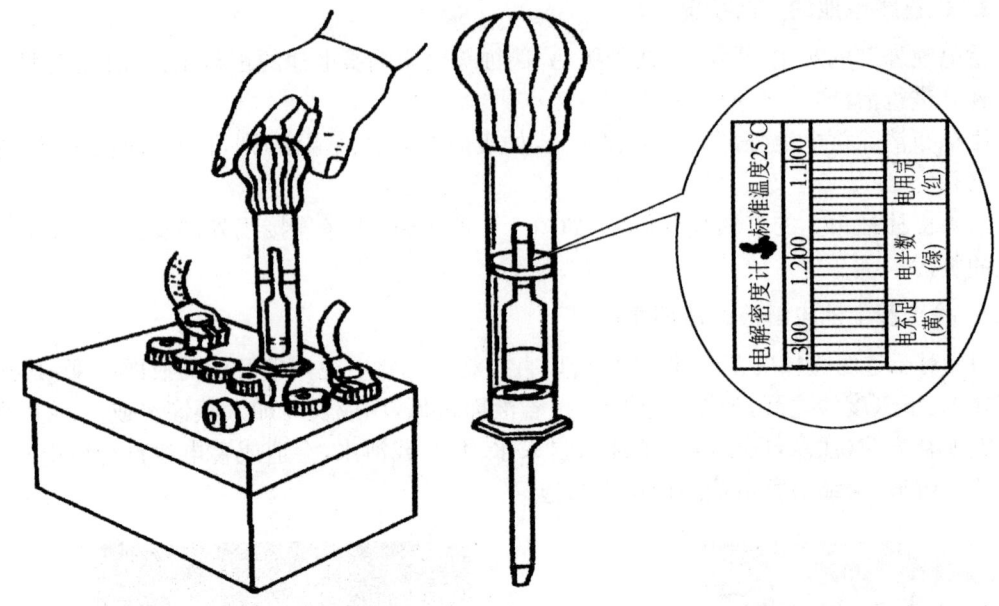

图 5.4 测量电解液的相对密度

5. 蓄电池充电

(1) 在将蓄电池与充电机连接之前,应将蓄电池极柱和表面清理干净,将液面高度调整至正常水平(注意:不知电解液高度时,不得充电)。

(2) 将蓄电池正负极连接到充电机的正、负极上,如图 5.5 所示。

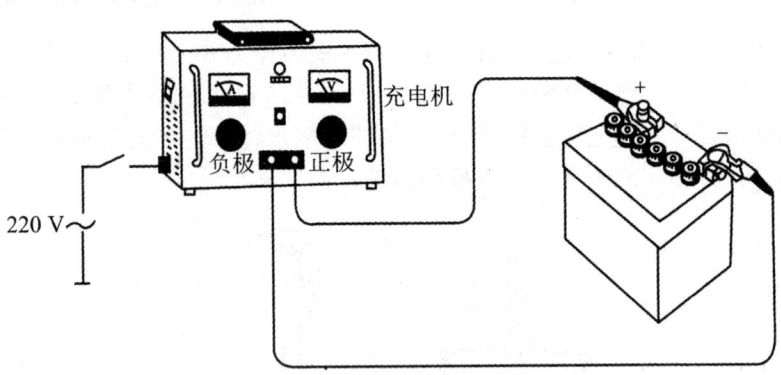

图 5.5 连接蓄电池与充电机

(3) 将充电机上的电压调节旋钮调至最小值。

(4) 打开交流电源开关。

(5) 打开充电机上的电源开关,调节电压旋钮,观察电流表读数,直到电流表指示出所确定的电流值为止(按充电规范,确定充电电流大小)。

(6) 在充电过程中,应随时检查电解液的温度,如果温度超过 40 ℃,那么应停止充电或减小充电电流,直到温度下降到 40 ℃以下。

(7) 每小时测量三次电解液浓度和电压,直到电压不再上升时停止充电,蓄电池电压应为 13 V 左右。

(8) 安装蓄电池时,应紧固好螺母。

> **提示**
> 1. 初次充电作业应连续进行,不可长时间间断。
> 2. 充电时,应旋下加液孔盖,使产生的氢气和氧气能顺利排出。
> 3. 充电室要安装通风和防火设备,并严禁明火,接线要牢靠,严防火花产生,以防发生火灾。
> 4. 在充电过程中,必须随时测量各格电池的温度,以免温度过高影响蓄电池的性能。
> 5. 就车充电时,一定要将蓄电池的负极断开,以免损坏电控系统的元件。

6. 检查免维护蓄电池的工作状况

免维护蓄电池可以直接通过观察窗观察孔中的颜色(见图 5.6)来确认蓄电池的工作状况。

观察颜色说明如下:

(1) 绿色,表明蓄电池的技术状况良好。

(2) 黑色,表明电解液密度偏低,应对蓄电池进行补充电。

(3) 黄色,表明电解液液面过低,蓄电池已不能继续使用。

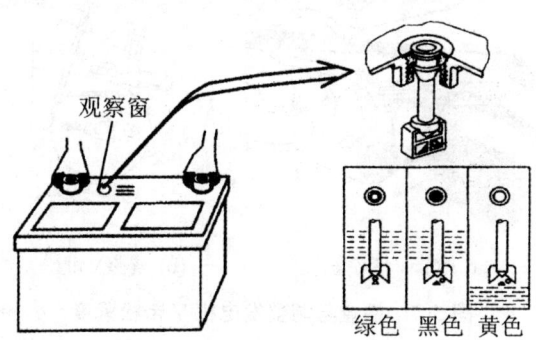

图 5.6 通过观察窗检查蓄电池的工作状况

5.1.2 发电机的养护

交流发电机的工作是保证给蓄电池充分充电,以便在发动机工作时,蓄电池能够向汽车各电子部件提供稳定的电能。

发电机养护的主要项目有清洁发电机、检查发电机传动带张力、检查发电机 V 带的状况、检查发电机电刷组件、检查定子、检查转子及检查整流器等。

1. 清洁发电机

(1) 清洁发电机外部

为了保持发电机清洁和通风道畅通,需要对交流发电机外表的积污和尘土进行清除,以利于发电机散热。

(2) 清洁发电机内部

当发电机运转 750 h 或汽车行驶约 3000 km 时,可对发电机内部进行清洁,具体方法如下:将交流发电机拆开,用压缩空气对发电机内部的灰尘进行清除,用沾有少量汽油的清洁布或棉纱对电刷、定子线圈、转子和集电环上的油污进行清洁并晾干,也可用汽油对发电机其他部件进行清洗。

(3) 清洁发电机集电环

有刷发电机应对集电环进行检查和清洁,必要时应使用"00"号纱布进行磨平、打光,如集电环上有较深凹槽,则上车床精加工。

2. 检查发电机传动带张力

发电机传动带过松或过紧将会损坏发电机,过松会使发电机传动带打滑,从而使其发电不足;过紧则易损坏V带和交流发电机轴承。因此,需要对交流发电机传动带的张力进行检查,在传动带正中处能按下 10~12 mm 深度时为松紧程度适合。

3. 检查发电机V带的状况

发电机V带过松或过紧将影响发电机正常运行,过松会影响发电机的发电量,过紧则会致使轴承过早损坏。例如,桑塔纳轿车发电机V带松紧度检查方法如图 5.7(a)所示,用拇指在冷却液泵带轮与张紧轮或张紧轮与发电机带轮的中央部位,施加 100 N 的压力,当新带为 2 mm、旧带为 5 mm 时,为V带的合适挠度。若不符合规定,则可用如图 5.7(b)所示方法对其进行松紧度调整。

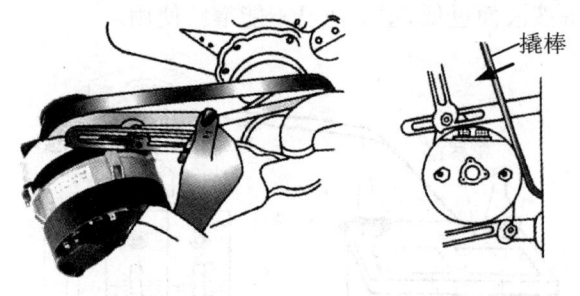

(a) 检查V带松紧度　　　　(b) 调整V带松紧度

图 5.7　检查与调整发电机V带松紧度

4. 检查发电机电刷组件

若发电机有电刷,当汽车行驶约 3000 km 或发电机运转 750 h 时,则应对发电机电刷进行检查。

(1) 检查电刷外观

检查电刷表面有无油污、破损、变形,在电刷架中是否活动自如。

(2) 检查电刷磨损程度

若发电机磨损过甚(一般汽车电刷高度磨损至 7~8 mm,微型汽车磨损至 4.5~5.0 mm),则应更换新电刷。

(3) 检查电刷长度

如图 5.8 所示,用游标卡尺对电刷长度进行测量,若电刷低于使用极限值(标准值为 10.5 mm,极限值一般为 4.5 mm),则应更换新电刷。当电刷表面有烧损时,应予修磨。

(4) 检查弹簧压力

可用弹簧秤检测电刷弹簧压力是否符合规定,当电刷压簧弹力不足时,应予以更换。

5. 检查定子

（1）定子表面不可有刮痕，导线表面不可有碰伤、绝缘漆剥落现象，绕组不可有搭铁、短路和断路现象。

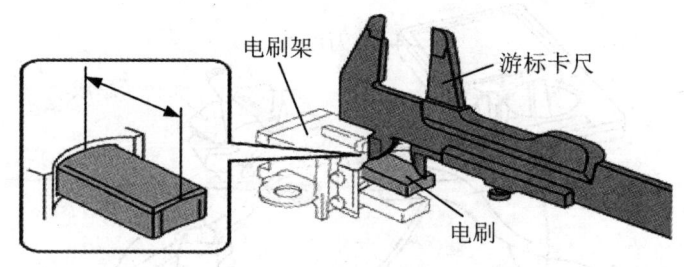

图 5.8 电刷长度的检测

（2）定子断路检查。使用万用表测量定子绕组的 3 根导线与中心抽头是否导通，如不导通，则应更换定子，如图 5.9 所示。

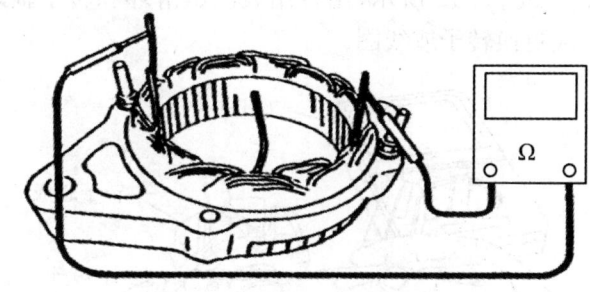

图 5.9 定子断路检查

（3）定子搭铁检查。使用万用表测量定子绕组的 3 根导线与定子铁芯是否导通，如不导通，则应更换定子，如图 5.10 所示。

（4）定子短路检查。使用万用表 $R\times 1$ 挡检测定子绕组的 3 个接线端，两两检测，阻值应小于 1 Ω，若阻值为∞，则为断路。故障诊断应用 35 W、220 V 的电烙铁焊接修复，若不能修复，则应更换定子绕组或定子总成。

测量定子绕组的 3 根导线与定子铁芯是否导通，如不导通，则应更换定子。

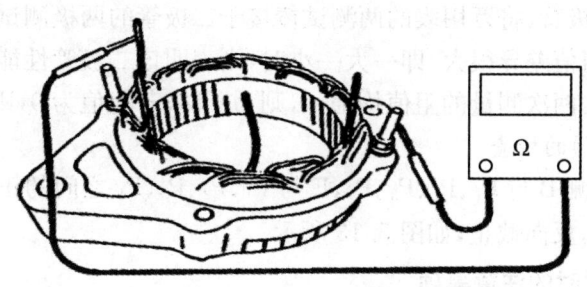

图 5.10 检查定子搭铁

6. 检查转子

（1）转子表面不可有刮痕，否则，就表明轴承松旷，应更换前、后轴承。滑环表面应光洁平整,两滑环之间的槽内不可有油污和异物,转子绕组不允许有搭铁、短路和断路故障。

(2) 转子断路检查。如图 5.11 所示,用万用表测试转子两滑环之间是否断路或电阻值过大。如有,则应检修或更换转子总成。滑环与滑环之间的电阻正常值为 2.9 Ω。

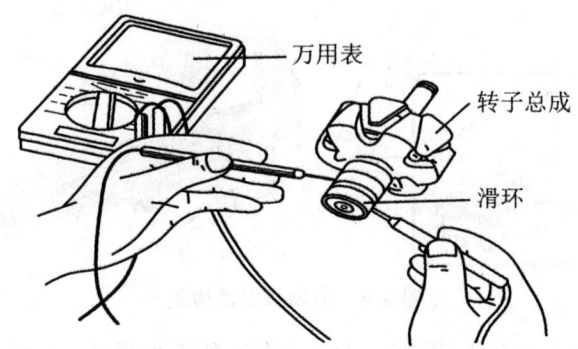

图 5.11 转子的断路检查

(3) 转子搭铁检查。如图 5.12 所示,用万用表测试滑环和转子轴之间是否搭铁短路,如有,则表明线圈搭铁,应更换转子或线圈。

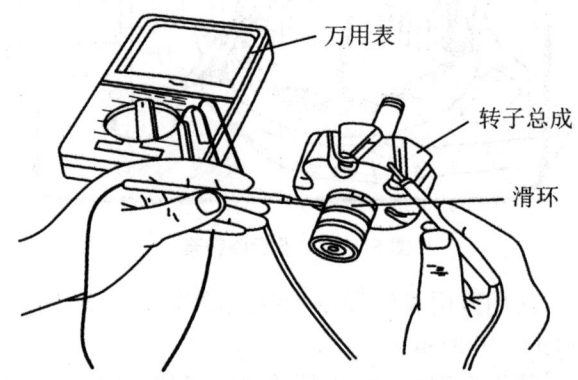

图 5.12 转子的搭铁检查

7. 检查整流器

(1) 二极管的检查

用万用表检查二极管,将万用表的两测试棒接于二极管的两极测试其电阻,再反接测试一次,若两次测得的阻值差异很大,即一大一小时,则表明该二极管性能良好,否则为性能不良,应更换二极管。若两次测量的阻值均为∞,则为断路;若阻值均为 0,则为短路。

(2) 整体式整流器的检查

用万用表分别检测 B 与 P_1、P_2、P_3、P_4,E 与 P_1、P_2、P_3、P_4 之间的正向和反向通电情况,正常时应为正向通电,反向截止,如图 5.13 所示。

8. 就车维修检测时的注意事项

(1) 最好使用专用工具对充电系统进行检测。

(2) 在判断不发电故障部位是在发电机还是在调节器,将调节器短路时,必须注意这时发电机的电压将失控,电压可能达到 16～30 V,所以试验要控制在很短的时间内进行。

(3) 在线路故障没有排除时,不要更换新的调节器,这样做可能损坏新的调节器。

(4)交流发电机运行时,禁止做搭铁划火试验来检测其是否发电,否则二极管会因瞬间过载而损坏。

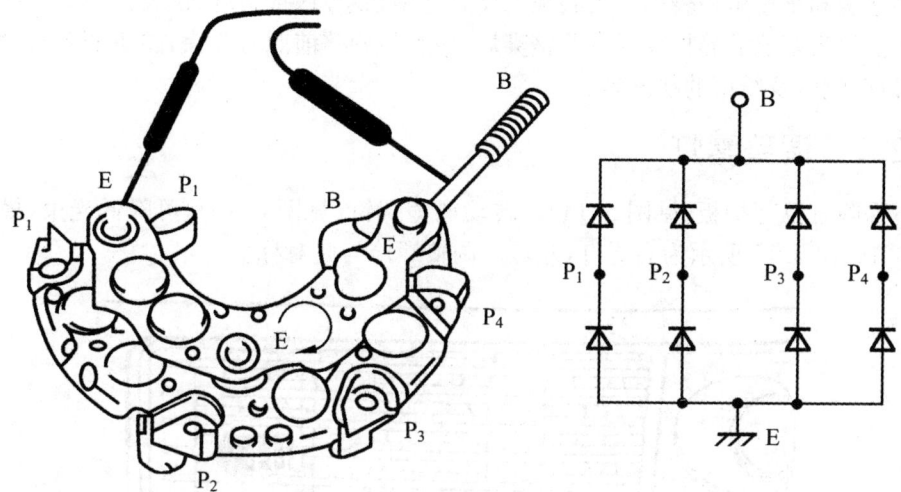

图 5.13 整流器的检测
B:正极接线柱;E:负极接线柱;$P_1 \sim P_4$:整流器接线柱

(5)发电机的搭铁极性应与蓄电池的搭铁极性相一致,否则会烧坏交流发电机的整流二极管。

(6)在交流发电机工作时,不要随便拆卸电器的连接导线,否则容易发生短路现象,从而人为地损坏二极管。

(7)正确调整调节器,不允许将电压调节器的限额电压调得过高或过低。当交流发电机停止工作后,应及时断开点火开关,以免蓄电池经发电机励磁绕组和调节器的磁化线圈放电。

(8)对交流发电机进行整体绝缘检查或单独检查二极管时,绝对不允许使用兆欧表或100 V以上的交流电源,否则会击穿发电机内的整流二极管。

(9)当发现发电机不发电时,应及时找出故障原因,并加以排除,不宜做长时间运转。因为只要有一只二极管短路,发电机就不能发电,继续运转将会烧坏其他原本完好的二极管或定子三相绕组。

任务 5.2 灯光及仪表系统的养护

明亮的车灯是司机行车安全的重要保障,时常关注一下车灯,有利于行车安全。

汽车仪表系统是汽车运行状况的动态反映,是汽车与驾驶人进行信息交流的界面,为驾驶人提供必要的汽车运行信息,同时也是维修人员发现和排除故障的重要依据。为了使驾驶人随时掌握车辆的各种状况,并及时发现和排除潜在的故障,在驾驶室的仪表板上装有各种检测仪表和信息显示装置。现代汽车大多采用组合仪表系统。组合仪表一般由面罩、边框、表芯、印刷线路板、插接器、报警灯及指示灯等部件组成,有些仪表还带有稳压器和报警蜂鸣器。

不同汽车的组合仪表中的仪表个数不同,一般仪表板上主要有燃油表、冷却液温度表、发动机转速表和车速里程表等。仪表板上还有许多指示灯、报警灯、仪表灯等。

灯光及仪表系统的养护项目有调整雾灯,检查与调整前照灯光束,检查照明灯、警报灯、转向信号灯、喇叭及线束的状况等。

5.2.1 调整雾灯

拉下保险杠下部护板(见图5.14)。转动调整螺钉(见图5.15),可降低光束,横向不可调。图5.14、图5.15所示为右雾灯,左雾灯调整螺栓与此对称。

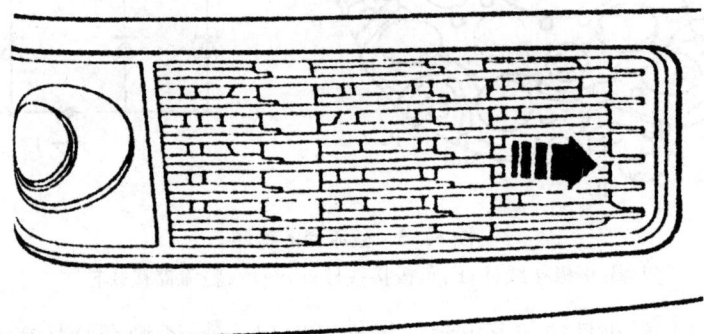

图5.14 拆卸保险杠下部护板

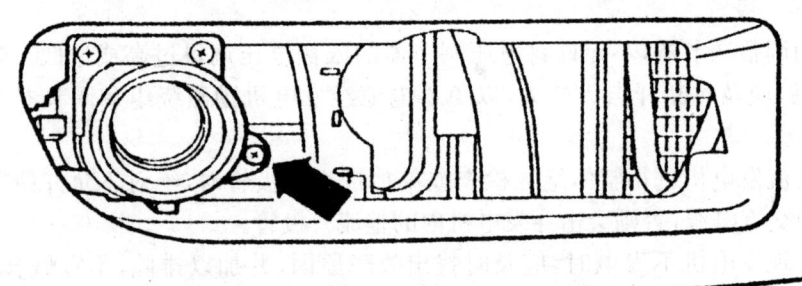

图5.15 调整雾灯

5.2.2 检查与调整前照灯光束

前照灯俗称"大灯",是汽车夜间行驶的主要照明设备,前照灯亮度、光束角度如不正确,将影响夜间行车安全。因此,前照灯泡烧毁、污损,照射角度不正常,都是很危险的,必须在维护中及时给予修复。

1. 检查全车灯光情况

两个人配合检查前照灯、转向灯、示宽灯、制动灯等灯光装置。检查时打开灯光开关,依次检查全车各部位的灯光;踩下制动踏板查看制动灯情况,发现不亮应及时排除。常见的灯光不亮故障由灯泡烧毁或熔丝烧断所致,更换灯泡或熔丝即可。

2. 检查调整前照灯光束

为了保证夜间行车的安全,应定期检查调整前照灯光束,使之符合国家规定的标准(见表5.1)。

表5.1 前照灯光束调整数据

前照灯类型	幕墙距离(m)	光束中心高度	数据(mm)
近光灯	10	0.75~0.8 H	
左灯			
左侧≤100			
右侧≤100			
右灯			
左侧≤100			
右侧≤100			
远光灯	10	0.85~0.9 H	
左灯			
左侧≤100			
右侧≤170			
右灯			
左侧≤170			
右侧≤170			

注:H指前照灯安装高度。

3. 前照灯光束的调整方法

方法一:使用前照灯测试仪调整前照灯。将轮胎气压正常的空车停放在平坦的场地上,一人坐在驾驶室内或将60 kg的重物放在驾驶员位置上,使车前部对准前照灯测试仪,按测试结果进行调整。

方法二:将轮胎气压正常的空车停放在平坦的场地上,一人坐在驾驶室内或将60 kg的重物放在驾驶员位置上,使车前部对幕墙保持一定的距离(正面相对10 m)。然后接通灯光开关,调整其光束。调灯时以一只灯为单位进行调整,首先遮蔽其他前照灯,然后拧动上下左右光束调整螺钉,使主光束(光度最高点)处于规定高度;前照灯上下左右调整时,必须拧入调整。若需拧松调节,则应完全拧松后再拧入调整。

4. 更换前照灯

更换真空灯芯。前照灯不亮时,首先要查看是否由插座和电线状况不良引起,或是因为熔丝烧断了。一旦确定是前照灯灯泡损坏,就先拆下前照灯的装饰罩,卸下前照灯的固定螺钉,若还有其他配件妨碍拆卸,则应一并卸下。

取下前照灯芯,小心拔下电线及插头,然后按与拆下相反的顺序,将灯芯装复,装复后不要忘记调整前照灯的照射角度。

更换前照灯卤素灯泡。近年出现的车型普遍采用卤素灯泡的前照灯,当卤素灯泡烧坏时,拆下前照灯的电线和插头,取下防尘盖、橡胶灯座和烧坏的卤素灯泡,然后按拆卸时相反的顺序将灯泡装复。

5.2.3 检查照明灯、警报灯、转向信号灯、喇叭及线束的状况

1. 检查灯光、信号和线束

（1）检查、调整灯光和信号显示装置,发现损坏及时修复。
（2）检查、紧固全车线路。
（3）检查全车线路接头,要求干净、整齐、连接可靠。
（4）检查全车线路的绝缘层,如有破损,则用胶布包扎好,破损较多的导线,应予以更换。
（5）检查全车线束固定情况。卡子应齐全、固定可靠,无松动现象。

2. 检查报警信号

各常用报警信号灯、传感器及连线应完好无损,一旦发现损坏或显示异常,就应及时修理,以确保行车安全。

5.2.4 仪表系统检修注意事项

（1）拆装注意事项：
① 拆装仪表系统时,应先拆下蓄电池负极电缆,以免触摸仪表板后面时造成线路短路；
② 拆卸装饰面板时,因为固定螺钉一般比较隐蔽,所以要仔细查找固定螺钉,否则强行拆卸将会损坏装饰面板；
③ 拆装仪表系统时,应注意仪表板后面的线束插接器及车速里程表软轴接头,一般都带有锁止机构,切忌强拆,安装时要确保到位；
④ 从电路板上拆下仪表表芯、电源稳压器、照明及指示灯时,小心不要损坏印制电路。

（2）单独更换表芯或仪表传感器时,注意仪表与传感器必须配套使用。
（3）拆装仪表及传感器时,动作要轻,不要敲打。
（4）电热式机油压力传感器安装时有方向要求。
（5）仪表与传感器的接线、传感器的搭铁必须可靠。
（6）电磁式仪表的接线柱有极性之分,不可接错。

> **提示**
> 在发动机启动之前、之后及汽车运行过程中,目视检查汽车仪表系统中的各仪表是否进行了有效指示。

任务5.3　空调系统的养护

汽车空调主要调节车内温度、车内湿度、车内空气流速及过滤净化车内空气,主要由制冷系统、取暖系统、通风和空气净化系统及控制系统组成。制冷系统是将车内空气或吸进来的新鲜空气冷却或除湿;取暖系统是将车内空气或吸进来的新鲜空气加热;通风系统是将车外新鲜空气吸进车内进行换气;空气净化系统是将空气净化,除去车内存在的灰尘和气味;控制系统是对制冷和取暖系统进行控制,使其正常工作。

汽车空调是一个季节性的使用设备,若想延长空调器的使用寿命,并使其正常工作,则需要经常对其进行维护和保养。

空调的养护项目主要有空调制冷系统制冷剂的检查与加注、检查冷暖风机的工作情况、冷冻油的检查更换等。

5.3.1　汽车空调制冷系统制冷剂的检查与加注

1. 制冷剂的检查

我们可以通过观察法与测温法来检查空调制冷剂储量。

(1) 观察法:通过观察玻璃窥视窗内制冷剂的气泡情况来判断制冷剂储量。

玻璃窥视窗多装在接受干燥器的盖子上面,找到玻璃窥视孔后,将它擦干净,然后启动发动机,使其转速保持在2000 r/min左右,并使空调系统工作,然后透过玻璃窥视窗观察制冷剂的流动情况。制冷剂状况与储量的关系如表5.2所示。

表5.2　制冷剂状况与储量的关系

序号	制冷剂状况	制冷剂储量	处置方法
1	窗内透明,发动机转速稳定时无气泡,转速变化的瞬间,偶尔出现气泡,关闭空调后随即起气泡,然后渐渐消失	储量适中	
2	看不到气泡。空调关闭后,窗内处于澄清状态,无泡沫出现	加注过量	应放出多余的制冷剂
3	看到间断而微量的气泡	储量不足	检查是否有泄漏之处,并补足制冷剂
4	看到连续不断的气泡	严重不足	
5	看不到气泡	完全没有	及时检漏、修理、抽真空、添加适量制冷剂

(2) 测温法:通过检查储液干燥器出入口的温度来判断制冷剂的储量是否合适。

储液干燥剂通常装在冷凝器的前方,外形像灭火器(圆筒状),并且总有两根管道与它相连接,一根管路通向膨胀阀,另一根管道通向冷凝器。操作时先运转发动机,使其转速保持在2000 r/min左右,再让空调系统进入工作状态,用两手分别握住上述两根管子,感觉它们的温度差别。两根管子的温度差别与制冷剂储量的关系如表5.3所示。

表 5.3　两根管子的温度差别与制冷剂储量的关系

序号	温度差别	制冷剂储量	处置方法
1	两根管子的温度很相近	储量适中	
2	通往冷凝器的管子较冷	储量不足	检查是否有漏之处,并补足制冷剂
3	通往膨胀阀的管子较冷	加注过量	放掉部分制冷剂

2. 制冷剂的加注

(1) 制冷剂的排空。排除空调制冷系统内的制冷剂是为了对空调制冷系统进行维护和维修,具体操作方法如下:

① 压力表组接入系统,调整控制器至最冷位置;
② 发动机转速调至 1000~1200 r/min,并运行 10~15 min;
③ 恢复发动机正常转速,然后关闭发动机;
④ 缓慢开启高低压侧手动阀,让制冷剂经过中间软管排出;
⑤ 中间软管开口端裹上白布,若有冷冻油流出,则会显示在白布上,此时,关小高压手动阀,至刚好无冷冻油排出;
⑥ 表座上高、低压力表读数均为 1 个大气压时,说明系统已放空。

(2) 制冷系统真空操作。制冷剂在加注之前,必须对制冷系统进行真空处理,以去除系统内的空气、水分和杂质。具体操作方法如下:

① 确认发动机处在"关闭"状态。
② 确认制冷剂已从系统排出。
③ 中央管路连接到真空泵吸气部位。
④ 操作真空泵之后开启加注仪的高压和低压阀门。
⑤ 真空泵运转 10 min 后,检查低压表读数是否大于 79.8 kPa 真空度。如真空度不到 79.8 kPa,则应关闭高低压手动阀,使真空泵停转,检查系统是否有泄漏,并根据情况进行修理。如果没有找到泄漏,则继续抽真空。
⑥ 将系统压力抽真空至将近 100 kPa。关闭低压手动阀及真空泵,放置 5~10 min,如果高压力上升大于 3.4 kPa,那就说明系统有泄漏,在检查排除后,再进行抽真空工序。
⑦ 如果低压表指针保持不动,那么继续抽真空 30 min 以上,关闭高低压手动阀后,再关闭真空泵。

(3) 加注制冷剂高低压手动法:汽车空调系统制冷剂的加注方法可根据添加的制冷剂状态,分为低压端充注和高压端充注两种方法。

① 低压端充注法:通过压力表的低压侧向空调制冷系统补充气态制冷剂。具体操作方法如下:

　a. 把制冷剂容器装到调整阀门;
　b. 开启低压阀门,调整阀门;
　c. 启动发动机并开启空调;
　d. 加注规定量之后关闭低压阀门;
　e. 制冷剂加注速度过慢,可以把容器放入约 40 ℃ 的水中(注意:不能把水加热至 52 ℃ 以上)。

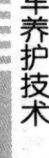

② 高压端充注法：通过压力表的高压侧向空调制冷系统加注液态制冷剂。具体操作方法如下：

  a. 系统抽真空之后，完全关闭高压和低压阀门两端；

  b. 安装制冷剂容器，调整阀门；

  c. 完全开启高压阀门后倒放容器；

  d. 系统过量加注时会增加排出压力，故应边测定制冷剂容量，边用正确容量加注并关闭高压阀门；

  e. 加注规定的制冷剂后，关闭加注阀门。用检漏仪检查是否漏气。

> **提示**
> 1. 制冷剂凝固点比较低、挥发性强，为了防止接触皮肤和眼睛而引起冻伤、失明等，所以必须使用手套及眼镜。
> 2. 当制冷剂溅入眼睛或与皮肤接触时，应立即用清水冲洗接触部位，且必须到眼科和皮肤科进行诊疗，切忌用手或手帕揉搓眼睛。
> 3. 进行与制冷剂相关的操作时，场所必须通风。若制冷剂在封闭的场所大量排出，则会导致缺氧现象。
> 4. 制冷剂排出许可量为 4184 mg/m^2。
> 5. 若制冷剂排出量过多，则会导致心脏及心血管系统、免疫系统异常或过敏，呼吸系统异常或皮肤疾病。
> 6. 进行与制冷剂相关操作时，周围环境不能有水分、灰尘等异物，这些异物流入空调系统后，将会损害系统。
> 7. 进行与制冷剂相关的操作时，车辆周围不能有引火物或可以点燃的物品。制冷剂罐暴露在热源中会引起爆炸，因此要特别注意。
> 8. 利用高压侧加注时不启动发动机。
> 9. 利用液体制冷剂加注时不能开启低压阀门。
> 10. 分离加注检测仪之前做性能测试。

5.3.2 检查冷暖风机的工作情况

（1）打开驾驶室内的风机开关，检查电动鼓风机的运转情况，要求转动正常，无异常响声，若运转中有异常响声，则应检查鼓风机风扇叶片有无损坏和风扇配重片有无脱落；

（2）检查送风橡胶软管有无老化和破损现象，若有损坏，则应予更换；

（3）启动发动机升温后，打开暖风开关和鼓风机开关，供暖通风设备状况应符合要求。

5.3.3 冷冻油的检查更换

  一般制冷系统内，冷冻油的消耗量很少，仅在设备正常检修时才更换新的。当蒸发器、储液器、干燥器、冷凝器或压缩机更换时，由于消耗，必须加入一定量的冷冻油来进行补充，而在更换膨胀阀、蒸发压力调整阀和管子时，则不需要添加冷冻油。

  汽车空调压缩机中的冷冻油，一般在使用三个季节后进行更换，每次的加注量随具体车型的不同而不同。冷冻油的加注量一定要合适,如果过多,那么会使冷冻油在管道和容壁上形成的油膜加厚,降低冷凝器和蒸发器的传热效率,从而降低制冷效率;同时过多的冷冻油进入系统,还会造成故障,尤其是当冷冻油进入气缸内的活塞上部时,将发生液化,进而损坏机件。如果油量过少,那么会使润滑恶化,从而加剧机件的磨损,甚至烧毁。

在添加冷冻油时,一定要注意冷冻油的牌号,因为不同牌号的冷冻油混合使用时,会造成冷冻油的黏度降低,甚至会破坏油膜的形成,使轴承等需要润滑的部件受到损害。如果两种冷冻油中含有不同性质的抗氧化添加剂,混合在一起就可能会产生化学反应,形成沉淀物,使压缩机的润滑受到影响,因此使用时应特别注意。冷冻油必须储存在密封良好的容器中,不要让冷冻油与空气长期接触,更不允许掺入水分等,以免冷冻油氧化变质。

任务 5.4　新能源汽车空调系统的维护

纯电动汽车空调系统和传统汽车的空调系统有着很大的不同,主要表现在两个方面,一是压缩机动力源;二是暖风系统热源。

传统汽车压缩机动力源自于发动机,暖风系统热源多数利用的是发动机余热;而纯电动汽车没有发动机,因此要用其他的解决方案。通常采用的方法是:压缩机由动力电池驱动,暖风系统则采用辅助热源。

5.4.1　北汽 EV160 纯电动汽车空调制冷系统

北汽 EV160 纯电动汽车空调制冷系统如图 5.16 所示,主要由电动压缩机、冷凝器、压力开关、蒸发器及膨胀阀和 PTC 加热器等组成。

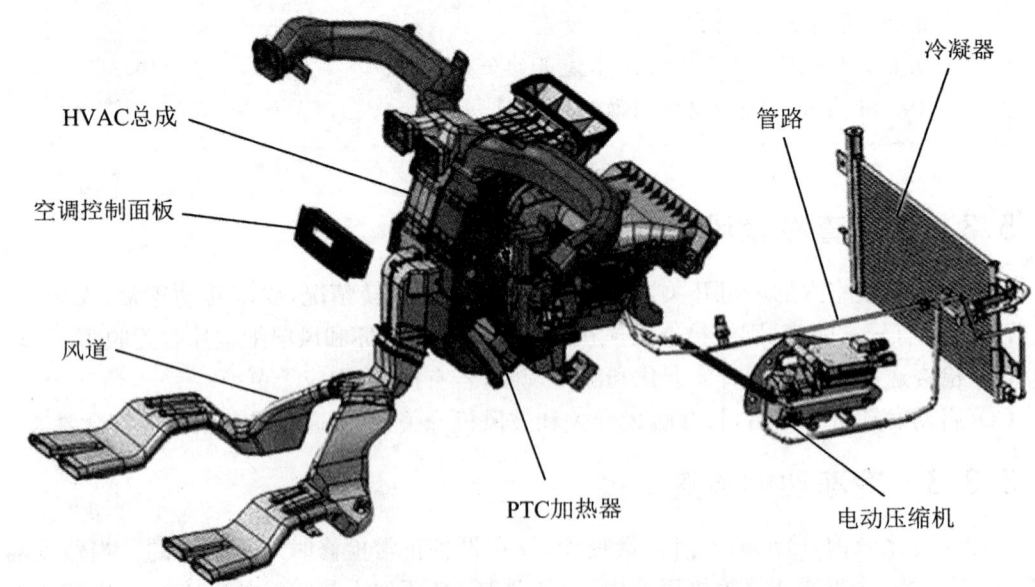

图 5.16　北汽 EV160 纯电动汽车空调制冷系统的组成及相对位置

空调制冷系统压缩机采用的是涡旋式压缩机,与压缩机电动机、压缩机驱动控制器集成在一起,称为电动压缩机总成,如图5.17所示。

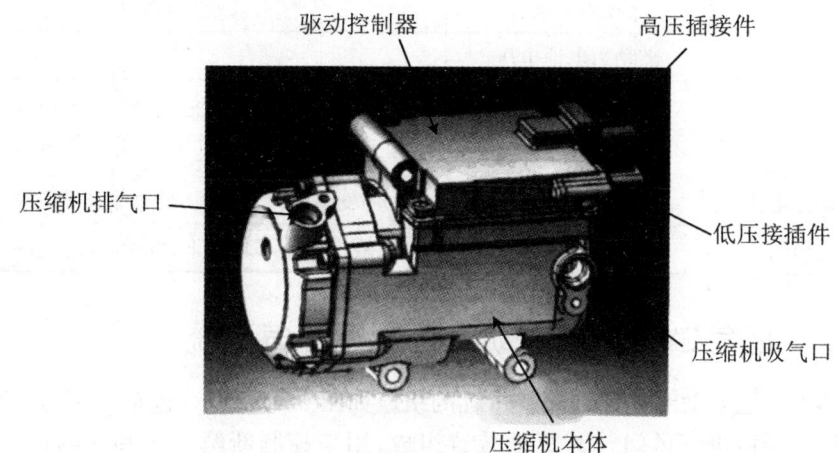

图 5.17 电动压缩机总成

电动压缩机总成参数如表5.4所示。

表 5.4 电动压缩机总成参数

	类 型	直流无刷传感器电机
电机参数	工作电压	DC 220～420 V
	额定电压	DC 384 V
	实际功率	1000～1500 W
	转速范围	1500～3500 r/min
压缩机参数	类型	涡旋式
	排量	27 mL/r
	制冷剂	R134a
	冷冻油	R168H(POE68)
	最大使用制冷量	2500 W
控制器参数	工作电压	DC 9～15 V
	最大输入电流	500 mA

5.4.2 EV160 纯电动汽车空调暖风系统

北汽 EV160 纯电动汽车空调暖风系统的热源采用的是 PTC 加热器,如图 5.18 所示。它将 PTC 加热芯与散热器做成一体。北汽 EV160 纯电动汽车有一个 PTC 加热器,采用两个加热器芯来调节取暖量。

北汽 EV160 纯电动汽车 PTC 加热器技术要求如表 5.5 所示。

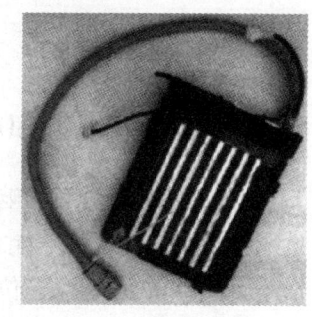

图 5.18 PTC 加热器总成

表 5.5 北汽 EV160 纯电动汽车 PTC 加热器技术要求

项　目	技术要求	试验条件
额定输入电压	随动力电池电压	336 V
额定功率	3500 W	环境温度：25±1 ℃，施加电压 DC 336±1 V，风速：4.5 m/s
功率偏差率	－10%～＋10%	
冷态最大起始电流	20 A	环境温度：25±1 ℃，施加电压 DC 336±1 V
单级冷态电阻	80～300 Ω	在 25±1 ℃环境下，放置＞30 min 后测量

5.4.3　北汽 EV160 纯电动汽车空调配气系统

北汽 EV160 纯电动汽车空调配气系统的组成如图 5.19 所示，包括三部分：第一部分为空气进入段，主要由进气风门及其驱动装置组成，用来控制新鲜空气和室内循环空气的比例；第二部分为空气混合段，主要由混合风门及其驱动装置组成，用来调节空气的温度；第三部分为空气分配段，主要由模式风门及其驱动装置组成，用来调节出风方向和出风量，使空气吹向面部、脚部和风窗玻璃。

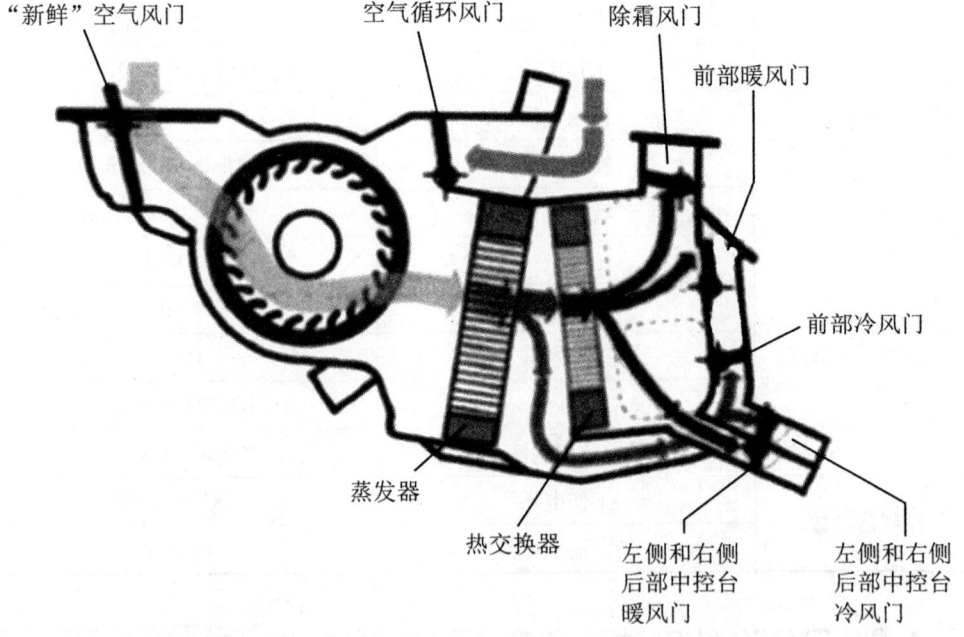

图 5.19　北汽 EV160 纯电动汽车空调配气系统的组成

5.4.4　北汽 EV160 纯电动汽车空调制冷系统的维护

1. 检查压缩机是否有异响

(1) 打开车门并安装三件套；
(2) 启动开关置于"ON"位置；
(3) 按下空调开关，空调开关如图 5.20 所示；

(4) 将冷/暖风调节旋钮调至最大制冷量位置,风量调节旋钮调至最大风量位置,冷/暖风调节旋钮和风量调节旋钮的位置如图 5.20 所示;

空调开关按键和风量调节旋钮　　内部循环开关按键和冷/暖调节按钮

图 5.20　空调控制面板

(5) 将所有车门打开;
(6) 举升车辆并穿戴绝缘防护用具;
(7) 判定压缩机工作声音是否正常,可用听诊器直接放在空调压缩机上听取,若只有电机及内部零件运转及摩擦的声音,则属正常工作声音。

2. 压缩机绝缘检测

压缩机绝缘检测的步骤为:
(1) 按照正确规范下的电流对车辆进行下电操作;
(2) 打开机舱盖,安装翼子板布、格栅布;
(3) 拔下高压盒高压附件线束插接器,如图 5.21 所示;
(4) 检查绝缘手套等级和密封性;
(5) 佩戴绝缘手套,穿绝缘鞋;
(6) 将兆欧表挡位旋至 500 V,如图 5.22 所示;

图 5.21　拔下高压附件线束插接器

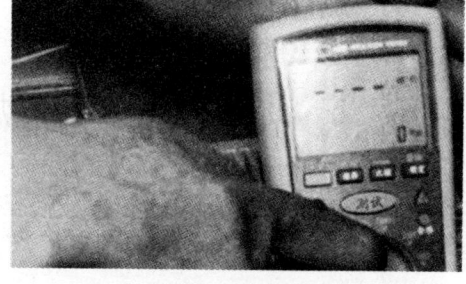

图 5.22　兆欧表挡位旋至 500 V

(7) 用兆欧表检测高压附件线束插头上 C 端子与车身之间的绝缘电阻(C 端子接压缩机电源正极),高压附件线束端子定义如图 5.23 所示;
(8) 用兆欧表检测高压附件线束插头上 H 端子与车身之间的绝缘电阻(H 端子接压缩机电源负极),如图 5.23 所示;
(9) 安装高压盒高压附件线束插头;
(10) 取下格栅布、翼子板布,关闭机舱盖。

3. 制冷能力检查

制冷能力检查的流程为:

(1) 打开车门并安装三件套；
(2) 启动开关置于"ON"位置；

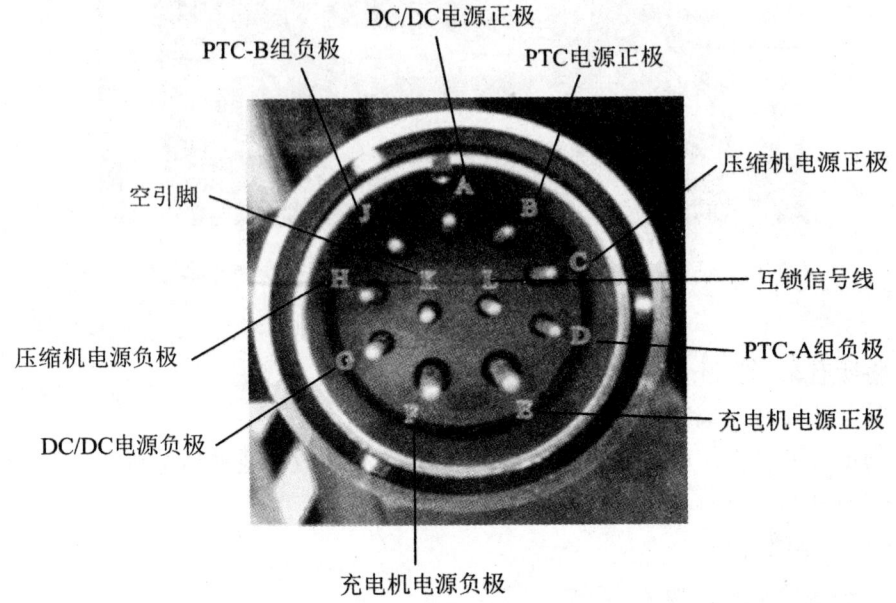

图 5.23　高压附件线束端子

(3) 按下空调开关；
(4) 将冷/暖风调节旋钮旋至制冷位置；
(5) 将出风口调至最大位置；
(6) 检查各出风口有无冷风，并用手背感觉出风口温度；
(7) 关闭空调；
(8) 关闭启动开关并拔下钥匙；
(9) 取下三件套并关闭车门。

5.4.5　北汽 EV160 纯电动汽车暖风系统维护

暖风效果检查流程为：
(1) 打开车门并安装三件套；
(2) 启动开关置于"ON"位置；
(3) 按下空调开关；
(4) 将冷/暖风调节旋钮旋至暖风位置；
(5) 将出风口调至最大位置；
(6) 检查各出风口有无暖风；
(7) 暖风功能打开，工作几分钟后，检查吹出的风有无焦糊味，如有，则建议客户进行维修；
(8) 关闭空调；
(9) 关闭启动开关并拔下钥匙；
(10) 取下三件套并关闭车门。

项目实施

任务工单 5.1

任务名称	蓄电池的养护				
班级		姓名		学号	
组别		实训场地		日期	
任务载体	一辆江淮和悦轿车行驶了 50000 km,需要对蓄电池进行检查。				

一、资讯

在实车上查找并填写如下信息:
生产年份_____,车牌号码_____,车型_____,行驶里程_____,汽车识别代码(VIN)
_____,发动机型号和排量_____。

二、计划与决策

请根据任务要求,确定所需的检测仪器、工具,制订详细的作业计划。

1. 作业计划

2. 作业中的注意事项

3. 需要的检测仪器及工具

4. 本小组成员分工

三、实施

1. 检查蓄电池安装牢固程度

2. 检查蓄电池的清洁情况

3. 检测电解液的相对密度

4. 检查电解液的液面高度

5. 蓄电池充电

6. 检查免维护蓄电池

四、检查与评估

1. 自我评价:依据本学习任务时的表现,在"评分表"中进行自我评价。

评分表

考核项目	评分标准	配分
任务方案	是否合理	10
操作过程	1. 防护五件套的安装 2. 保养里程的清零 3. 工具及设备的整理	30
任务完成情况	是否圆满完成	10
操作规范	是否标准	10
安全生产	有无安全隐患	10
现场 6S	是否做到	10
团队合作	是否和谐	5
活动参与	是否主动	5
劳动纪律	是否严格遵守	5
工单填写	是否完整、规范	5
得分		

2. 在实施的过程中,是否存在一些安全隐患?请找出容易忽视的地方。

3. 指导教师对小组的工作情况进行总体点评。

五、评价反馈

请在小组实习结束后,将本小组成员的工作情况填写在下表中。

序号	姓名	组内职责	完成情况评价

六、环境保护

废料和废品处理:

任务工单 5.2

任务名称		发电机的养护			
班级		姓名		学号	
组别		实训场地		日期	
任务载体	一辆江淮和悦轿车行驶了 60000 km，需要对发电机进行检查。				

一、资讯

在实车上查找并填写如下信息：
生产年份 _____，车牌号码 _____，车型 _____，行驶里程 _____，汽车识别代码（VIN）_____，发动机型号和排量 _____。

二、计划与决策

请根据任务要求，确定所需的检测仪器、工具，制订详细的作业计划。

1. 作业计划

2. 作业中的注意事项

3. 需要的检测仪器及工具

4. 本小组成员分工

三、实施

1. 检查发电机传动带的张力

2. 检查发电机 V 带的状况

3. 检查发电机电刷组件

4. 检查定子

5. 检查转子

6. 检查整流器

四、检查与评估

1. 自我评价：依据本学习任务时的表现，在"评分表"中进行自我评价。

评分表

考核项目	评分标准	配分
任务方案	是否合理	10
操作过程	1. 防护五件套的安装 2. 保养里程的清零 3. 工具及设备的整理	30
任务完成情况	是否圆满完成	10
操作规范	是否标准	10
安全生产	有无安全隐患	10
现场 6S	是否做到	10
团队合作	是否和谐	5
活动参与	是否主动	5
劳动纪律	是否严格遵守	5
工单填写	是否完整、规范	5
得分		

2. 在实施的过程中，是否存在一些安全隐患？请找出容易忽视的地方。

3. 指导教师对小组的工作情况进行总体点评。

五、评价反馈

请在小组实习结束后，将本小组成员的工作情况填写在下表中。

序号	姓名	组内职责	完成情况评价

六、环境保护

废料和废品处理：

任务工单 5.3

任务名称	灯光及仪表系统的养护				
班级		姓名		学号	
组别		实训场地		日期	
任务载体	一辆江淮和悦轿车行驶了 50000 km,需对灯光及仪表系统进行维护。				

一、资讯

在实车上查找并填写如下信息：
生产年份 _____，车牌号码 _____，车型 _____，行驶里程 _____，汽车识别代码（VIN）_____，发动机型号和排量 _____。

二、计划与决策

请根据任务要求,确定所需的检测仪器、工具,制订详细的作业计划。
1. 作业计划

2. 作业中的注意事项

3. 需要的检测仪器及工具

4. 本小组成员分工

三、实施

1. 雾灯的调整

2. 检查调整前照灯光束

3. 检查照明灯、警报灯、转向信号灯、喇叭及线束的状况

四、检查与评估

1. 自我评价：依据本学习任务时的表现，在"评分表"中进行自我评价。

评分表

考核项目	评分标准	配分
任务方案	是否合理	10
操作过程	1. 防护五件套的安装 2. 保养里程的清零 3. 工具及设备的整理	30
任务完成情况	是否圆满完成	10
操作规范	是否标准	10
安全生产	有无安全隐患	10
现场 6S	是否做到	10
团队合作	是否和谐	5
活动参与	是否主动	5
劳动纪律	是否严格遵守	5
工单填写	是否完整、规范	5
得分		

2. 在实施的过程中，是否存在一些安全隐患？请找出容易忽视的地方。

3. 指导教师对小组的工作情况进行总体点评。

五、评价反馈

请在小组实习结束后，将本小组成员的工作情况填写在下表中。

序号	姓名	组内职责	完成情况评价

六、环境保护

废料和废品处理：

任务工单 5.4

任务名称	空调的养护				
班级		姓名		学号	
组别		实训场地		日期	
任务载体	一辆江淮和悦轿车行驶 30000 km 时,需要对空调系统进行检查。				

一、资讯

在实车上查找并填写如下信息:
生产年份_____,车牌号码_____,车型_____,行驶里程_____,汽车识别代码(VIN)_____,发动机型号和排量_____。

二、计划与决策

请根据任务要求,确定所需的检测仪器、工具,制订详细的作业计划。

1. 作业计划

2. 作业中的注意事项

3. 需要的检测仪器及工具

4. 本小组成员分工

三、实施

1. 检查与加注空调制冷系统制冷剂

2. 检查冷暖风机工作情况

3. 检查并更换冷冻机油

四、检查与评估

1. 自我评价：依据本学习任务时的表现，在"评分表"中进行自我评价。

评分表

考核项目	评分标准	配分
任务方案	是否合理	10
操作过程	1. 防护五件套的安装 2. 保养里程的清零 3. 工具及设备的整理	30
任务完成情况	是否圆满完成	10
操作规范	是否标准	10
安全生产	有无安全隐患	10
现场6S	是否做到	10
团队合作	是否和谐	5
活动参与	是否主动	5
劳动纪律	是否严格遵守	5
工单填写	是否完整、规范	5
得分		

2. 在实施的过程中，是否存在一些安全隐患？请找出容易忽视的地方。

3. 指导教师对小组的工作情况进行总体点评。

五、评价反馈

请在小组实习结束后，将本小组成员的工作情况填写在下表中。

序号	姓名	组内职责	完成情况评价

六、环境保护

废料和废品处理：

项目综合评价

项目名称							
班级			姓名		学号		
组别			时间		成绩		
考核能力	考核项目	评分标准	满分值	学生自评（30%）	小组互评（30%）	教师评价（40%）	平均分小计
专业能力	相关知识	是否正确	25				
	技能实训	是否掌握	30				
社会能力	团队合作	是否和谐	5				
	劳动纪律	是否严格遵守	5				
	沟通讨论	是否积极	5				
方法能力	制订计划	是否合理	5				
	学习新技术能力	是否具备	5				
	总结能力	能否正确总结	5				
个人能力	适应能力	是否具备	5				
	创新能力	是否具备	5				
	责任心	是否很强	5				

知识与能力拓展

起动机可以将蓄电池的电能转化为机械能,驱动发动机飞轮旋转和实现发动机启动。起动机主要由直流电动机、传动机构和电磁开关三部分组成。直流电动机引入来自蓄电池的电流,并使起动机的驱动齿轮产生机械运动;传动机构将驱动齿轮啮合入飞轮齿圈,同时能够在发动机启动后自动脱开;电磁开关用来接通和切断串励式直流电动机和蓄电池之间的电路,控制起动机驱动齿轮与发动机飞轮齿圈的啮合与分离。其主要养护项目有单向离合器的检修、电刷组件检修等。

1. 单向离合器的检修

(1) 离合器磨损检查。目测离合器齿轮和离合器内花键齿槽有无严重磨损,若磨损严重,则应予以焊修或更换。

(2) 检查起动机离合器是否打滑或卡滞,如图 5.24 所示,将离合器驱动齿轮夹在台虎钳上,在花键套筒中套入花键轴,使扳手接在花键轴上,测得力矩应大于规定值(24~26 N·m),否则就说明离合器打滑。反向转动离合器应不卡滞,否则应修理或更换离合器总成。

2. 电刷组件检修

(1) 电刷外观检查。电刷在架内活动自如、无卡滞、不歪斜。

(2) 电刷磨损检查。用直尺测量电刷高度,目测电刷与换向器的接触面积应符合标准。

(3) 电刷架的检查。如图 5.25 所示,用万用表测量绝缘电刷架和后盖间的电阻,应为无穷大;用万用表测量搭铁电刷架和后盖间的电阻,应为 0。

(4) 电刷弹簧检查。用弹簧秤检查弹簧的弹力,应与规定相符。若有故障,则应视故障情况予以修理或更换。

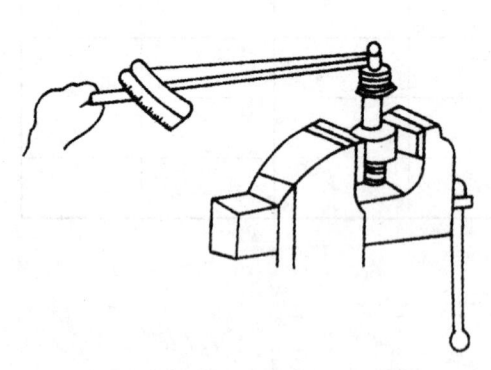

图 5.24 检查离合器工作是否正常

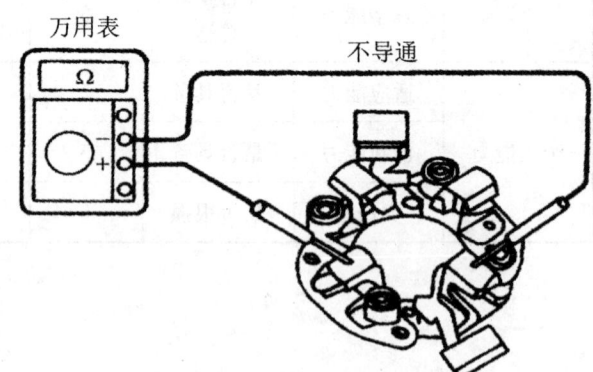

图 5.25 检查电刷架绝缘情况

3. 电磁开关的检修

(1) 检查电磁开关内部线圈短路、断路或搭铁故障,可用万用表测线圈电阻,再与其标准值进行比较判断。

(2) 如图 5.26 所示,接通开关 K 后,应能听到活动铁芯动作的声音,同时试灯 L 应被点亮;开关 K 断开后,试灯 L 应立即熄灭。否则,应更换电磁开关或起动机总成。

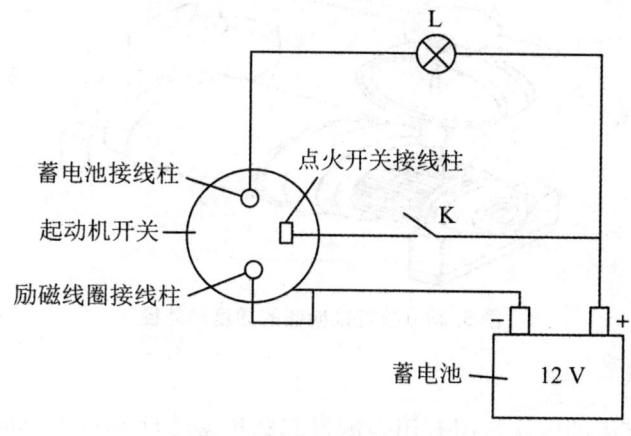

图 5.26 电磁开关的检查

4. 电枢轴的检修

用千分表检查起动机电枢轴是否弯曲,如图 5.27 所示。若摆差超过 0.1 mm,则应进行校正。电枢轴上的花键齿槽严重磨损或损坏时,应进行修复和更换。

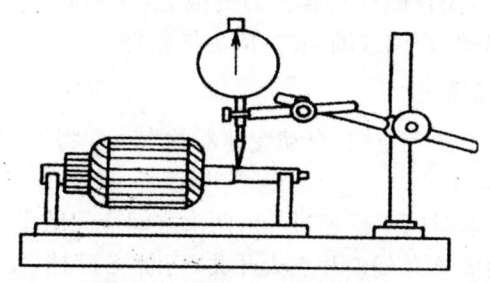

图 5.27 检查电枢轴弯曲度

5. 转子总成的检修

(1) 用游标卡尺检查轴颈外径与轴套内径的配合间隙,应与标准相符,若间隙过大,则应更换衬套并重新铰配。

(2) 检查换向器表面有无烧蚀,轻微烧蚀用 00 号砂纸打磨,严重时应车削。

(3) 用百分表检测换向器的圆度与外径,如图 5.28 所示,应与标准相符,否则使用车床进行修整。

(4) 检查电枢绕组搭铁。用万用表测量换向器和铁芯(或电枢轴)之间的电阻,应为∞,否则为搭铁。也可以用交流试灯检查,若灯亮,则表示搭铁故障。

(5) 检查电枢绕组是否短路。把电枢放在电枢检查器上,接通电源,将薄钢片放在电枢上方的线槽上,并转动电枢,薄钢片不应振动,否则表明电枢绕组短路。

(6) 检查电枢绕组是否断路。目测电枢绕组的导线是否甩出或脱焊。再用万用表两触针依次与两相邻换向器铜片接触,所测电阻值应一样。如读数不一样,则说明断路。电枢绕组有严重搭铁、断路或短路时,应更换电枢总成。

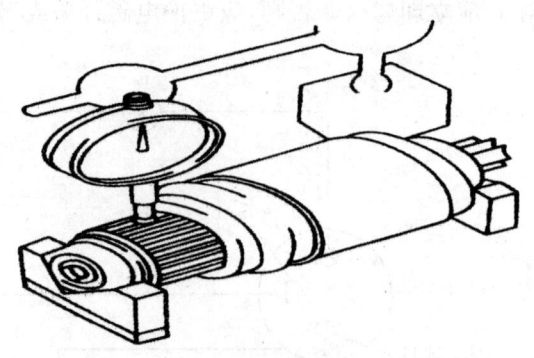

图 5.28 检查换向器的圆度和外径

6. 检修定绕组

(1) 检查磁场绕组的搭铁。用万用表测量起动机接线柱和外壳之间的电阻,阻值应为∞,否则为搭铁故障;也可用 220 V 的交流试灯检测。

(2) 检查磁场绕组的断路。用万用表测量起动机接线柱和绝缘电刷间的电阻,阻值应很小,若为∞,则为断路。

(3) 检查磁场绕组的短路。用蓄电池直流电源正极接起动机接线柱,负极接绝缘电刷,将螺丝刀放在每个磁极上,检查磁极对螺丝刀的吸力,应相同。若某磁极吸力弱,则为匝间短路。磁场绕组有严重搭铁、短路或断路时,应更换新件。

7. 起动机使用注意事项

(1) 启动前应将变速器挂上空挡,自动变速器的汽车应将变速杆置于"P"位或"N"位,启动时同时踩下离合器踏板。

(2) 每次接通起动机的时间不得超过 5 s,两次之间应间歇 15 s 以上。

(3) 当发动机启动后应该立刻松开点火开关,切断"ST"挡,使起动机停止工作。

(4) 经过 3 次启动后,若发动机仍没有启动着火,则停止启动,进行简单的检查,如蓄电池的容量、极柱的连接、油路等,否则蓄电池的容量将会严重下降,启动发动机也会变得更加困难。

项目 6

汽车内饰养护

项目描述

许多车主对车进行常规养护的时候,对外观和重要部件的维护总是特别的谨慎小心,却往往忽略了车内的洁净度。汽车内饰如何清洁保养也是很多车主需要了解的一门学问。

汽车内饰养护的项目主要有对汽车控制台、操纵件、座椅、座套、顶棚、地毯、脚垫等部件进行清洁、上光等美容作业,还包括对汽车内室定期实行除菌、除臭等净化空气作业。

项目目标

1. 专业能力要求

(1) 重视劳动保护与安全操作;
(2) 对汽车内饰进行清洁、上光、保养等养护措施;
(3) 实施相关的汽车养护计划。

2. 社会能力要求

(1) 具有较强的口头与书面表达能力、人际沟通能力;
(2) 具有团队精神和协作精神;
(3) 与客户建立良好、持久的关系;
(4) 能融入到动态的工作中,并提出自己的合理见解。

3. 方法能力要求

(1) 独立检索汽车养护的相关资料,包括网上检索、维修手册检索;
(2) 培养记录的习惯,将想法以书面形式记录下来;
(3) 完成就车观察或企业考察工作,通过观察、询问了解必要的相关信息;
(4) 能够制订、评价、修订计划,并选取最佳工作方案;
(5) 能够对整个项目的实施进行总结。

4. 个人能力要求

(1) 具有良好的心理素质和克服困难的能力;

(2) 能进行自我批评；
(3) 具有工作责任感；
(4) 具有继续学习的能力；
(5) 注重环境保护。

5. 重点和难点

(1) 正确实施汽车内饰养护作业项目；
(2) 掌握汽车内饰养护作业的工艺。

项目引入

汽车内部空间的洁净度直接影响整车的美感度，干净利落的内饰不仅能让驾驶员一天的开车体验良好，同时也能让乘坐者心情舒畅。如果内饰出现不同程度的污渍，那么该如何清扫呢？

任务 6.1 汽车内饰的保养

6.1.1 车内清洁工具

如果说车身表面的清洗是给别人看的，那么车内内饰的清理则是为了驾乘人员的身体健康。如果车主平时不注意车厢内饰的清洁和养护，那么会很容易加速车内饰品的老化和腐蚀，加大车主的维修养护成本，很不划算。因此应多加注意。

车内清洁的项目主要有仪表控制板的清洁、车内空气的清洁、顶棚的清洁、座椅的清洁、地板的清洁等。

车厢部分平时受外界油尘、泥沙、吸烟、汗渍及空调循环等因素的影响，致使车厢内空气遭受污染，使丝绒发霉、真皮老化，进而滋生细菌，甚至产生难闻杂味。这既影响车主的身心健康，又影响驾驶心情。因此，每两个月应做一次全套室内护理。

汽车内部的污垢主要有油污、毛屑和灰尘，由于车的内饰包括很多不同的材料、质地和表面，空间虽然不大，但死角多，容易藏污纳垢，需要清洁保养的部位也比较多，所以清理起来比较麻烦。车主若自己动手清洁，则需要根据不同部位选用以下不同的清洁剂和辅助工具。

1. 汽车车载吸尘器

车载吸尘器(见图 6.1)不仅可以吸除灰尘，还可吸取散漏的液体，干湿两用，一举多得。前盖透明可拆卸，配备专用滤网，方便定期清洗。配备透明储水仓，可以将吸附水存储；配备专用的角落吸附扁头，可以吸附角落尘埃、散漏的液体，且吸力强劲，干湿两用。

2. 超细纤维擦车巾

超细纤维擦车巾(见图 6.2)具有以下特点：
(1) 高吸水性：快速吸水和快速变干是超细纤维材质的显著特性；

(2) 强去污力:其特殊的横断面能更有效地捕获小至几微米的尘埃颗粒,除污、去油的效果十分明显;

(3) 不脱毛:高强的合纤长丝,不易断裂,同时采用精编织法,不抽丝,不脱圈,纤维也不易从擦车巾表面脱落;

(4) 长寿命,易清洗,不掉色。

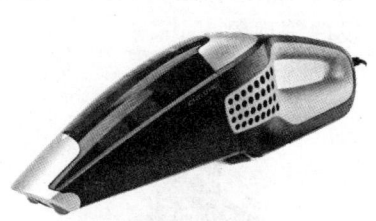

图 6.1 车载吸尘器

图 6.2 超细纤维擦车巾

3. 皮革保护剂

皮革保护剂一般也适用于塑料制品,所以又称"皮塑保护剂",如图 6.3 所示。皮革保护剂用于皮革(含人造革)和塑料制品表面,起上光、软化、抗磨、抗老化等作用,适用于皮革座椅、仪表台、方向盘、车门内侧以及塑料保险杠等,可恢复其表面光泽。

将皮革保护剂均匀地喷洒于皮塑表面,再用纯棉软布蘸少许保护剂轻擦几下。如皮塑表面过脏,请先用清洗剂清洁表面后再使用保护剂,经过保护剂处理后,皮塑制品可产生翻新效果。保护剂应避光保存。

4. 化纤保护剂

一般汽车内室的化纤制品较多,如顶篷、车门内侧、座椅外套等,这些物品表面很容易接触灰尘、油泥等污垢,从而直接影响汽车内室的美观。

化纤保护剂是用于化纤制品表面,起清洁、抗紫外线、抗老化和抗腐蚀等作用的保护用品,如图 6.4 所示。化纤保护剂含有硅酮树脂,在清洁去污的同时,可将这种聚合物附着在纤维上,起到防紫外线、防老化、防腐蚀等保护作用,且再次弄脏了后也比较好清洗。

使用中将化纤保护剂喷洒在化纤制品表面,然后用毛刷刷洗或用毛巾擦洗后晾干。

(a) 皮革保护剂 (b) 皮革清洗剂

图 6.3 皮革保护剂与皮革清洗剂

清洁刷头可拆下使用

图 6.4 化纤保护剂

5. 橡胶保护剂

如图 6.5 所示,将橡胶保护剂喷涂在橡胶或塑料上,通过它对紫外线照射的防护作用来防止橡胶或塑料的氧化和老化。

6. 塑料上光剂

如图 6.6 所示,塑料上光剂的作用是清洁、修复、密封保护。它主要用于橡胶、塑料件的密封、上光、修复、养护,适用于汽车裙边、橡胶密封、轮胎、黑色保险杠、各种黑色橡胶、塑料装饰件等,可以有效地去除橡胶、塑料的氧化、发乌、发白等现象。

图 6.5　橡胶保护剂

图 6.6　塑料上光剂

7. 皮革上光剂

如图 6.7 所示,皮革上光剂可快速使仪表板、胶边、车门密封条、塑料保险杠和轮胎修复如新。它的持久无油配方令表面呈现自然清新的炫亮,内含防紫外线因子,可降低因太阳照射而产生的干燥、龟裂和褪色现象。

8. 表板上光蜡

如图 6.8 所示,表板上光蜡能增加表面光泽,去污除尘,有效隔离紫外线,防止塑料制品老化,并具有防静电、防蚀等优良功效;使用方便,一喷一抹,去污、上光、保护一次完成;具有良好的润滑性能,能有效防止物体表面粗糙化。

图 6.7　皮革上光剂

图 6.8　表板上光蜡

将上光蜡摇匀,在距物体表面半尺(1 尺＝0.333 米)左右将产品喷于物体表面,然后用干净的软布轻轻擦拭均匀,物体表面即可显出亮丽的光泽。当用于轮胎时,请先洗净轮胎侧面的泥垢,然后喷上上光蜡。当用于防止表面粗糙或腐蚀时,直接喷涂上光蜡并自然风干即可。

汽车内饰的清洁、保养还有其他很多种类的产品,使用前必须仔细阅读说明书。

6.1.2 清洁对象与方法

首先,确定好保养的顺序,并提前查询相关注意事项。

应严格按照除尘、清洁、保养三个步骤对仪表控制板、方向盘、排挡杆、顶棚、后缸平台、座椅、地毯、内门板等进行彻底清洁和全面养护。清洁过程中使用的均为中性或弱酸性清洁剂,其残留物无有害气体产生,且在几秒钟内自动挥发,安全环保,不会对人体产生任何伤害。

汽车内饰清洗和护理是有讲究的,比如在进行内饰清洗前,首先将车内照明灯等电器、仪表关闭,然后除去车内的尘土,扫去污物,再用吸尘器对车厢内各部位进行仔细吸尘。汽车内饰件主要由塑料、皮革、纤维等材料制成,这些材料在使用过程中容易被污染或腐蚀。

1. 仪表控制板

仪表控制板最容易积攒灰尘,且有很多死角,车主自行清洁时可用毛刷和棉签,每天刷拭仪表台、空调进风口、开关、按钮等,防止灰尘累积而难以清除。如仪表控制板比较脏,则用专门的仪表台清洁剂进行喷洒,并用干净的软布擦拭干净。清洁后,可以喷一层表板上光蜡,如图 6.9 所示。

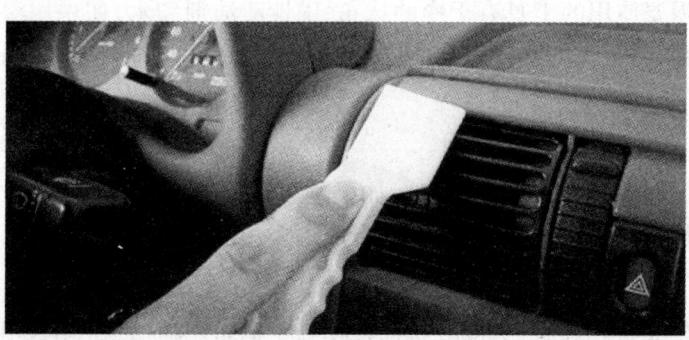

(a) 清除脏污

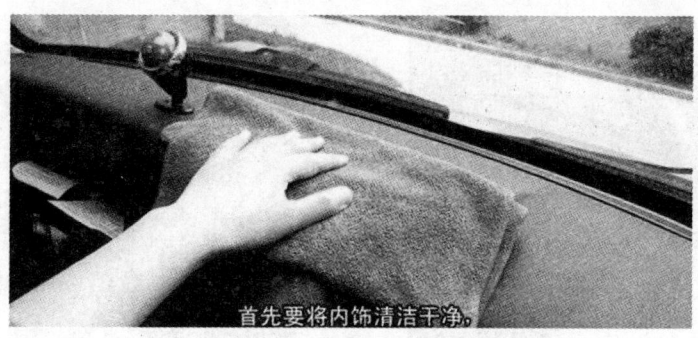

(b) 擦洗灰尘

图 6.9 清洁仪表控制板

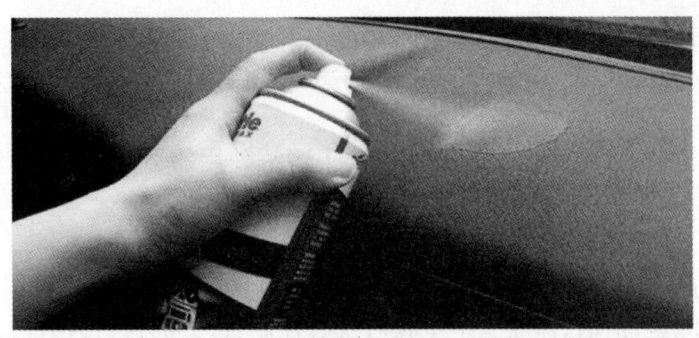

(c) 喷涂表板上光蜡

(d) 仪表板上光

图 6.9　清洁仪表控制板(续)

仪表控制板需要使用的工具有干净的抹布、中性清洁剂和水,切忌用湿抹布擦拭。手经常接触中央控制台,而手上的油渍就会沾染到中央控制台上,所以一定要用中性清洁剂才能清洗干净。

2. 方向盘

方向盘因为经常用手握,很容易弄脏,如果黏手可能会影响驾驶心情,清洁时只要用水擦拭就可以了。加一点清洁剂更容易去污,但注意要用水擦拭干净,如图 6.10 所示。

3. 排挡杆

车子的排挡杆非常容易脏,大部分排挡杆操纵手柄是用树脂制作的,用干净毛巾或喷上中性清洁剂后擦拭很容易去掉脏污,如图 6.11 所示。

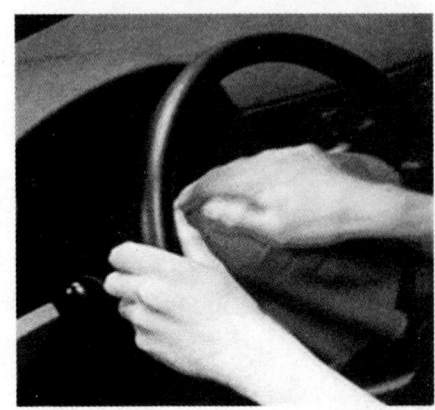

图 6.10　清洁方向盘

图 6.11　清洁排挡杆

4. 座椅

汽车座椅按材质不同分为织绒座椅、皮革座椅。

（1）织绒座椅

① 若织绒座椅不是很脏，则可用长毛刷子和吸力强的吸尘器配合，一边刷座椅表面，一边用吸尘器的吸口把污物吸出来，如图6.12所示。

② 除去绒布座位上面的油污和毛屑后，要用毛刷子刷洗，或者用干净的棉纱蘸取适量的中性洗涤剂擦洗，再用干布擦干，因为布料内渗透的水擦不干，所以在使用清洁剂的时候，应尽量选用能迅速干燥的清洁剂，如图6.13所示。

 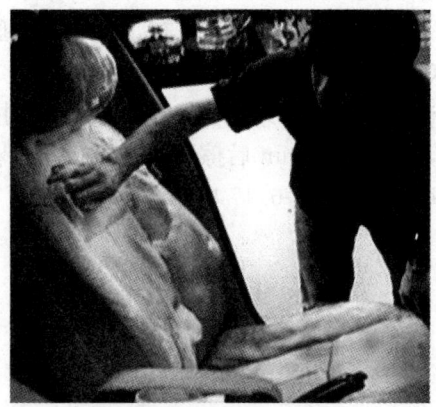

图6.12　汽车座椅吸尘　　　　　　　　图6.13　清洗绒布座椅

③ 接着用吸尘器清除灰尘、尘埃碎片。当灰尘凝结在绒布上或很难用吸尘器除去时，可先用柔软的刷子刷一下，再用吸尘器吸，如图6.14所示。

④ 最后用干布擦拭纤维表面，然后将座椅纤维彻底弄干。如果绒布仍很脏，那么就用肥皂水或温水擦拭，然后彻底弄干，如图6.15所示。

平时最好不要在车里吃东西，非吃不可时一定要注意，不要让食物的细渣掉落在车座上。

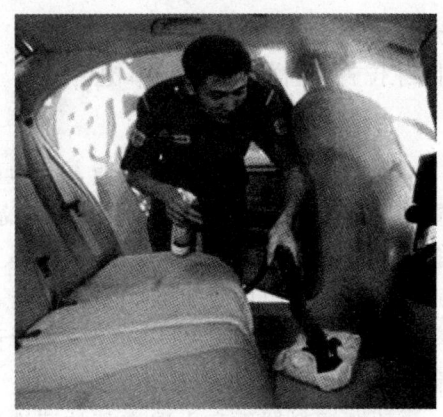 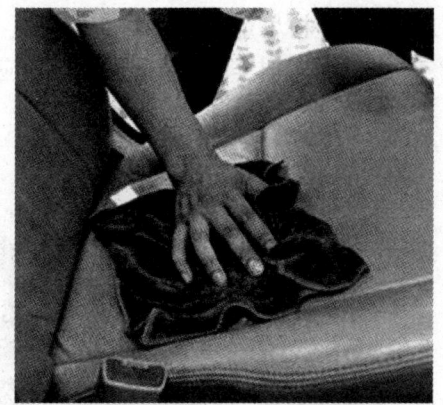

图6.14　吸尘清洁　　　　　　　　　　图6.15　座椅干燥

（2）皮革座椅

汽车真皮座椅经常与人体接触，很容易沾上油脂、汗水、灰尘等污渍，也不耐尖锐物刻划。如果受阳光长期照晒而保养又没做到位的话,那么真皮就容易老化、发硬或龟裂,因此车主必须小心使用和定期清洁保养。

① 打开清洁保养剂的盖子,将清洁保养剂轻轻摇几下,以确保瓶内有效成分混合均匀,如图 6.16 所示。

② 在距真皮座椅待清洁保养的位置 20～30 cm 处喷洒,这样容易喷得均匀,不会喷在一起。

③ 稍等大约 1 min,让皮革清洁保养剂的有效成分作用于真皮表面,保证有效去除污渍并让皮革更好地吸收保养成分。

④ 等泡沫消失得差不多后用干净的软布轻轻擦拭皮椅上面的泡沫和水渍。

⑤ 打开车窗 30 min 左右,让其自然通风吹干,即可达到优异的亮光、保养效果。

(3) 皮革件上光

选用皮革清洁柔顺剂和上光保护剂对皮革件进行上光处理。先将清洁柔顺剂喷在皮革件上,浸润 1～2 min 后擦干,再喷施上光保护剂,浸润 1～2 min 后根据需要进行擦干处理,干燥后即可,如图 6.17 所示。

图 6.16　皮革清洁保养剂

图 6.17　皮革上光保护剂

注意事项:

① 让真皮座椅尽量距离热源 60 cm 以上,离热源太近会导致皮革干裂、老化。

② 不要长时间把车停在阳光下暴晒,应停在阴凉位置,这样可避免皮革褪色。

5. 顶棚

顶棚是比较容易忽视的地方,一旦进行清洗,就会有液体残留物滴落在座椅或地毯上。

平时可用车用吸尘器除尘,等到汽车美容店做全面内饰养护时再对顶棚进行彻底清洗,如图 6.18 所示。

顶棚塑料器件和人造皮革的清洗,只能使用专门的洗剂,否则有机物互相溶解会腐蚀塑料和皮革。

图 6.18　清洗顶棚

6. 后缸平台

人们经常把纸巾盒、玩偶、靠枕等杂物堆放在后缸平台上,这些物品也会经常被乘客取用,所以后缸平台的清理、除尘也马虎不得。

车内棉织物制品,以及车门、载物架、后备箱蒙皮、顶棚等软织物都需要用专用的洗剂清洁,通常使用干泡剂和软毛刷。

7. 地毯

地毯被弄脏后,因为无法移出车外,给清洁工作带来很大困难,所以一般车主都会选择去专业的汽车美容店进行清洗,平时则在地毯上铺块脚垫,以便于日常清洁。脚垫清洗后要将其中的水分挤干。专业的汽车美容店有专用的洗垫机,清洗脚垫既快捷又干净。

脚垫不太脏时,拿到车外拍打就可以了,如图6.19所示。如果使用带毛刷头的吸尘器进行吸尘处理,那么可以使较脏的地毯显得不那么脏乱。

图 6.19　清洁地毯

特别脏的地毯就只能用洗涤剂进行清洁了,在洗涤前先进行上述两项除尘工作,然后喷洒适量的洗涤剂,再用刷子刷洗干净,最后用干净的抹布将多余的洗涤剂擦净即可,如图6.20所示。

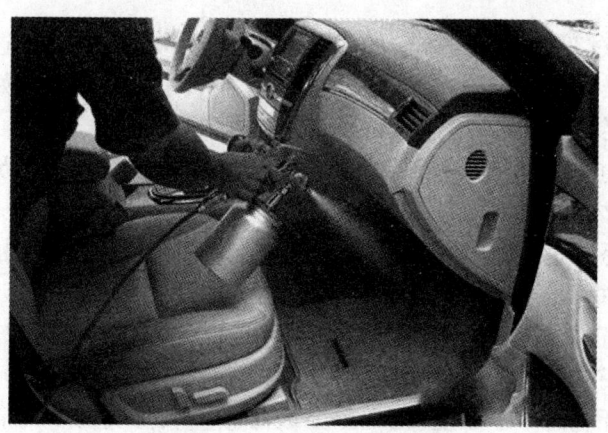

图 6.20　喷洒地毯洗涤剂

8. 内门板

汽车内门板的主要污渍为鞋印,且都集中在门板下侧边缘,平时要多加注意,经常清洁。可使用专业泡沫清洁剂进行清洁,然后用干净的软布稍加擦拭即可。

9. 安全带

安全带太脏,使用时会弄脏驾乘人员衣服甚至影响其功能发挥。清洗时不必拆下安全带,应先用淡肥皂水擦洗,然后用清水洗净。洗净后不要立即卷带,应在阴凉处晾干。

注意:不宜使用强洗涤剂、漂白粉和化学清洁剂,也不允许将安全带放在阳光下暴晒。

10. 行李箱

行李箱是一个"垃圾站",可先用吸尘器吸去浮土,然后用地毯清洗剂清洁底部垫板,待其干透后,再将东西放回行李箱。同时,还应清洗一下行李箱盖。很多人只重视汽车的外观,而对于内部的卫生比较忽略。虽然汽车内部不会受到风吹雨淋,但车内保养却密切关系到乘坐的舒适度和人体健康,所以车内保养的重要程度丝毫不亚于外部。洗车时,车身一般能洗得很干净,但车内的一些死角还需要自己动手清洁。

11. 蒸汽杀菌

专业的蒸汽杀菌除了对车内空气进行全面的高温杀菌外,还针对车内的空调出风口、座椅、地绒等几个容易积存灰尘和细菌的部位进行重点杀菌处理,确保高效杀灭那些肉眼看不见的螨虫、真菌和其他微生物,保护驾乘人员的健康。

12. 免水清洁剂

做好每时每刻的手部清洁,是保证健康的第一步。手部是与外界接触最重要的部位,保持双手的卫生干净,就等于预先筑就了保护健康的"防御墙"。

通过使用一种摆放在车内的免水清洁剂,驾乘人员可以随时随地进行手等部位的清洁去污和消毒杀菌。

任务 6.2 车内异味清除

新车,特别是做过车内装饰的新车,一般都有一股"异味"。殊不知这股"异味"就是专家常说的车内空气污染。许多人认为"新车一般都有气味,过一段时间就好了"。事实上,正是许多消费者的这种错误认识,才给自己和家人的健康埋下了隐患。

车内灰尘和食物残渣容易滋生细菌和螨虫,车内空间狭小,驾乘人员之间最易相互传染病菌。因此,做好车内清洁保养不容忽视。

空调长期不洁易伤害人体的呼吸系统。汽车空调系统长期未得到清洗时,其内部将会存积大量螨虫、微生物等,这对患哮喘病、支气管病的人有很大危害,容易诱发哮喘、呼吸道过敏等疾病,而对于正常人来说,空调中的细菌也容易引起咽喉疼痛以及呼吸道感染,严重的还可能引发咽喉炎、气管炎等疾病。

为了保持车内环境的干净卫生,在入冬前最好做一次彻底的车内清洁、杀菌处理,尤其是车的顶棚、座套、皮椅、出风口、空调风道等部位。除此之外,还要留意车内有没有果汁、食品和儿童及宠物的尿液、粪便、毛发等。

为了防患于未然,日常防止车内细菌滋生的最好办法就是使用空调杀菌产品、定期为车做一次光触媒杀菌和在车内摆放空气净化器等。汽车空调的杀菌工作,是每个季度都必须要进行的保养内容。在4S店,各种车内清洁和光触媒除菌等养护套餐的收费从300元到

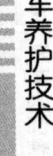

1000元不等。

造成空气品质不好的原因有很多。例如,车内地毯、脚垫、冷暖风口、顶棚丝绒、门边丝绒、丝绒座椅、真皮座椅及各缝隙等受潮后特别容易滋生细菌,出现异味,使汽车内的空气受到污染,让驾乘人心情烦躁,有碍健康和行车安全,应定期实行除菌、消毒、除味。为此可以从以下几点着手来消除车内异味。

6.2.1 通风法

新车买来的半年内或装饰后的一段时间,应养成适度开窗行驶的习惯,保持车内新鲜空气的循环对流。上车后先开窗,别马上开空调。空调的过滤器和管道系统中不但会积存大量化学性污染物,螨虫、真菌等生物性污染问题也会增加。所以,上车后应先开窗通风,空调开启3～5 min以后再关闭车窗。另外应注意的是,在长时间驾驶车辆的情况下,中途也应该打开车窗通风换气,如图6.21所示。

开窗通风是最常用的解决方法,当然这也是一个好习惯。在行驶过程中尽量多开窗,让新鲜空气充溢狭小的空间,可带来更加健康的驾乘体验。

6.2.2 清洗法

受季节的变换以及大气环境的影响,空调非常容易滋生各种细菌、病毒。如果不定期清洗和及时更换空调滤清器的话,那么就会释放出有毒或含病菌的气体。

1. 清洗空调滤清器

经常清洁和定期更换空调滤清器。一般情况下,每5000 km或3个月对空调滤清器进行一次清洁,每20000 km或12个月进行更换,如图6.22所示。

 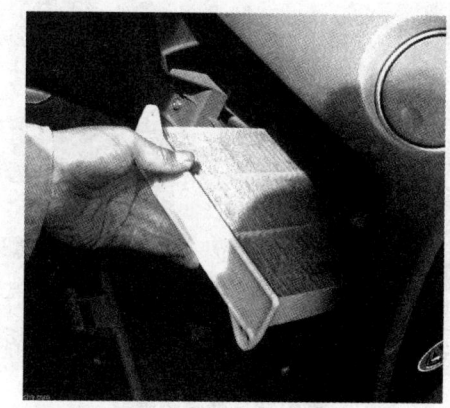

图6.21 自然通风　　　　　　图6.22 更换空调滤清器

清洗空调滤清器的方法是,把空调滤清器的滤芯拆出来,采取拍、掸的方式把它里面的灰尘去掉,或者使用吹风机将里面的污垢吹掉,一旦发现滤芯过于肮脏,就要及时更换。

2. 清洗剂清洗

空调在使用过程中,蒸发器表面附着大量的污垢。为了彻底清洁空调器污染源,可使用车内空调除菌、消臭剂,其除菌、消臭粒子可直接进入空调器及冷凝器的内部,彻底消除异味和真菌产生的根源。使用一次,消臭、抗菌效力可保持3个月,如图6.23所示。

(1) 将宠物、食物、地毯、脚垫等移出车外,关紧车窗;

(2) 启动车辆，按下空调 A/C 开关，将空调鼓风机调至最高挡（HI），设置循环为内循环，并持续运转 5 min，如图 6.23(a)所示；

(3) 将空调除菌剂均匀摇晃几下，从鼓风机吸气口（以起亚千里马为例）处喷入适量的空调除菌剂，如图 6.23(b)所示；

(4) 立即关上车门，让空调系统持续工作 15～30 min；

(5) 打开车门、车窗，并将空调设置为"外循环"，大概换气 10 min，停止发动机运转；

(6) 用棉签沾上适量的清洁剂，清洗各出风口，如图 6.23(c)所示；

(7) 为了防止人员吸入过多的除菌剂，往往要求空调系统除菌后，还要将空调设置为"外循环"，让空调系统继续工作 10 min，进行换气，以确保车内空气新鲜。

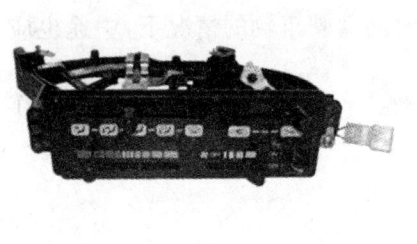 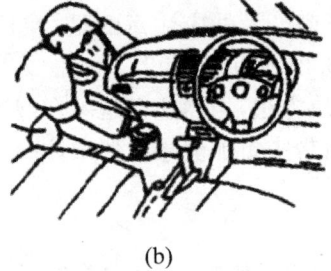 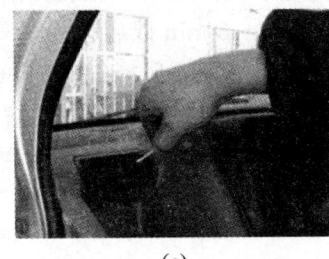

(a)　　　　　　　　　(b)　　　　　　　　　(c)

图 6.23　空调除味操作

6.2.3　贴高质量的隔热膜

给车辆贴高质量的隔热膜，除了防止高温紫外线进入，从而激发车内装饰释放毒气以外，还能让乘坐环境更加舒适，如图 6.24 所示。

图 6.24　贴隔热膜

6.2.4　竹炭法

竹炭可吸附车内的甲醛等散发的异味，而且能与这些异味"长期作战"，效果较佳。可以将一些竹炭用干净、透气性好的纱布包好，然后放到后备箱或后排座位的角落里。当然，现在不少竹炭专卖店都有现成的车用除味竹炭，价格也不贵，如图 6.25 所示。

6.2.5　悬挂活性炭包

很多车主都愿意使用传统的除味方法，如把活性炭包做成装饰品便深受市场欢迎，如图 6.26 所示。

活性炭拥有丰富的毛细管，而这些毛细管具有很强的吸附性。当空气中的有毒气体接触到活性炭时，就会被吸附到这些毛细管上，从而起到净化空气的作用。毕竟它不碍空间、没有危害、外形好看，建议车主都在车内放置活性炭包。

图 6.25　竹炭

图 6.26　活性炭包

6.2.6　香水法

车内味道不是很重时,可用一点香水,如图 6.27 所示。

6.2.7　空气净化器

空气净化器是目前为止公认的最有效的空气净化途径。不同产品的技术原理也不完全一致,主要有等离子、负离子、负氧离子、吸附等技术。车载空气净化器的价格从几十元到几百元不等。可以根据需要购买,购买时应注意它的洁净空气输出比率,洁净空气输出比率越大,净化器的净化效率越高,如图 6.28 所示。

图 6.27　汽车香水

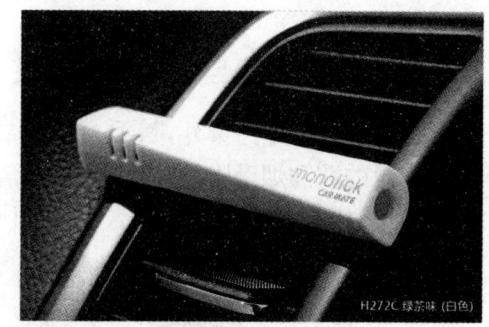
图 6.28　车载空气净化器

6.2.8　异味法

打一小桶清水,再加一些醋,放在车里,多试几次,异味就会逐渐消失。原理是水可以吸附甲醛,醋可以起到稳定甲醛的作用。同样,也可以切几片洋葱,放在水盆里,搅动几下,然后放在车里。

6.2.9　水果法

橘子、柚子、苹果、柠檬、菠萝等水果香味比较浓,而且很怡人,可以把几种水果装在一个篮子里,摆放在车内,也可以单独使用。

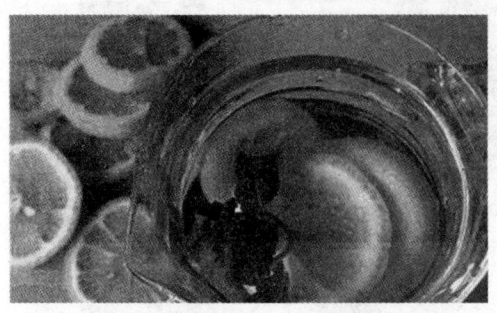

图 6.29　柠檬片祛味

可以将水果切开,让水果的香气充分发挥出来。如果想要效果更迅速一些,那么可以把柠檬切成片,放几片在冷气口,然后开启冷气,不久就能使车内空气清净、芳香,如图 6.29 所示。

6.2.10　放置茶叶

茶叶本身具有的清香有祛除异味的功效,把一个小盆放在车里,再在盆里放上茶叶,稍微加点水,几天后车内异味就会有效减少。

6.2.11　光触媒喷涂

这种方法利用强氧化还原反应,不适宜长期使用,只能作为一种临时方法。做一次光触媒的费用是 300~600 元,从经济学角度来说也不甚划算,如图 6.30 所示。

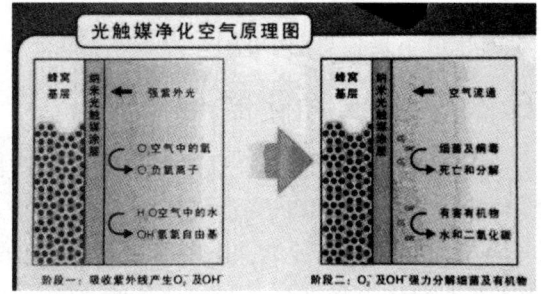

图 6.30　光触媒净化原理及喷涂使用

6.2.12　改变自身不良习惯

除汽车自身产生污染外,驾乘人员还应养成良好的乘车习惯。如不在车内吸烟,以避免烟尘中大量的胺和烟碱附着在车内;及时清除车内垃圾;车内少用空气清新剂,短暂的清新治标不治本,化学物质还会污染空气,如图 6.31 所示。

图 6.31　不良习惯

项 目 实 施

任务工单 6.1

任务名称		车内清洁			
班级		姓名		学号	
组别		实训场地		日期	
任务载体	一辆大众帕萨特轿车行驶了 50000 km,车内脏乱不堪,请你对该车进行车内清洁。				

一、资讯

在实车上查找并填写如下信息:
生产年份_____,车牌号码_____,车型_____,行驶里程_____,汽车识别代码(VIN)_____,发动机型号和排量_____。

二、计划与决策

请根据任务要求,确定所需的检测仪器、工具,制订详细的作业计划。

1. 作业计划

2. 作业中的注意事项

3. 需要的检测仪器及工具

4. 本小组成员分工

三、实施

1. 清洁汽车控制台

2. 清洁座椅及顶棚

3. 清洁地毯、脚垫

四、检查与评估

1. 自我评价：依据本学习任务时的表现，在"评分表"中进行自我评价。

评分表

考核项目	评分标准	配分
任务方案	是否合理	10
操作过程	1. 防护五件套的安装 2. 保养里程的清零 3. 工具及设备的整理	30
任务完成情况	是否圆满完成	10
操作规范	是否标准	10
安全生产	有无安全隐患	10
现场 6S	是否做到	10
团队合作	是否和谐	5
活动参与	是否主动	5
劳动纪律	是否严格遵守	5
工单填写	是否完整、规范	5
得分		

2. 在实施的过程中，是否存在一些安全隐患？请找出容易忽视的地方。

3. 指导教师对小组的工作情况进行总体点评。

五、评价反馈

请在小组实习结束后，将本小组成员的工作情况填写在下表中。

序号	姓名	组内职责	完成情况评价

六、环境保护

废料和废品处理：

任务工单 6.2

任务名称	车内异味的清除				
班级		姓名		学号	
组别		实训场地		日期	
任务载体	一辆大众帕萨特轿车行驶了 50000 km,车内空气出现污浊异味,请你对该车进行车内清洁。				

一、资讯

在实车上查找并填写如下信息：
生产年份 _____,车牌号码 _____,车型 _____,行驶里程 _____,汽车识别代码(VIN) _____,发动机型号和排量_____。

二、计划与决策

请根据任务要求,确定所需的检测仪器、工具,制订详细的作业计划。

1. 作业计划

2. 作业中的注意事项

3. 需要的检测仪器及工具

4. 本小组成员分工

三、实施

1. 去除汽车空调异味

2. 去除异味自然法

3. 去除异味科技法

四、检查与评估

1. 自我评价：依据本学习任务时的表现，在"评分表"中进行自我评价。

评分表

考核项目	评分标准	配分
任务方案	是否合理	10
操作过程	1. 防护五件套的安装 2. 保养里程的清零 3. 工具及设备的整理	30
任务完成情况	是否圆满完成	10
操作规范	是否标准	10
安全生产	有无安全隐患	10
现场 6S	是否做到	10
团队合作	是否和谐	5
活动参与	是否主动	5
劳动纪律	是否严格遵守	5
工单填写	是否完整、规范	5
得分		

2. 在实施的过程中，是否存在一些安全隐患？请找出容易忽视的地方。

3. 指导教师对小组的工作情况进行总体点评。

五、评价反馈

请在小组实习结束后，将本小组成员的工作情况填写在下表中。

序号	姓名	组内职责	完成情况评价

六、环境保护

废料和废品处理：

项目综合评价

项目名称							
班级			姓名		学号		
组别			时间		成绩		
考核能力	考核项目	评分标准	满分值	学生自评（30%）	小组互评（30%）	教师评价（40%）	平均分小计
专业能力	相关知识	是否正确	25				
	技能实训	是否掌握	30				
社会能力	团队合作	是否和谐	5				
	劳动纪律	是否严格遵守	5				
	沟通讨论	是否积极	5				
方法能力	制订计划	是否合理	5				
	学习新技术能力	是否具备	5				
	总结能力	能否正确总结	5				
个人能力	适应能力	是否具备	5				
	创新能力	是否具备	5				
	责任心	是否很强	5				

知识与能力拓展

汽车美容是指针对汽车各部位不同材质所需的保养条件,采用不同性质的汽车美容护理产品及施工工艺,对汽车进行全新保养护理。这些产品是采用高科技手段及优等化工原料制成的,不仅可以使汽车焕然一新,还能让旧车全面地彻底翻新,并长久保持艳丽的光彩。

1. 汽车美容的分类

(1) 清洗性美容

清洗性美容是指专对汽车车身进行清洗或专对车室进行干洗,从而保持车身外观光彩艳丽,保持车室空气新鲜的美容作业。

(2) 护理性美容

护理性美容是指保持车身漆面和内室件表面亮丽而进行的美容作业,主要包括新车开蜡、汽车清洗、漆面研磨、抛光、还原、上蜡及内室件保护处理等美容作业。

(3) 修复性美容

修复性美容是指车身漆面或内室件表面出现某种缺陷后所进行的恢复性美容作业,其缺陷主要有漆膜病态、漆面划痕、斑点及内室件表面破损等,如图 6.32 所示。

2. 汽车美容作业项目

(1) 新车开蜡

汽车生产厂家为防止汽车在储运过程中漆膜受损,确保汽车到用户手中时漆膜完好如新,汽车总装的最后一道工序是在检查合格后,对整车进行喷蜡处理,在车身外表面喷涂封漆蜡。封漆蜡没有光泽,严重影响汽车美观,且易黏附灰尘。国外发达国家的汽车销售商在汽车出售前就对汽车进行除蜡处理,目前我国还很少有汽车销售商实施这项工作。为此,用户购车后必须除掉封漆蜡,俗称开蜡,如图 6.33 所示。

图 6.32 车漆修复

图 6.33 新车开蜡

(2) 汽车清洗

为使汽车保持干净、整洁的外观,应定期或不定期地对汽车进行清洗。汽车清洗是汽车美容的首要环节,同时也是一个重要环节。它既是一项基础性的工作,又是一种经常性的护理作业,如图 6.34 所示。

图 6.34　清洗汽车

(3) 漆面研磨

漆面研磨是漆面轻微缺陷修复的第一道工序,是为去除漆膜表面氧化层、轻微划痕等缺陷所进行的作业。该作业虽具有修复美容的性质,但因为所修复的缺陷非常轻微,只要配合其他护理作业,便可消除缺陷,所以把它列为护理性美容的范围。

(4) 漆面抛光

漆面抛光是紧接着研磨的第二道工序。车漆表面经研磨后会留下细微的打磨痕迹,漆面抛光就是去除这些痕迹所进行的护理作业,如图 6.35 所示。

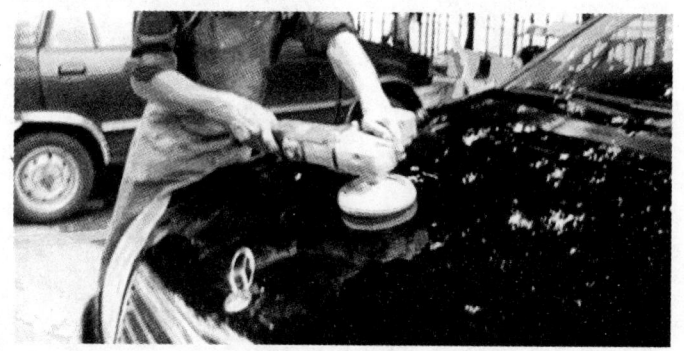

图 6.35　漆面抛光

漆面抛光应使用专用抛光剂,通过研磨/抛光机进行作业。

(5) 漆面还原

漆面还原是研磨、抛光之后的第三道工序,它是通过还原剂将车漆表面还原到"新车"般的状况。还原剂也称密封剂,对车漆起密封作用,可避免空气中的污染物直接侵蚀车漆。

(6) 打蜡

打蜡是在车漆表面涂上一层蜡质保护层,并将蜡抛出光泽的护理作业(见图 6.36)。

(7) 内室护理

如图 6.37 所示,汽车内室护理是指对汽车控制台、操纵件、座椅、座套、顶棚、地毯、脚垫等部件进行清洁、上光等美容作业,还包括对汽车内室定期实行除菌、除臭等净化空气作业。

图 6.36　打蜡

图 6.37　内室护理

汽车车身养护

项目描述

汽车车身为驾驶员提供了良好的操作条件和舒适的工作场所,同时汽车车身可以有效地保障货物运载安全和装卸方便;车身合理的外部形状可以在汽车行驶过程中有效地引导周围气流,提高汽车的动力性、经济性和行驶稳定性,改善发动机的冷却条件和驾驶室内的通风状况。因此,必须对汽车车身进行养护。

汽车车身养护的项目主要有车体的养护和车窗的养护等。

项目目标

1. 专业能力要求

(1) 重视劳动保护与安全操作;
(2) 对车身表面状况进行检查;
(3) 对发动机舱进行检查;
(4) 对行李舱进行检查;
(5) 对车门使用状况进行检查;
(6) 对车内座椅性能进行检查;
(7) 对驾乘人员安全带约束装置进行检查;
(8) 对风窗玻璃进行养护;
(9) 对汽车玻璃裂纹进行修补;
(10) 实施相关汽车养护计划。

2. 社会能力要求

(1) 具有较强的口头与书面表达能力、人际沟通能力;
(2) 具有团队精神和协作精神;
(3) 能与客户建立良好、持久的关系;
(4) 能融入到动态的工作中,并合理提出自己的见解。

3. 方法能力要求

(1) 独立检索汽车车身维护的相关资料,包括网上检索、维修手册检索;
(2) 培养记录的习惯,将想法以书面形式记录下来;
(3) 完成就车观察或企业考察工作,通过观察、询问了解必要的相关信息;
(4) 能够制订、评价、修订计划,选取最佳工作方案;
(5) 能够对整个项目的实施进行总结。

4. 个人能力要求

(1) 具有良好的心理素质和克服困难的能力;
(2) 能进行自我批评;
(3) 具有工作责任感;
(4) 具有继续学习的能力;
(5) 注重环境保护。

5. 重点和难点

(1) 正确实施汽车车身养护作业项目;
(2) 掌握汽车车身养护作业的工艺。

项目引入

一辆江淮和悦轿车行驶了 59800 km,进行 60000 km 维护。本项目重点介绍汽车车身的养护。

任务 7.1 车体的养护

7.1.1 车身表面的养护

车身有承载式和非承载式两种类型,在车身外层喷涂油漆,主要目的是防止生锈、阳光直射、灰尘和淋雨,并起到美观的作用。当车身蒙皮损坏,表面固定物松动或外层油漆脱落等状况出现时,都会引起车身的锈蚀,影响车辆的美观和使用性能,为此有必要对车身表面进行养护。车身表面的养护项目主要有洗车、研磨、抛光、打蜡、检查车身表面等。

1. 研磨

研磨利用涂敷或压嵌在研具上的磨料颗粒,通过研具与工件在一定压力下的相对运动对加工表面进行精整加工。

研磨主要用于除去氧化层、发丝划痕、微划痕等不同程度的车漆损伤。在选用研磨剂时,一是根据损伤的情况选用不同功效的研磨剂;二是根据车漆的性质来选用研磨剂的种类,如图 7.1 所示。

2. 喷漆

(1) 清洁、鉴定、评估

将全车清洗干净之后,先鉴别旧涂层的种类,评估工件损坏的程度,再确定维修工艺,如图 7.2 所示。

(2) 遮蔽、除油

将损伤部位周围用遮蔽纸保护起来,同时对需要打磨的区域进行除油,如图 7.3 所示。

图 7.1　汽车车身研磨

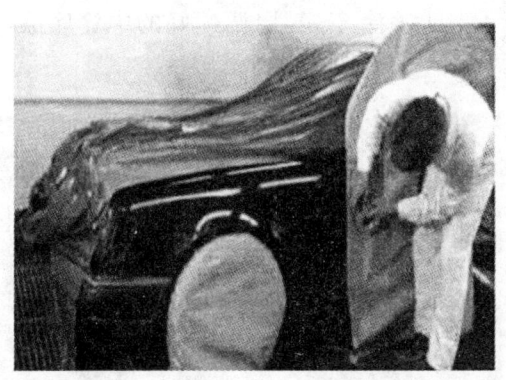 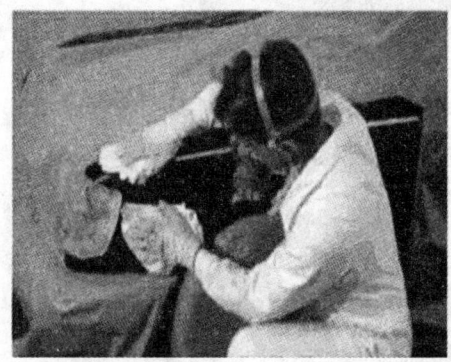

图 7.2　汽车车身清洁和遮蔽

(3) 除旧漆、打磨羽状边

选择合适型号的砂纸和打磨机将损伤区域内的旧漆打磨干净,并打磨出羽状边,如图 7.4 所示。

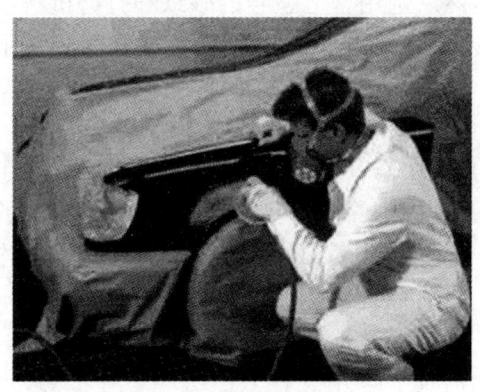 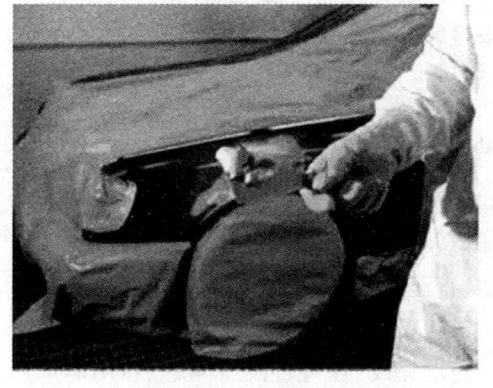

图 7.3　除油处理　　　　　　　图 7.4　旧漆打磨

(4) 刮涂腻子

将工件清洁、除油干净之后,选取适量的腻子进行刮涂,并用红外线烤灯进行烘烤干燥,如图 7.5 所示。

(5) 打磨腻子及旧涂层

用打磨机或手工打磨块配合合适的砂纸将腻子打磨平整,需要再刮腻子的,应及时补刮腻子,必须避免后期因为腻子问题而返工。腻子打磨平整之后将腻子周围的旧涂层用P360号砂纸配合双作用打磨机磨毛。

(6) 清洁、除油、遮蔽

工件打磨好之后,用风枪吹干净表面的粉尘,用除油剂将腻子周围的区域擦拭干净,最后将需要喷涂中涂底漆的部位遮蔽起来。

(7) 喷涂中涂底漆

如果工件上有裸露金属的部位,那么应先做防锈处理,待防锈底漆表干之后,再在其上喷涂2~3层调配好的中涂底漆,然后烘干。如图7.6所示。

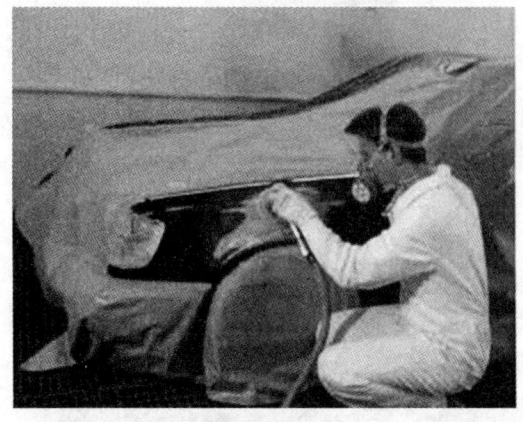

图7.5 刮涂腻子

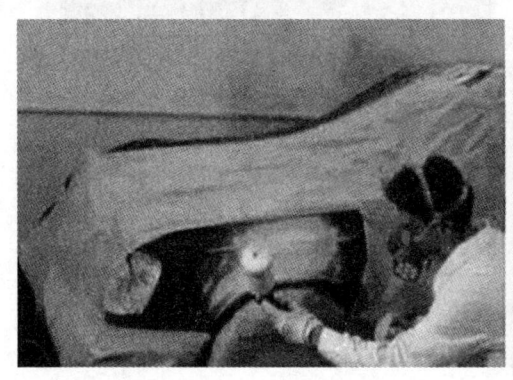 

图7.6 喷涂底漆

(8) 涂指示层、打磨中涂底漆

中涂底漆完全干燥之后,涂上或喷上指示层,然后选用合适型号的砂纸和打磨机将中涂底漆打磨光滑平整。打磨完之后,如有针孔、细划痕等缺陷,则用幼滑腻子或双组分腻子填平,然后再打磨平整。

(9) 打磨过渡区域

根据板件的损伤情况,我们选择的修复工艺是板块修补(板块间过渡)工艺,所以除了要打磨翼子板外,对相邻的车门也应进行磨毛处理。所以中涂底漆打磨好后,将翼子板上的其他部位及前车门用喷水壶喷湿,用相当于P1500号粗细的菜瓜布配合驳口研磨膏进行均匀打磨,直至没有光泽为止,如图7.7所示。

(10) 清洁

打磨完成,在检查没有问题后,用清水将表面清洗干净并吹干。

(11) 贴护、除油

用遮蔽纸和遮蔽胶带将翼子板、前车门周围的工件贴护好,贴护范围如图7.3所示。贴护好后再次对翼子板进行彻底清洁除油。

3. 汽车喷漆工序基本流程步骤

中涂底漆与底漆的调配及喷涂方法基本相同,根据不同产品的特点及涂装要求略有差别。

穿戴好劳保防护用品,如图7.8所示。用调漆尺或搅拌杆将底漆彻底搅拌均匀。按照喷涂的面积所需要的用量,将底漆倒入合适的容器或量杯中。

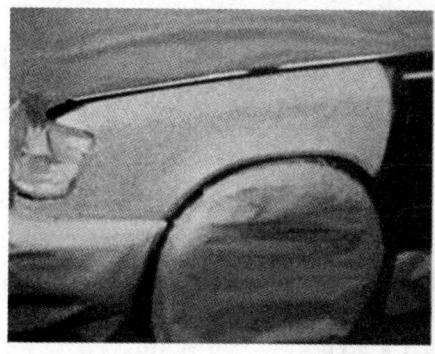
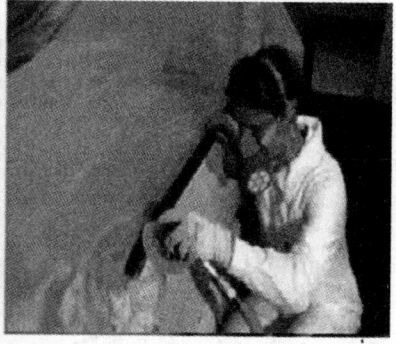

图7.7 打磨过渡区

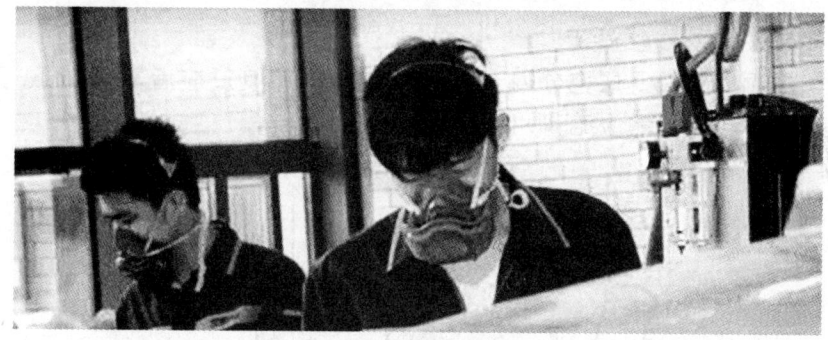

图7.8 佩戴防护用品

按比例添加适量的固化剂、稀释剂,用搅拌尺对添加好的涂料进行彻底搅拌,选择合适口径的底漆喷枪,用过滤网将调配好的涂料过滤到喷枪里,如图7.9所示。

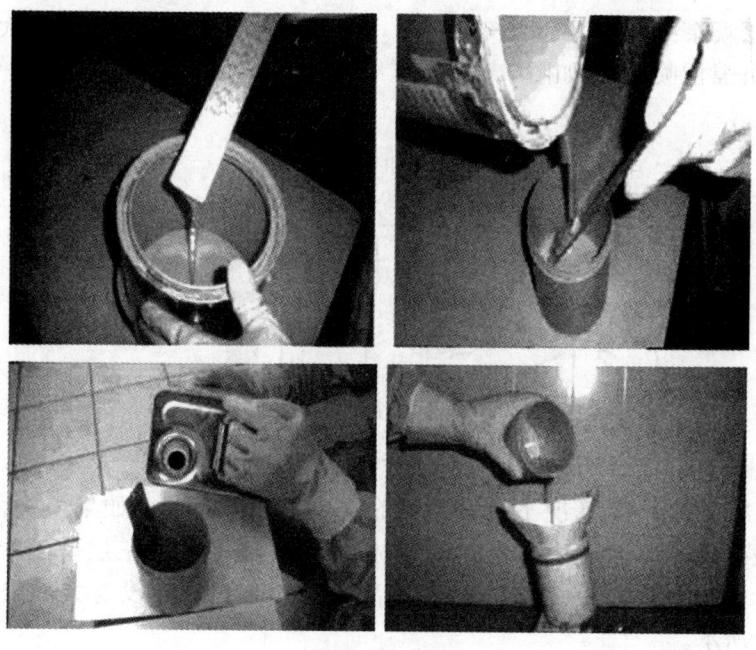

图7.9 调色

连接气管,调节喷枪,通过雾形测试的方法检查喷枪是否完好,按照产品的施工说明进行中涂底漆的喷涂。

在喷涂时一般采用三层喷涂法:

(1)第一层喷涂:为了提高涂层的亲和力,避免产生不良反应,先在腻子与旧涂层结合部位雾喷一层即可,如图7.10所示。

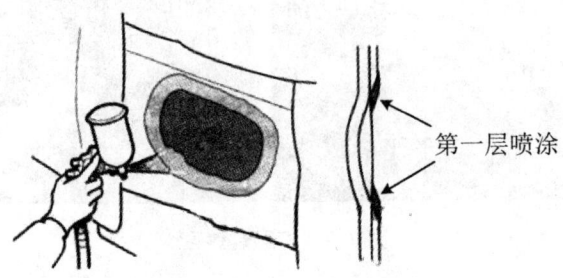

图7.10　第一次涂层喷涂

(2)第二层喷涂:待第一层充分闪干,涂层没有出现不良反应后,将整个腻子和腻子周围的区域薄喷一层,至半光泽状态即可,如图7.11所示。

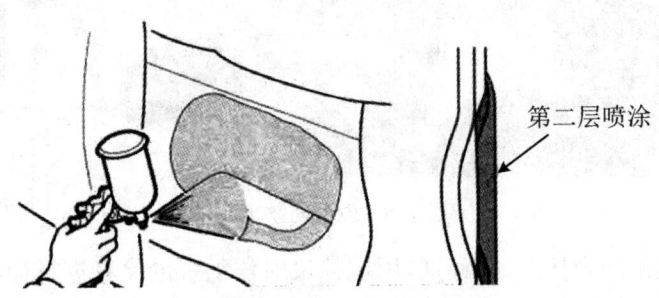

图7.11　第二次涂层喷涂

(3)第三层喷涂:待第二层涂料充分闪干,涂层没有出现不良反应后,扩大喷涂范围,将整个损伤区域正常湿喷一层,如图7.12所示。

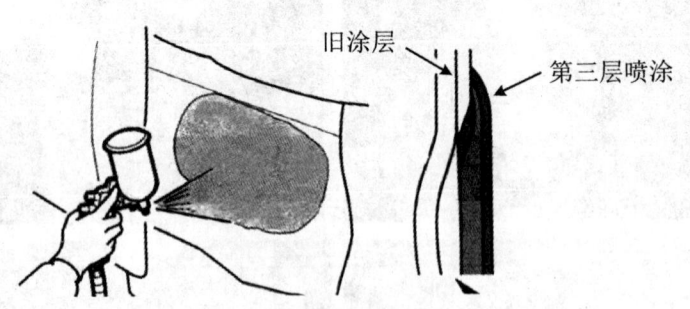

图7.12　第三次涂层喷涂

喷涂完三层之后,一般情况下可以达到涂层所需要的厚度。如果检查之后感觉厚度不够或上面还有很多细小的针孔及划痕等时,那么还可以在第三层基础上再湿喷1~2层。确保整个中涂底漆喷涂完之后,涂层饱满光滑、均匀平整,没有大的缺陷,边缘平滑等,如图7.13所示。

待中涂底漆闪干后,清除干净遮蔽纸和胶带,用烤灯对中涂底漆进行强制干燥。

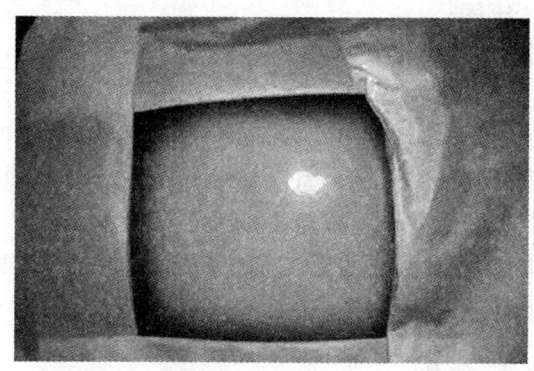

图 7.13　汽车喷漆

4. 抛光和打蜡

抛光是指通过打磨的方法,除去附着在涂膜表面的灰尘和小麻点,对表面粗糙和起皱处等平整状况不良的部位进行修整。

可以通过打蜡来去除氧化、减少龟裂、预防车身褪色、治愈轻微水痕纹和防止蚀痕的出现。

(1) 抛光和打蜡前必须将汽车清洗干净,并保持干燥,即使是使用清洗剂与蜡的复合产品,也是如此。

(2) 选用抛光剂和上光蜡时,一定要读懂说明书。

5. 检查车身表面

(1) 检查车身上表面

① 检查车身表面油漆是否有拉痕、脱离,油漆拉痕和脱落处是否锈蚀;

② 用手按动车体表面的蒙皮,感觉是否有松动;

③ 检查车辆后侧两组合尾灯表面是否污损,固定是否牢固;

④ 检查车辆后侧保险杠状况和固定情况;

⑤ 检查车辆前侧两组合大灯表面是否有污损,固定是否牢固;

⑥ 检查车辆前侧保险杠状况和固定情况;

⑦ 目测汽车前挡风玻璃的状况。

(2) 检查车身底面

① 将车身提升到最高位置,并锁止举升机;

② 检查各个车轮的挡泥板是否齐全,有无破损,固定是否牢固;

③ 检查底面防锈油漆是否有拉痕、脱落,车辆底部是否有锈蚀,必要时进行车辆底部锈蚀处理;

④ 检查车辆底部各部件的固定情况。

7.1.2　发动机舱的养护

轿车发动机舱一般位于车辆前部,其中的发动机舱盖不仅保持了车辆的美观,还关系车辆的行车安全;机舱内侧板和隔热材料的状态都会影响车辆的噪声和舒适性能。因此,应定期检查发动机舱的使用性能。

(1) 驾驶舱内拉开发动机舱盖手柄,打开发动机舱盖后,双手握紧发动机舱盖前侧,检查发动机舱盖的固定是否牢固;

(2) 支起发动机舱盖,检查发动机舱盖内侧板面是否固定良好、有无焊层脱开和其他损伤;

(3) 检查机舱内侧板固定是否良好,有无面漆脱离、破损和其他损伤;

(4) 检查发动机后侧面隔热材料是否固定良好,有无破损和其他损伤;

(5) 检查车辆前端散热栅格是否有破损,固定状况是否良好;

(6) 放下发动机舱盖,检查发动机舱盖锁扣是否能够锁住,发动机舱盖扣合后位置是否适当,再按压发动机舱盖,检查是否有间隙。

7.1.3 行李舱的养护

行李舱是车辆存放备胎和杂物的舱室,同时也是汽车整体通风装置的组成部分,行李舱盖的变形和固定松动等现象的出现,都会影响汽车的正常使用。因此,要对行李舱进行检查。

行李舱的检查如下:

(1) 驾驶室内拉开行李舱盖手柄,打开行李舱盖,双手握紧行李舱盖外侧,检查行李舱盖的固定是否牢固;

(2) 检查行李舱内侧板固定是否良好,有无面漆脱离、破损和其他损伤;

(3) 掀起行李舱底面垫皮,检查行李舱下表面是否有腐蚀;

(4) 检查备胎固定装置的状况;

(5) 放下行李舱盖,检查舱盖锁扣是否能够锁好,舱盖扣合后位置是否适当,再按压行李舱盖,检查是否有间隙。

7.1.4 车内座椅的养护

车辆座椅影响汽车驾乘的安全性和舒适性,紧固、检查、调整车辆座椅,对确保车辆使用性能和行车安全非常重要。

车内座椅性能的检查如下:

(1) 扳动座椅,检查座椅固定是否良好,并紧固座椅底座固定螺丝。

(2) 扳动座椅前后调整手柄,检查座椅前后位置调整滑动是否轻便;松开调整手柄,再前后扳动手柄,检查座椅在滑道上的固定是否良好。

(3) 检查并调整座椅的上下高度和倾斜度。

(4) 扳动座椅靠背的倾斜位置调整手柄,检查靠背调整情况,松开调整手柄,检查靠背定位情况。

(5) 检查靠背上头枕位置的调整情况。

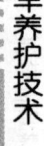

7.1.5 车门的养护

驾驶室车门是驾乘人员上下车辆的必经之处,要求车门开启操作方便,车门与驾驶室之间密封严密,安全装置齐全、性能良好,发生碰撞时能最大限度地保护驾乘人员。因此,必须定期对车门进行检查。

车门使用状况的检查步骤如下:

(1) 打开车门,车门未关紧指示灯应该点亮,用手按压未关紧指示开关;

(2) 车门开到最大角度,检查车门限位;

(3) 将车门上下扳动,检查车门固定连接情况,是否有车门下坠;

(4) 检查车门内侧装饰板是否固定良好;

(5) 关上车门,观察车门未关紧指示灯是否熄灭;

(6) 关上车门后,检查车门锁扣是否能够锁好,车门扣合后位置是否适当,再按压车门,检查是否有间隙;

(7) 检查后车门儿童门锁的工作状况,当儿童锁装置作用时,从车内不能拉开车门,但从车外能拉开车门。

7.1.6 驾乘人员安全带约束装置的养护

汽车安全带约束装置是保障驾乘人员生命安全必要的主动安全装置,行车时驾乘人员必须佩带安全带。因此,必定定期检查安全带的使用性能。

1. 安全带约束装置的检查

(1) 启动车辆后,检查仪表盘上的安全带提示装置及安全带语音提示装置是否工作正常。

(2) 用手缓慢拉动安全带,安全带能被拉出;将安全带快速插头插入连接器,检查快速插头能否被锁死;再按下连接器上的断开按钮,快速插头能够迅速脱开与连接器的连接。

(3) 松开安全带,安全带能够自动收回。

(4) 用手猛拉安全带,安全带能够立刻锁止。

(5) 检查安全带高度调节装置的使用状况,检查完毕后,恢复到原来的高度位置。

(6) 检查并紧固安全带下端的固定螺栓。

2. 注意事项

若安全带约束装置是预紧限力式结构,则一定不要用指针式万用表测试预紧器电控插接头,否则会引起触发器爆开。

任务 7.2 车窗养护

玻璃就像汽车的眼睛,决定着汽车行驶的安全性。车窗的养护项目主要有风窗玻璃的养护、汽车玻璃裂纹的修补、车门玻璃升降情况的检查等。

7.2.1 风窗玻璃的养护

由于冬季气温较低,风窗玻璃容易结冰或形成气雾,影响视线,造成安全隐患。为此必须对风窗玻璃进行冬季养护。

1. 防水密封法

(1) 先将玻璃用清洁剂清洗并擦干;

(2) 将少量玻璃防雨剂倒在抛光巾上,再逆时针打圈均匀地涂抹在风窗玻璃的外表面上;

(3) 让玻璃防雨剂闪干 2~3 min,再用干净的抛光巾抛光。然后按上述方法重复一次,即可完成养护风窗外表面的处理。

2. 防雾养护法

在风窗玻璃内表面涂抹防雾剂,可防止玻璃起雾。

3. 将风窗玻璃液换成防冻型

在入冬之前,将风窗玻璃液换成防冻型的,可避免冬季玻璃液结冰,以免影响正常使用。

4. 在风窗玻璃液中加除冰剂

在冬季来临之前,在风窗玻璃液中加入适量的除冰剂,到了冬季行车时,就可以不用停车除冰了。

5. 采用风窗玻璃浓缩防雾除冻剂养护

风窗玻璃浓缩防雾除冻剂能有效地清除风窗玻璃上的污迹和脏物;除掉玻璃上的条痕;防止系统中各种金属零件生锈和腐蚀;具有良好的低温防冻和防雾性能,使汽车的风窗玻璃在 -98 ℃时仍不会结冰。使用时根据地区温度的差别,将该产品按使用说明书上的比例与水混合,然后加入汽车风窗玻璃清洗器的盛液罐中,以清洗护理风窗玻璃。

6. 选用特种风窗玻璃

目前特种风窗玻璃采用夹层结构,在夹层中安装了电加热装置,通电后能使风窗玻璃在严寒条件下不结冰、不起雾,清澈透明,有效保障司机安全行车。

7.2.2 汽车玻璃裂纹的修补

汽车玻璃裂纹的修补主要是在裂缝中填补液态胶质,消除缝隙。通常一个圆形伤口在修补完成以后,只会留下一个小小的圆形痕迹或蛛丝状的裂纹;长裂纹只会留下一条隐隐约约的线。然而,玻璃一旦断裂分离,或破成碎片,就是不可修复的。汽车玻璃的修补最好是在小破损的情况下进行。

7.2.3 车门玻璃升降情况的检查

1. 电动玻璃升降式

将点火开关打开,操作玻璃升降控制开关,观察车门玻璃升降过程是否平顺,升到最高位置后玻璃是否与车门框密封良好。

2. 手动玻璃升降式

用手摇动玻璃升降手柄,观察玻璃升降过程是否平顺,升到最高位置后玻璃是否与车门框密封良好。

项 目 实 施

任务工单 7.1

任务名称	车身表面的养护				
班级		姓名		学号	
组别		实训场地		日期	
任务载体	一辆江淮和悦轿车,对其车身表面状况进行检查。				

一、资讯

在实车上查找并填写如下信息:
生产年份_____,车牌号码_____,车型_____,行驶里程_____,汽车识别代码(VIN)_____,发动机型号和排量_____。

二、计划与决策

请根据任务要求,确定所需的检测仪器、工具,制订详细的作业计划。

1. 作业计划

2. 作业中的注意事项

3. 需要的检测仪器及工具

4. 本小组成员分工

三、实施

1. 检查车身上表面

2. 检查车身下表面

四、检查与评估

1. 自我评价：依据本学习任务时的表现，在"评分表"中进行自我评价。

评分表

考核项目	评分标准	配分
任务方案	是否合理	10
操作过程	1. 防护五件套的安装 2. 保养里程的清零 3. 工具及设备的整理	30
任务完成情况	是否圆满完成	10
操作规范	是否标准	10
安全生产	有无安全隐患	10
现场 6S	是否做到	10
团队合作	是否和谐	5
活动参与	是否主动	5
劳动纪律	是否严格遵守	5
工单填写	是否完整、规范	5
得分		

2. 在实施的过程中，是否存在一些安全隐患？请找出容易忽视的地方。

3. 指导教师对小组的工作情况进行总体点评。

五、评价反馈

请在小组实习结束后，将本小组成员的工作情况填写在下表中。

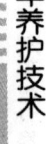

序号	姓名	组内职责	完成情况评价

六、环境保护

废料和废品处理：

项目工单 7.2

任务名称		发动机舱的养护			
班级		姓名		学号	
组别		实训场地		日期	
任务载体		一辆江淮和悦轿车,对其发动机舱进行检查。			

一、资讯

在实车上查找并填写如下信息:
生产年份 _____,车牌号码 _____,车型 _____,行驶里程 _____,汽车识别代码(VIN)_____,发动机型号和排量 _____。

二、计划与决策

请根据任务要求,确定所需的检测仪器、工具,制订详细的作业计划。

1. 作业计划

2. 作业中的注意事项

3. 需要的检测仪器及工具

4. 本小组成员分工

三、实施

1. 检查发动机舱上的发动机舱盖

2. 检查发动机舱内侧护板和隔热材料

四、检查与评估

1. 自我评价:依据本学习任务时的表现,在"评分表"中进行自我评价。

评分表

考核项目	评分标准	配分
任务方案	是否合理	10
操作过程	1. 防护五件套的安装 2. 保养里程的清零 3. 工具及设备的整理	30
任务完成情况	是否圆满完成	10
操作规范	是否标准	10
安全生产	有无安全隐患	10
现场 6S	是否做到	10
团队合作	是否和谐	5
活动参与	是否主动	5
劳动纪律	是否严格遵守	5
工单填写	是否完整、规范	5
得分		

2. 在实施的过程中,是否存在一些安全隐患?请找出容易忽视的地方。

3. 指导教师对小组的工作情况进行总体点评。

五、评价反馈

请在小组实习结束后,将本小组成员的工作情况填写在下表中。

序号	姓名	组内职责	完成情况评价

六、环境保护

废料和废品处理:

任务工单 7.3

任务名称	行李舱的养护				
班级		姓名		学号	
组别		实训场地		日期	
任务载体	一辆江淮和悦轿车，对其行李舱进行检查。				

一、资讯

在实车上查找并填写如下信息：
生产年份_____，车牌号码_____，车型_____，行驶里程_____，汽车识别代码（VIN）_____，发动机型号和排量_____。

二、计划与决策

请根据任务要求，确定所需的检测仪器、工具，制订详细的作业计划。

1. 作业计划

2. 作业中的注意事项

3. 需要的检测仪器及工具

4. 本小组成员分工

三、实施

1. 检查行李舱盖

2. 检查行李舱内侧护板和装饰材料

四、检查与评估

1. 自我评价：依据本学习任务时的表现，在"评分表"中进行自我评价。

评分表

考核项目	评分标准	配分
任务方案	是否合理	10
操作过程	1. 防护五件套的安装 2. 保养里程的清零 3. 工具及设备的整理	30
任务完成情况	是否圆满完成	10
操作规范	是否标准	10
安全生产	有无安全隐患	10
现场6S	是否做到	10
团队合作	是否和谐	5
活动参与	是否主动	5
劳动纪律	是否严格遵守	5
工单填写	是否完整、规范	5
得分		

2. 在实施的过程中，是否存在一些安全隐患？请找出容易忽视的地方。

3. 指导教师对小组的工作情况进行总体点评。

五、评价反馈

请在小组实习结束后，将本小组成员的工作情况填写在下表中。

序号	姓名	组内职责	完成情况评价

六、环境保护

废料和废品处理：

项目工单 7.4

任务名称	车门的养护				
班级		姓名		学号	
组别		实训场地		日期	
任务载体	一辆江淮和悦轿车,对其车门性能进行检查。				

一、资讯

在实车上查找并填写如下信息:
生产年份_____,车牌号码_____,车型_____,行驶里程_____,汽车识别代码(VIN)_____,发动机型号和排量_____。

二、计划与决策

请根据任务要求,确定所需的检测仪器、工具,制订详细的作业计划。

1. 作业计划

2. 作业中的注意事项

3. 需要的检测仪器及工具

4. 本小组成员分工

三、实施

1. 检查驾驶员侧车门

2. 检查乘员侧车门

四、检查与评估

1. 自我评价：依据本学习任务时的表现，在"评分表"中进行自我评价。

评分表

考核项目	评分标准	配分
任务方案	是否合理	10
操作过程	1. 防护五件套的安装 2. 保养里程的清零 3. 工具及设备的整理	30
任务完成情况	是否圆满完成	10
操作规范	是否标准	10
安全生产	有无安全隐患	10
现场 6S	是否做到	10
团队合作	是否和谐	5
活动参与	是否主动	5
劳动纪律	是否严格遵守	5
工单填写	是否完整、规范	5
得分		

2. 在实施的过程中，是否存在一些安全隐患？请找出容易忽视的地方。

3. 指导教师对小组的工作情况进行总体点评。

五、评价反馈

请在小组实习结束后，将本小组成员的工作情况填写在下表中。

序号	姓名	组内职责	完成情况评价

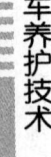

六、环境保护

废料和废品处理：

任务工单 7.5

任务名称		车内座椅的养护			
班级		姓名		学号	
组别		实训场地		日期	
任务载体		一辆江淮和悦轿车,对其车门座椅进行检查。			

一、资讯

在实车上查找并填写如下信息:
生产年份_____,车牌号码_____,车型_____,行驶里程_____,汽车识别代码(VIN)_____,发动机型号和排量_____。

二、计划与决策

请根据任务要求,确定所需的检测仪器、工具,制订详细的作业计划。

1. 作业计划

2. 作业中的注意事项

3. 需要的检测仪器及工具

4. 本小组成员分工

三、实施

1. 检查座椅前后的移动状况和紧固座椅前后的移动滑道

2. 调整座椅的靠背倾斜度和头枕位置

四、检查与评估

1. 自我评价：依据本学习任务时的表现，在"评分表"中进行自我评价。

评分表

考核项目	评分标准	配分
任务方案	是否合理	10
操作过程	1. 防护五件套的安装 2. 保养里程的清零 3. 工具及设备的整理	30
任务完成情况	是否圆满完成	10
操作规范	是否标准	10
安全生产	有无安全隐患	10
现场 6S	是否做到	10
团队合作	是否和谐	5
活动参与	是否主动	5
劳动纪律	是否严格遵守	5
工单填写	是否完整、规范	5
得分		

2. 在实施的过程中，是否存在一些安全隐患？请找出容易忽视的地方。

3. 指导教师对小组的工作情况进行总体点评。

五、评价反馈

请在小组实习结束后，将本小组成员的工作情况填写在下表中。

序号	姓名	组内职责	完成情况评价

六、环境保护

废料和废品处理：

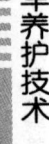

任务工单 7.6

任务名称	驾乘人员安全带约束装置的养护				
班级		姓名		学号	
组别		实训场地		日期	
任务载体	一辆江淮和悦轿车,对驾乘人员的安全带约束装置进行检查。				

一、资讯

在实车上查找并填写如下信息:
生产年份 _____,车牌号码 _____,车型 _____,行驶里程 _____,汽车识别代码(VIN)_____,发动机型号和排量 _____。

二、计划与决策

请根据任务要求,确定所需的检测仪器、工具,制订详细的作业计划。
1. 作业计划

2. 作业中的注意事项

3. 需要的检测仪器及工具

4. 本小组成员分工

三、实施

1. 检查前排驾乘人员的安全带约束装置

2. 检查后排驾乘人员的安全带约束装置

四、检查与评估

1. 自我评价：依据本学习任务时的表现，在"评分表"中进行自我评价。

评分表

考核项目	评分标准	配分
任务方案	是否合理	10
操作过程	1. 防护五件套的安装 2. 保养里程的清零 3. 工具及设备的整理	30
任务完成情况	是否圆满完成	10
操作规范	是否标准	10
安全生产	有无安全隐患	10
现场 6S	是否做到	10
团队合作	是否和谐	5
活动参与	是否主动	5
劳动纪律	是否严格遵守	5
工单填写	是否完整、规范	5
得分		

2. 在实施的过程中，是否存在一些安全隐患？请找出容易忽视的地方。

3. 指导教师对小组的工作情况进行总体点评。

五、评价反馈

请在小组实习结束后，将本小组成员的工作情况填写在下表中。

序号	姓名	组内职责	完成情况评价

六、环境保护

废料和废品处理：

任务工单 7.7

任务名称	车窗养护				
班级		姓名		学号	
组别		实训场地		日期	
任务载体	一辆江淮和悦轿车,对其车窗进行养护。				

一、资讯

在实车上查找并填写如下信息:
生产年份_____,车牌号码_____,车型_____,行驶里程_____,汽车识别代码(VIN)_____,发动机型号和排量_____。

二、计划与决策

请根据任务要求,确定所需的检测仪器、工具,制订详细的作业计划。

1. 作业计划

2. 作业中的注意事项

3. 需要的检测仪器及工具

4. 本小组成员分工

三、实施

1. 检查汽车玻璃裂纹

2. 检查车门玻璃升降

四、检查与评估

1. 自我评价：依据本学习任务时的表现情况，在"评分表"中进行自我评价。

评分表

考核项目	评分标准	配分
任务方案	是否合理	10
操作过程	1. 防护五件套的安装 2. 保养里程的清零 3. 工具及设备的整理	30
任务完成情况	是否圆满完成	10
操作规范	是否标准	10
安全生产	有无安全隐患	10
现场 6S	是否做到	10
团队合作	是否和谐	5
活动参与	是否主动	5
劳动纪律	是否严格遵守	5
工单填写	是否完整、规范	5
得分		

2. 在实施的过程中，是否存在一些安全隐患？请找出容易忽视的地方。

3. 指导教师对小组的工作情况进行总体点评。

五、评价反馈

请在小组实习结束后，将本小组成员的工作情况填写在下表中。

序号	姓名	组内职责	完成情况评价

六、环境保护

废料和废品处理：

项目综合评价

项目名称								
班级			姓名		学号			
组别			时间		成绩			
考核能力	考核项目	评分标准	满分值	学生自评（30%）	小组互评（30%）	教师评价（40%）	平均分小计	
专业能力	相关知识	是否正确	25					
	技能实训	是否掌握	30					
社会能力	团队合作	是否和谐	5					
	劳动纪律	是否严格遵守	5					
	沟通讨论	是否积极	5					
方法能力	制订计划	是否合理	5					
	学习新技术能力	是否具备	5					
	总结能力	能否正确总结	5					
个人能力	适应能力	是否具备	5					
	创新能力	是否具备	5					
	责任心	是否很强	5					

知识与能力拓展

1. 车身维护安全

(1) 涂装作业对人体的危害

① 颜料。

铅：损伤神经系统、血液系统、肾脏系统和生殖系统。

铬：损伤呼吸道、消化道，易致皮肤溃伤、鼻中隔穿孔。

② 有机溶剂。

损伤中枢神经、皮肤和肝脏。

③ 树脂。

合成树脂：损伤呼吸道过敏，易致皮肤过敏。

④ 硬化剂。

异氰酸盐：刺激皮肤、黏膜，以及造成呼吸器官障碍。

(2) 涂装作业的防护

① 头部防护。

工作帽：防止打磨和喷涂作业时，粉尘和漆雾飞溅。

护目镜：防止稀释剂、固化剂或油漆飞溅，以及磨灰对眼睛可能造成的伤害。

② 呼吸防护。

防尘口罩：保护肺部，使其免受打磨时产生的固体微粒的伤害。

自吸式防毒面具：防止苯及其同系物、汽油、醚等有机物挥发产生的有毒气体侵害人体。

供气式防毒面具：防止苯及其同系物、汽油、醚等有机物挥发产生的有毒气体侵害人体。

③ 听力防护。

护耳塞：防止噪声和保护耳膜。

④ 躯体防护。

喷漆服：防止漆雾与液体类物质造成躯体伤害。

工作服：防止打磨出的粉尘造成躯体伤害。

⑤ 手部防护。

棉纱手套：防止在打磨或处理汽车零件时手受到伤害。

无硅乳胶手套：防止溶剂、底漆及外层涂料伤害皮肤。

抗溶剂手套：防止溶剂、底漆及外层涂料伤害皮肤。

⑥ 脚部防护。

安全鞋：防止高空坠落物对脚趾造成伤害，以及地上的尖锐物刺破脚底。

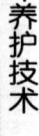

2. 汽车座椅

现代轿车已经不再是一个单纯的交通工具，它是"人、车与环境"的组合体。座椅作为驾乘人员的直接支撑装置，在车厢部件中极具重要性。汽车座椅的主要功能是为驾驶人或乘客提供便于操作、舒适、安全和不易疲劳的驾乘环境。

(1) 座椅功能

汽车座椅的调整功能是根据人机工程学原理，按不同身材的人来设计座椅的可调节性。

一般说来,座椅有如下调节功能:座椅前后、上下调节,靠背角度调节,头枕上下调节、角度调节,座椅深度调节,靠背腰托支撑调节,座椅整体旋转,座椅折叠、翻转等,如图 7.14 所示。座椅既可以手动调节,也可以电动调节。

座椅还可以加载其他装置,使乘坐更加舒适,如坐垫加热、靠背通风等。

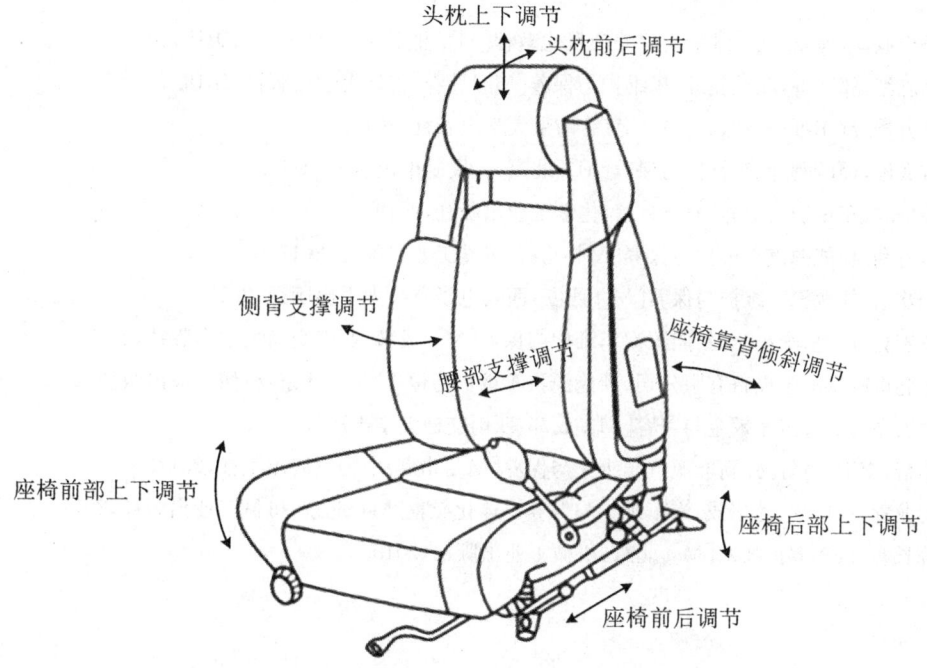

图 7.14 汽车八向调节座椅调节方向示意图

(2) 座椅维护

检查座椅调整功能:

① 打开主驾驶侧车门并安装三件套;

② 检查主驾驶座椅靠背角度调节功能、前后调节功能,座椅前后调节扳手和靠背角度调节扳手的位置,如图 7.15 所示;

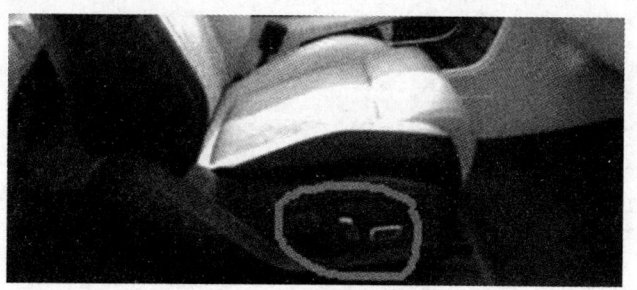

图 7.15 座椅调节装置

③ 检查主驾驶侧座椅是否松动;

④ 以同样的方法检查副驾驶、后排座椅的调节功能和松动情况。

参 考 文 献

[1] 杨少波,牟海东.汽车维护与保养项目化教程[M].北京:中国轻工业出版社,2016.
[2] 周志红,郭晓辉,庞敬礼.汽车维护与保养[M].长春:吉林大学出版社,2018.
[3] 罗方赞.汽车维护与保养[M].南京:南京大学出版社,2019.
[4] 吉武俊,谭跃刚.汽车维护与保养[M].北京:人民邮电出版社,2015.
[5] 徐华.汽车维护与保养[M].北京:化学工业出版社,2019.
[6] 包丕利.新能源汽车维护与保养[M].北京:机械工业出版社,2017.
[7] 李欢.新能源汽车维护与保养[M].西安:西安电子科技大学出版社,2017.
[8] 罗宏亮,汪亮,李小燕.新能源汽车维护与保养[M].成都:西南交通大学出版社,2019.
[9] 东莞市凌泰教学设备有限公司.新能源汽车维护与保养[M].北京:机械工业出版社,2019.
[10] 罗宏亮,张余.汽车钣金与美容[M].成都:西南交通大学出版社,2018.
[11] 李楷,李卫,寿好芳.新能源汽车维护与保养[M].北京:中国发展出版社,2017.
[12] 姜龙青,崔庆瑞,孙华成.汽车维护与保养一体化教程[M].北京:机械工业出版社,2019.
[13] 陈长春.汽车养护技术[M].北京:机械工业出版社,2018.